城市里的『野蛮』人

如何在现代城市里健康生活

UNCIVILISED GENES:

HUMAN EVOLUTION AND THE URBAN PARADOX

GUSTAV MILNE

[英]古斯塔夫·米尔恩 著

冯康乐 译

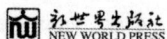

© Gustav Milne, 2017, Author Photograph © Andy Chopping/MOLA
This translation of Uncivilised Genes: Human Evolution and the Urban Paradox is published by arrangement with Crown House Publishing Limited.
The simplified Chinese translation rights arranged through Rightol Media（本书中文简体版权经由锐拓传媒取得 Email:copyright@rightol.com）

本书中文简体字版通过 Fantasee Media Co., Ltd.（杭州耕耘奇迹文化传媒有限公司）授权新世界出版社在中国大陆地区出版并独家发行。未经出版者书面许可，本书的任何部分不得以任何方式抄袭、节录或翻印。

北京版权保护中心引进书版权合同登记号：图字 01-2019-7145 号

图书在版编目（CIP）数据

城市里的"野蛮"人：如何在现代城市里健康生活 /（英）古斯塔夫·米尔恩著；冯康乐译. — 北京：新世界出版社，2020.3

书名原文：Uncivilised Genes:Human evolution and the urban paradox

ISBN 978-7-5104-6999-2

Ⅰ.①城… Ⅱ.①古… ②冯… Ⅲ.①城市社会学－研究 Ⅳ.① C912.81

中国版本图书馆 CIP 数据核字（2019）第 293686 号

城市里的"野蛮"人：如何在现代城市里健康生活

作　　者：[英]古斯塔夫·米尔恩
译　　者：冯康乐
责任编辑：丁　鼎
特约编辑：李鹏程
责任校对：宣　慧
责任印制：王宝根　苏爱玲
出版发行：新世界出版社
社　　址：北京西城区百万庄大街24号（100037）
发 行 部：(010) 6899 5968　(010) 6899 8705（传真）
总 编 室：(010) 6899 5424　(010) 6832 6679（传真）
http://www.nwp.cn
http://www.nwp.com.cn
版 权 部：+8610 6899 6306
版权部电子信箱：nwpcd@sina.com
印　　刷：三河市骏杰印刷有限公司
经　　销：新华书店
开　　本：880mm×1230mm　1/32
字　　数：280千字　印　张：11.125
版　　次：2020年3月第1版　2020年3月第1次印刷
书　　号：ISBN 978-7-5104-6999-2
定　　价：49.00元

版权所有，侵权必究
凡购本社图书，如有缺页、倒页、脱页等印装错误，可随时退换。
客服电话：(010) 6899 8638

谨以本书献给斯塔凡·林德伯格博士（1950—2016）
纪念他的人生与成就

他著有开创性研究
《食物与西方疾病：从进化角度看健康与营养》（2010）

目录 CONTENTS

1 绪论

9 第一章 源起
29 第二章 创世记
55 第三章 伊甸园里的风景
69 第四章 饥饿游戏
93 第五章 精神食粮
121 第六章 身体的证据
133 第七章 少坐的生活
151 第八章 消失的部落
167 第九章 狩猎采集者 vs 足球购物者
183 第十章 音乐与文字
195 第十一章 绿色宜人
209 第十二章 中央公园
227 第十三章 旧城镇
245 第十四章 城市再生
267 第十五章 启示录

289 结语

目录 CONTENTS

- 291　附录1　生活在不同纬度的狩猎采集者
- 296　附录2　文明的疾病：英国墓地发掘的骨学证据
- 300　附录3　狩猎、运动和性别的讨论
- 304　附录4　你的城市绿化程度如何？
- 307　致谢
- 309　部分资料引用来源
- 310　参考书目与延伸阅读
- 347　插图版权归属

绪论

讲故事

很久以前,在一个很远的地方,有一个美丽的地方叫伊甸园。这片土地上有你喝不完的水,吃不完的水果,猎不完的动物,钓不完的鱼。生活很简单,住在那里的一对幸福伴侣别无所求。但遗憾的是,好景不长:亚当和夏娃不得不离开那个美丽的花园,他们的孩子和孩子的孩子不得不背井离乡,到条件更恶劣的地方努力谋生。反正那个古老故事是这么说的。

不过,现代科学告诉我们,类似的事情还真发生在了人类身上:我们曾经生活在一个小部落里,生活在广阔的野外,行走、奔跑、觅食和狩猎,每天都在寻找食物和水。我们在关系紧密的部落团体里生存和繁衍,与可以轻易养育或摧毁我们的自然力量合作或斗争。这就是我们的身体和头脑存在的目的,而在远古生活的最初几百万年里,我们这些"狩猎采集者"也确实是这么做的。

未开化的基因

如今我们早已离开了伊甸园的生活方式,因为今天我们很多人生活在拥有高耸的建筑、复杂的交通系统和高科技的城镇里。现代城市化的发展速度是惊人的,体现了我们非凡的智谋和极强的适应能力。但城镇的出现还不到一万年,这与人类漫长的进化周期相比是很短的一段时间。相比之下,我们祖先的狩猎采集体系,支撑人类发展了至少三百万年,比任何已知的文明或帝国的存续时间都要长得多。

除了一些相对较小的遗传变异之外,我们并没有发生生理上的进化,来更好地适应这些新的全球城市状况。可以说,我们的许多心态、情感、本能和直觉也基本没有变化。潜意识里,有一部分人认为我们还在伊甸园;从生理上来说,大部分人确实还在伊甸园。因此,我们现在所处的城市化世界,与我们在基因、代谢、生理和心理上能更好地适应的世界之间存在着严重的不匹配。当然,大多数人都试图在文化上适应城市生活。事实上,除此以外,也几乎别无选择,因为城市化进程正在全球范围内迅速扩张——城市就是未来的文明。

但在生理和心理上,我们的基因构成仍然和以往一样:未开化,非城市化,存在很多误解。这并不是对我们旧石器时代基因组的贬损,只是城市生活以其目前的形式,并不是我们的基因最适合生存的环境。这带来的直接后果之一就是"西方生活方式疾病",诸如2型糖尿病、各种心脏问题以及不断上升的肥胖率等患病率的惊人上升。城镇生活似乎对我们不利。

为人类建设城市

那么，我们如何才能解决这一具有挑战性的冲突，使生活更健康，让城市生活方式更好呢？虽然我们不能彻底改造21世纪的城镇，但是通过更多地关注伊甸园时代的遗产、古老的生理和情感根源，并在日常中充分利用，很多问题都可以得到改善。本书讨论了能使我们的行为出现积极改变的各种"胡萝卜和大棒"、游说和妥协。如果能够以我们共同的过去为基础，重塑个人生活和城市景观的结构，那么城市带给我们的福利，将得到显著提升。我们不能改变基因，但可以改变城市的生活方式，使之更适应我们的生理习性。

为了我们的健康和幸福，未来的城市应该为人类而建。这件事刻不容缓，因为到2050年，全球人口将从72亿增加到96亿（UN-DESA，2015）。这本书思考了为什么要以及应该如何规划现代城镇和城市生活方式，不是为了不确定的未来，而是基于已被证实的史前历史。我们的城市只有更加适应我们未开化的生理习性——一种远比城市化更为古老的生活方式遗产——人类才能更好地适应现代生活，从而变得更健康。影响深远的狩猎采集时代的遗产——旧石器时代的基因组——仍然决定着我们的健康质量以及本能地思考和反应的方式，尽管我们产生了合理、合乎逻辑且性价比高的新愿望。

章节简介

本书将通过基于实证的研究证明，我们可以通过发展和采用更符合进化规律的行为和方案，对现代生活和城市规划产生积极影响。本书不是某种名人认可的时尚食谱（尽管第四、第五章会讨论我们祖先的营养体系），也不是呼吁大家拒绝城镇，从而都到乡村田园生活中寻求安慰（尽管本书对有这种倾向的人表示理解）。本书也不是排斥现代，偏爱想象中的过去。恰恰相反，我们要讨论的就是21世纪的城市，并实实在在地提供从人类进化的角度如何重塑城市生活的建议。

第一章将介绍我们古老但基本上未开化的基因。在文化上，社会以惊人的速度发生着变化，但在生理和基因上，我们仍然停留在城市化甚至是大规模农业化发展之前的阶段（Stringer and Andrews, 2011, 236—239）。因此，旧石器时代的基因组与现代城市化生活的需求之间，存在着严重的不匹配。然而，更好地了解过去，对自己和城市都会有很大的好处。这一章还会从基因和文化的角度，思考健康、幸福和人性，并讨论健康的社会决定因素和进化决定因素之间的差异——它们似乎与西方生活方式疾病无法阻止的增长有关。值得注意的是，对巴布亚新几内亚基塔瓦岛居民的详细研究表明，西方生活方式疾病中的许多问题，似乎在非城市化社区中很少出现或根本不存在，因为这些群落的饮食符合我们的进化（Lindeberg, 2010）。忽视未开化的基因要付出高昂的代价，因为它们似乎把控着健康和城市福利的关键。

我们曾长期过着狩猎采集的生活，第二章将会介绍支持相关研究的科学考古证据，并描绘现代人杂食、两腿直立行走等生理特征的无向进化——这一进化持续了六百万年——以及我们那些生活在前农业和前城市时代的祖先的生活方式。这些数据可以与第三章的另一组数据进行比较，该章研究了澳大利亚、非洲、南美洲和北极等不同环境中留存到现代的非城市部落社会。这些对我们现在所称的"狩猎采集"体系的总结评论，建立在人种学和人类学研究的基础上。

接下来的一系列章节，会详细描述决定健康的进化因素，采用一个特定的狩猎采集主题，将其与现代城市视角进行对比，最后为这种不匹配所揭示的挑战提供可能的解决办法。作为这一部分的开端，第四章至第七章将讨论决定健康的进化因素，并研究相对完善的营养和活动体系；第八章至第十章，则会讨论决定社会行为的进化因素；第十一章至第十五章，从人类进化的角度讨论城市福利。

第四章作为开端，思考了旧石器时代和中石器时代饮食的考古证据，以及留存到现代的非城市化狩猎采集社会的数据。

第五章将回顾这些体系的主要共同特征，以及现代"西方"饮食和与之相关的疾病和状况，引用了最近的医学研究以支持符合进化规律的营养体系的发展，这种体系更适合我们尚未进化的消化系统。

第六章评估了我们古老的生理机能进化和祖先以体力活动为主的生活方式。

第七章则对比介绍了人们越来越久坐不动的现代社会，并提出了改变生活方式、建筑和城镇规划的建议，以通过发展符合进化规律的活动体系，更好地适应我们的两足生理机能。

第八章转向狩猎采集者思维模式的各个方面，并结合领导和榜样背后的心理学基础以及古代部落社会的包容性进行思考。这些经常被忽视的问题今天仍然在我们庞大的、看似人情冷漠的政治大都会中产生共鸣，并对社会等级、社区和邻里以及社会包容和排斥的概念产生影响。

第九章将我们的研究扩展到现代生活的其他方面。例如，某些形式的犯罪活动，特别是城市帮派，实质上是狩猎活动不必要且反常的替代品。这一章还会介绍一项实证研究，以展示如何通过体育运动正面解决其中的一些问题，例如美国的午夜篮球项目和英国的

Kickz 足球项目。对于上述反社会行为,这两个项目提供了积极的、符合进化规律的解决途径。

在第十章中,我们会思考古代社会如何通过肢体语言,特别是节奏和音乐,表达认同、情感、庆祝和纪念。音乐的决定进化因素之一——人类喉部的进化,可以被证明早于口语的发展。音乐是前文字狩猎采集时代的遗产中适应力很强的一部分,也是计算机时代广受欢迎的城市福利之一。

狩猎采集者生活在荒凉、开阔的空间中,表面上与现代城镇完全相反。然而,正如第十一章的研究所述,我们热爱自然的天性不需要也不应该与城市生活割裂。本章将从更深层次的生理和心理角度出发,讨论各种城市绿地的作用和价值,而不只是消极地给予城市绿地肤浅的批评。

至关重要的是,第十二章总结了格雷厄姆·鲁克教授及其团队的微生物学研究成果,这彻底改变了我们对与自然世界的亲身接触中的积极关系的理解。其中涉及与我们共同进化的微生物群,以及人类免疫系统的有效性(或者在今天世界的无效性)。这项颠覆性的研究表明,公园和宠物如同符合进化规律的饮食和锻炼体系,对健康的维持同样重要。

借鉴迄今为止的经验教训,下一章也开辟了新的领域,从人类进化的角度总结了城市规划和城市福利。第十三章从公共健康的角度回顾了几个世纪以来城市居住区的发展情况,从罗马建筑师马库斯·维特鲁威·波利奥(Marcus Vitruvius Pollio)的作品到埃比尼泽·霍华德爵士(Sir Ebenezer Howard)的花园城市、新城市主义和健康城市运动。

在此基础上，第十四章进一步探讨了现代城市规划如何能有效地建立在符合进化规律原则的基础上，在未来城市的设计中实现城市福利的最大化。这项研究的必要性在于，未来30年内，全球新增的20多亿人口将不得不被安置在新城镇。必须解决的许多问题之一是我们需要更清洁的城市空气，因为我们停留在旧石器时代的呼吸系统仍然无法应对有毒烟雾和柴油微粒。这章还讨论了现代住宅建筑、窗户和带景观的房间的重要性，以及如何设计办公室、学校和医院，使其更符合进化规律原则，从而使机构的运转更高效。

最后，第十五章讨论了这样的问题：虽然我们在生理上仍然主要停留在旧石器时代，但如何让自己更好地适应城市化的现代世界？本章提出了一系列准则，即"伊甸园协议"，涵盖个人和机构的健康行为以及建筑设计和城市规划的模板。在这里，"伊甸园"一词被用作代指健康和城市福利的进化决定因素，而"协议"被用来描述一系列旨在鼓励符合进化规律行为的建议程序；这些只是开启新辩论的建议，不是某种国家指令、条例或法规。然而，通过起草和实施这种更符合我们的基本生理、心理、新陈代谢和思维方式的协议，我们或许可以让21世纪的生活有所改变。

因此，本书提倡的人类符合进化规律概念是统一的范例，不仅是个人幸福的基础，也是改善制度福利和城市福利的基础。古老而未开化的基因在规划现代的城市化未来中会起到真正的作用。但为实现目标，我们需要一些考古学、人类学、微生物学、神经科学、进化遗传学、哲学、营养学、心理学、犯罪学的知识和常识，还有对宠物、建筑、城市规划、园艺、足球、购物、野餐、自行车、音乐以及"为什么没有什么比得上明火"的理解。

第一章　源起

达尔文带来的这个奇异的信息,
……猿类和人类,
是亲兄弟。

——托马斯·哈代(1840—1928)

不可调和的差异

罗马人为我们做过什么？他们最大的文化和社会贡献之一是城镇——为我们首创了城市化的文明概念。然而，这是要付出代价的，因为对他们在英国的墓地的研究表明，他们还给这些岛屿带来了第一批疾病：坏血病、佝偻病、骨软化症、赖特综合征、痛风、强直性脊柱炎、风湿性关节炎、银屑病性关节炎、化脓性关节炎、结核病、骨炎、小儿麻痹症和麻风病。在公元43年罗马入侵之前就居住在这里的基本上未城市化的部落人口中，没有发现上述任何一例疾病。因此，文明似乎是一件喜忧参半的事情。

今天，我们大多数人都住在城镇，但现代城市对我们来说更好吗？不幸的是，越来越多的"西方生活方式疾病"——以惊人速度增加的肥胖症、2型糖尿病和心血管疾病——提供了明确的证据，即使是在21世纪，城市生活实际上也可能对我们的幸福有害。其中一个关键的原因是，现存的大部分城市文化与我们古老但没有多少变化的基本生理习性并不一致。这种生理习性经过了几千年的进化，在不同的环境中支撑着不同的生活方式。本书将讨论现代城市生活和我们未开化的基因之间看似不可调和的矛盾，并在最后为这一非常现实的挑战提供解决方案。

在长达600万年的漫长进化中，我们这个物种、我们的直系祖先都生活在户外，而不是城镇里。人类和黑猩猩的祖先是类人猿，但在400万年前至700万年前的某个时期，两个不同的谱系发生了分化。从那以后，经过大约30万个世代，我们身体形态的独特属性逐渐得到发展——包括直立的姿势和更大的大脑容量，并进入了旧石器时代（Itan et al., 2010）。在这一时期的大部分时间里，我们是杂食动物，从事采集狩猎活动，生活在小部落社会的土地上，与自然发展出某种合作（如果不总是和谐的话）关系。在这段漫长时期里，我们的基因组成中有一个特殊的部分是为了支撑这种生活方式而进化出来的。我们都继承了一套完整的基因，一套仍存在于我们现代 DNA 中的遗传物质，在此我们称之为"旧石器时代基因组"。

在这个漫长的过程中，最重要的文化变迁发生在 5000—10000 年前，这一时段通常被称为新石器革命（Neolithic Revolution）。这一时期，大规模的农业（包括种植业和畜牧业）得到发展，依靠随之而来的大量物质积累，人们建立了城镇、城市、国家和帝国。新的发展对社会各方面都影响深远，包括社会的组织、土地和领土的占有、征服和捍卫。这对人类营养和健康也有不利影响，且在早期农民和城镇居民的骨骼中有明显体现，直到今天，这个问题在很大程度上仍未得到解决。在约 30 万个世代的时间里慢慢进化的生理机能，可以对日常狩猎采集制度的产品进行有效的管理和加工，但其中只有约 300 个世代的生理机能适应了全新的世界秩序。我们的城市化文化正在以惊人的速度发展，而我们的生理习性对新需求的反应却非常缓慢，两者之间的鲜明对比，正给我们的幸福带来巨大压力。

人性？

是什么让我们做我们所做的，以及为什么要那样做？至少有四种因素参与其中：我们的遗传基因组成、遗传思维模式、文化和理性。但我们很难估计哪一种是日常生活的主要驱动力。这四种因素都扮演着重要角色，其优先次序因时间或环境而异。虽然后两者都可以互相改变对方，有时也确实改变了对方，但它们又深受前一对因素（我们的基因）的永恒影响。

先说我们的基因组成和思维模式，也就是我们旧石器时代基因组的生理和行为遗传。这不仅决定了我们眼睛、头发、皮肤的颜色和我们可能拥有的"天然"才能——这些特征因家庭而异，而且还决定我们共同拥有一套天生的、本能的、基本的情感反应，这些反应是在人类及其直系祖先还是觅食者的时候，经过长时间进化而来的。人类遗传行为的本能和特质，是为了在一个不确定的世界中生存和繁衍后代，包含我们对生存、社会、战斗和逃亡的需要，以及实施暴力和爱的能力。其中许多属于我们通常说的"人性"一词，但可能称之为"灵长类天性"会更好，因为这些特质的起源要比人类古老得多。我们从父母那里获得这些特质，父母又从他们的父母那里获得，而同样的基因编码束也会传递给我们的孩子。包含其中的一些强烈的情感和驱动力，反映了那些嵌入我们深远过往的生存本能。这些无关对错，但在今天完全不同的城市环境中，有些本能和特质必须得到道德或文化指南针的引导。

这将引导我们讨论下一个对生活、我们成长的文化环境产生关键影响的主题，包括我们小时候所吸收的家庭价值观、受过的教育，可以从周围观察到的社会习俗、职业道德和生活方式，以及当代的法律和宗教，无论它们是否过时。这些影响不是强加于心灵的"白板"，而是作用于我们与生俱来的本能、直觉和情感反应上。因此，所有这些文化元素不是与生俱来的，而是我们有意无意地在有生之年习得的。它们不能通过基因传给下一代，但仍然可以通过教育和人类几乎普遍拥有的相互模仿能力，传给我们的孩子或任何其他人（这取决于他们有多大的接受度）。

然而，生物学家理查德·道金斯（Richard Dawkins）提出，我们学到或采用的每一个概念都可能以与基因相同的方式进化，因为其本身就是遗传，然后由新主人复制（Dawkins, 1976）。这些文化单元被称为"模因"（memes），但其确切定义仍有争论。观念在人与人之间或代代相传的过程中发生变化，这点无可争议，而这种传播和变化的过程与我们目前理解的基因的遗传具有相似性，可以说十分形象。

不论文化传播的实际过程如何，很明显，人类是社会性动物：群居和学着模仿成功的邻居，这于进化是有利的。但是，大规模的群居生活还需要交通信号灯来避免过多碰撞，因此，城市生活需要强加一些基本的规则和条例，不断变化的城市文化才能得到进化。这就涉及第四个、也是最后一个因素，我们的理性——人类的逻辑思维和广泛思考的能力，可以说是将人类与动物王国（大部分）区分开来的唯一标准。我们思考科学问题的能力，使我们能够发展我们所依赖，但在日常中认为理所当然的技术：我们发明了数学，而科学和技术都是以数学为基础的。我们还发展出了不同难度的传递信息的语言，从简单的到高度复杂的。在我们今天生活的多媒体世界中，我们可以随时获得前所未有的大量信息和想法。

在我们日常生活的大部分时间里，先天和后天、基因和文化之间几乎没有明显的冲突——它们确实有相当频繁的交集。然而，在某些情况下，先天和后天的作用是相反的。理论上，我们应该能够利用我们优越的脑力在两者之间协调，确定一个谨慎的、社会可接受的、法律上正确的和道德上可以为之辩护的行动方针。但我们有吗？如果我们这样做了，那么残酷的战争就永远不会启动了。即使是在最普通的层面上，如选择食物，我们也很难做出选择——我们是选择最有营养、最有吸引力、最便宜还是最甜的食物呢？在 21 世纪的世界里，谁的声音最大？是我们的理性、文化，还是旧石器时代基因组？

从基因上讲，最好将"幸福"看作自然奖励系统的一部分，这是旧石器时代基因组对有利于我们生存的活动或情况（比如进食、社交、交配）做出的一种内啡肽反应。遗憾的是，这一系统是为模糊不清的过去而设计的，和我们其他根深蒂固的反应，如战斗或逃跑等在一个不确定和不合理的世界里必需的求生本能类似。今天，暴饮暴食仍然可以在用餐过程中让你的脑海产生同样良好的感觉，但随后，旧石器时代的生理机能对不能明显消化的物质产生反应，会抵消这种良好的感觉。

因此，如果我们发展出一种"从生物学成功繁殖的角度来看不适应"的生活方式（Shennan, 2003, 19），也就是说，从进化的角度来看对我们不利的生活方式，我们的"文化遗传系统完全有可能与基因遗传系统背道而驰"。这本书的中心主张正是：我们目前正在发展的城市生活方式的许多方面，都与我们旧石器时代基因组的需求背道而驰，因此没有对我们的进化创造任何有利条件。然而，正如这本书试图展示的，这种基因和文化的错配是可以解决的。

城市福利：决定健康的社会和进化因素

复杂的社会、文化、政治和经济因素，都会让现代城市社会变得健康或不健康。正如迈克尔·马尔莫教授关于健康的社会决定因素的一系列倡议所表明的，健康和幸福的水平，往往会随着社会阶层的提高而提升（Rydin et al., 2012, 1）。例如，格拉斯哥等城市最贫困地区居民的预期寿命比富裕地区的居民少 12 年。解决人们出生时所处的健康方面的社会不平等，仍然是一个重大问题，也仍然需要进行政治、经济和文化变革（Marmot and Wilkinson, 2006, 1）。

然而，导致健康问题的不仅仅是不同的社会经济地位。在60年前针对伦敦公交（或者更确切地说，是其车队）的一项里程碑式的研究中，这一现象就已经显现出来了。当时，私人驾驶汽车还没成为常态。1953年，公交司机会整天孤零零地坐在驾驶室里。相比之下，售票员会在公共汽车上来回走动，与乘客互动。这项研究采样的司机和售票员都是男性，都来自相同的社会阶层，工作线路也一样。但他们的健康状况存在着惊人的差异，司机的死亡率和冠心病患病率明显高于售票员。例如，心脏病发作后，司机当场死亡的概率是售票员的两倍（Morris et al., 1953a, 1953b）。类似的研究在其他国家的其他时候也进行过，但是结果类似（Tse et al., 2006）。不论社会阶层如何，日常锻炼（或缺乏锻炼）是决定健康的关键进化因素。

因此，我们在本书中关注的是旧石器时代的基因组与现代城市生活之间的矛盾，我们目前所处的人为打造的人类世界（Zalasiewicz et al., 2010；另见"美丽新世代"，第16页）与我们在基因、代谢、生理和心理上最适合的环境（Coward et al., 2015）的矛盾。健康的进化决定因素项目正是要关注这些相关的问题：如何应对西方生活方式疾病和其他相关问题的惊人增长所带来的挑战。与健康的社会决定因素不同，我们与生俱来的健康的进化决定因素（如进行日常锻炼的主要需求）无法改变，相反，必须改变的是我们的城镇和城市生活方式。

美丽新世代

工厂：18世纪的工业革命不仅改变了社会，
还使全球环境开始发生不可逆转的变化

考古学家将地球的发展划分为代（era），再细分为纪（period）、世（epoch）、期（age），所有这些都基于可识别和可观察到的变化，例如岩石形成、冰川移动、全球温度和海平面的变化。我们人类生活在第四纪末期：我们的直系祖先可以追溯到中新世（2000多万年前），经过不同的冰河时代进入上新世（约530万—258.8万年前）和更新世（250万—125万年前），然后进入了全新世。

但最近的研究表明，我们现在正进入一个新的时代——人类世。与地球发展的前几个阶段不同，这个时代不是由自然力量和自然周期定义的，而是由人类在周期中的干预来定义的。我们可以捕捉到一系列广泛同步的全球"标志"，例如燃烧化石燃料的微粒沉降物的增加，碳、氮和磷循环的大幅改变，植被的广泛变化和动物物种的加速灭绝，海平面上升的速度，人类对气候系统的影响程度——所有这些都大大超过了全新世晚期的变化。未来看上去并不乐观。事实上，已经有人提出世界末日的设想，只是名称各异：人类世、全新世或第六次灭绝（Kolbert, 2014）。

可以说，这些影响巨大的发展可以追溯到新石器时代，那时候人口密度开始增长，人们开始为了发展农业而砍伐森林和改造土壤，更不用说有意识地选择植物进行密集种植和饲养牲畜了（Fuller et al., 2015）。即便如此，城市化进程的加快和18世纪工业革命带来的发展，也留下了更加不可磨灭的印记。城市化文明的发展确实改变了世界，但并不完全像人们曾经设想的那样。为了在这个新世代中生存，人类现在必须学会更好地适应，不仅要适应城市生活，还要适应自己创造的这个不断变化的世界。

城市优势？

所谓的"城市优势"——居住在城镇的人比他们的农村同胞享有更大的健康方面的福利——不应被视为必然结果：不仅因为"即便在同一个城市，富人和穷人仍处在不同的流行病环境中"（Rydin et al., 2012, 1），而且在生活的其他方面（如饮食），农村可能比城镇更"健康"。事实上，18—19世纪西方大城市中新增人口的平均寿命增高，婴儿死亡率下降，这甚至发生在卫生条件改善之前的几十年。理论上，随着人均收入的提高，因为死亡率的稳步下降和出生率的上升，人们的预期寿命也应该提高。但全球情况要复杂得多。虽然严格的公共卫生措施和大大改善的健康服务消除了城市生活最初的许多祸害，如霍乱和伤寒，但这些恶疾似乎已被越来越多的新疾病和问题所取代，这些新疾病和问题在前一时代的存在和影响远没有这么严重。许多新恶魔是我们当前城市生活方式的直接产物，也就是说，它们在很大程度上是我们自己创造的文化的一部分。

斯塔凡·林德伯格（Staffan Lindberg）博士的著作和他对基塔瓦（Kitava）人口的细致研究为以上论断提供了支持。基塔瓦是巴布亚新几内亚一个孤岛上未实现现代化的群落。当地人口的死亡原因似乎不包括与冠心病和脑卒中（旧称中风）相关的疾病、动脉粥样硬化、2型糖尿病、肥胖、胰岛素耐受性、高血压、血脂异常、阿尔茨海默病、乳腺癌、结直肠癌、前列腺癌、骨质疏松症、佝偻病，以及多发性硬化症这类自身免疫性疾病。人们承认，总有一天我们都会因某种原因而死。尽管如此，根据世界卫生组织（WHO，2004）的数据，在全球现代化和城市化水平最高的地区中，有52.1%的人死于在基塔瓦这样的非城市化地区罕见或根本不存在的疾病（见表格"城市中的死亡"），这一点无疑意义重大。可以说，非城市地区的优势得到了证明。

城市中的死亡

表1.1 非城市化和城市化地区人口的死亡原因对比

死亡原因	非城市化	城市化中地区的死亡原因排名	城市化地区的死亡原因排名	高度城市化地区的死亡原因排名
意外/凶杀	普遍			
新生儿感染	普遍	第8		
疟疾感染等	普遍	第9		
早产/出生体重偏低	普遍	第10		
痢疾	稀少或不存在	第3		
艾滋病	稀少或不存在	第4		
结核病	稀少或不存在	第7	第10	
道路交通事故	稀少或不存在		第6	
高血压性心脏病	稀少或不存在		第7	
冠心病	稀少或不存在	第2	第2	第1
脑血管疾病	稀少或不存在	第5	第1	第2
气管/支气管/肺癌	稀少或不存在		第5	第3
下呼吸道感染	稀少或不存在	第1	第4	第4
慢性阻塞性肺疾病	稀少或不存在	第6	第3	第5
阿尔茨海默病	稀少或不存在			第6
结肠/直肠癌	稀少或不存在			第7
糖尿病	稀少或不存在		第9	第8
乳腺癌	稀少或不存在			第9
胃癌	稀少或不存在		第8	第10

来源：Lindeberg（2010）；Ridsdale和Gallop（2010, 4.1）

安息？死后葬入地下墓穴的城里人

表 1.1 列出了世界各地不同地区最常见的死亡原因。第 1 列是基于巴布亚新几内亚基塔瓦市非城市化的原始营养摄入和活动体系的人口研究结果,并与世界卫生组织 2004 年低、中、高收入城市人口全球调查的详细数据进行了比较。排名第 1—10 代表了最常见的死因(第 1)到第十位最常见的死因(第 10)。请注意,随着全球人口城市化程度的提高(第 2—4 列),死亡的主要原因也在发生变化。第 1 列展示了一个未实现城市化的群落,延续了狩猎采集的生

活方式，人类有大约300万年都是如此生活的。需要强调的是，现在（或过去）有许多生活环境各不相同的社区，都过着不同形式的可以概称为"狩猎采集"的生活（Kelly，2013）。这里提供的参考数据是在特罗布里恩群岛收集的，那里有23000人，林德伯格博士在那里主导了一项关于基塔瓦岛的长期研究项目。那里的群落有积极的生活方式和营养体系，包括鱼、水果、根茎类和其他种类的蔬菜，6%的人活到了60岁至95岁。

对来自上述未实现城市化地区与全球正在城市化（第2和第3列）或高度城市化的地区（第4列）所记录的10种最常见死因的排名进行了比较，由最后三列可见城市化进程对人口健康的影响。

这三列数据是2004年（与基塔瓦研究大致同时）为世界卫生组织整理的，并列出了当代低、中、高收入国家十大最常见的死亡原因。在这里，这几类国家分别对应城市化中、城市化和高度城市化地区。

基塔瓦（第1列）和低收入的城市化中地区人口（第2列）的三种最常见的死亡原因与婴儿死亡率和疟疾等之间存在着明显的联系。这些疾病是可以预防或控制的，这也是为什么它们没有出现在中等收入和高收入人群（分别位于第3和第4列）的十大死亡原因中。

表1.1显示，现代医疗确实对与分娩、疟疾和结核病等有关的主要问题产生了有效影响。这些问题首先出现在第2列，但没有出现在高收入国家最常见的十大死因中，意味着高收入国家在公共卫生方面的进步。然而，第2和第3列出现了新的城市问题，如道路交通事故、糖尿病、癌症和冠心病。

对于第4列所代表的高收入、城市化程度最高的地区而言，无论是道路交通事故，还是表中列出的其他8种情况中的任何一种，都没有成为十大最常见的死亡原因。这是受到有效监管的城市化带来的真正好处。尽管如此，第4列出现了新的死亡原因，包括阿尔茨海默病和各种癌症，而糖尿病上升到第8位，肺癌上升到第3位。所有癌症加在一起后占总数的13%，但冠心病和脑血管疾病仍占总数的25%以上。

那么，为什么在现代高度城市化地区最常见的十种死因（第4列），在未实现城市化的基塔瓦（第1列）是罕见或根本不存在的呢？

相反的做法

抛开移居巴布亚新几内亚的做法不谈，怎样才能使我们的现代城市生活方式更符合基塔瓦人的健康状况呢？现代医学研究往往是反应性的，倾向于以特定疾病、其潜在触发因素或针对特定条件的潜在药物疗法的效果和影响为目标。必须强调的是，这种对导致特定疾病的被称为近似机械因素的潜在分子和生理机制的高度关注，给人类带来了重大好处。

然而，我们的项目采用了不同的视角，着眼于西方生活方式疾病——所谓的"富贵病"带来的主要挑战。考虑到我们的基因组成（旧石器时代基因组）的很大一部分与基塔瓦人的基本相同，他们之间在最常见死因上的巨大差异必然反映在饮食、活动和环境方面的显著不同。看来，我们越城市化，就越容易受到自己造成的不利条件的影响。因此，与其考虑现代城市居民患冠心病的原因和方式，不如在这里采取相反的做法：我们应该问的问题是，为什么基塔瓦人不患现在西方人常见的癌症和其他疾病？这种相反的做法将所有这些疾病都视为一个群体：病态城市综合征，而非个别需要击退的疾病。如果导致问题的源头从一开始就得到解决，而不是等下游发生水灾后再救援，我们就可能取得更快、更有效的进展。

伊甸园协议

我们需要重新调整饮食和活动体系，以及我们的社会和城市环境，以便说服我们的旧石器时代基因组"正常地"运作，而不是继续忍受（的确如此）对我们的健康产生如此灾难性后果的异常和非自然的要求。一旦确认了原始生活方式和现代城市的生活方式之间的实际"健康"差异，我们就可以开始设计可能的解决方案了。代理行为和模拟环境可以引入我们21世纪的城镇，使我们在享受城市化好处的同时改善恶劣的、诸如日益严重的肥胖及其并发症等问题。

第一步是确定原始生活方式的关键和积极的生理和心理组成部分，涉及营养、活动、社会问题和与自然接触（对建立有效的免疫系统至关重要）。其次是制定符合进化规律的协议，而且这些协议要能轻松地在21世纪以及城市设计指南中实现。因此，本书建议将个人和机构的健康行为结合（本书称之为伊甸园协议），再加上更循序渐进、协调一致的公共卫生方案，推进目前已经在公共领域开展的倡议和相关研究。人类进化考古学的成果也因此成了重新调整城市生活方式、规划下一代城市生活的核心。

生活的意义

采用这些符合进化规律的协议应该会改善城市的福利，但过度使用的"福利"一语究竟是什么意思?"生命、自由和对幸福的追求"是一组耳熟能详的词,也是支撑现代社会的一种有价值的情感。前两个支柱——生命和自由——或多或少直截了当,但第三个支柱很难定义,而更容易让人感受到(Layard, 2005)。享乐主义者将幸福简单地视为个人快乐,没有痛苦,而另外一些人——始自亚里士多德——则认为幸福(eudaimonia)应代表美好和有道德的生活,有助于造就更幸福的社会。联合国承认的所有主权国家都赞同联合国的国民账户体系,其中包括通过个人、企业、政府的收入,将国内生产总值(GDP)作为衡量一国经济生产的主要指标。然而,这一数字没有考虑到一些重大的社会、健康和环境问题(例如就业率、婴儿死亡率、寿命),因此,GDP增长与人口满意度的提升之间没有明显关系(Stilitz et al., 2010)。

著名经济学家理查德·莱亚德(Richard Layard)教授在其2005年进行的影响较大的研究中讨论了这些问题,然后提出了一个疑问:虽然一个现代化的、城市化的、技术领先的经济体可以使GDP逐年提升,但它能否同时提高人民的总体福利呢?对于那些生活在赤贫或相对贫困中的人来说,答案显然是肯定的:没有人愿意挨饿、无家可归、赤贫或陷入绝望。毫无疑问,对于那些目前认为自己是"穷人"的人来说,我们的经济和社会能够提供资金,为他们摆脱物质贫困提供出路。但一旦达到了可接受的生活水平,又会怎样呢?莱亚德教授指出,虽然英美两国人民的物质财富和平均收入在过去50年中显著增加,但人口的"幸福感"却没有增加。事实上,有证据显示出一种相反的趋势:在这些物质条件更富裕的社会中,抑郁和精神健康问题的例子在显著增加。这非常清楚地证实了伊斯特林悖论——以南加州大学经济学教授的名字命名(Easterlin,

1974)。在回答"经济增长是否极大改善了人类境遇"这一问题时，有证据表明，与预期相反，一旦基本需求得到满足，一个国家的整体幸福感并不会随着财富的增加而增加。例如，自1973年以来，尽管GDP有所增长，美国社会健康福德姆指数（FISH指数）实际上恶化了。FISH指数衡量16个社会经济因素，包括婴儿死亡率、老年人贫穷率和失业率，以及住房状况和收入不平等。

关键时刻

无论如何衡量，现在的普遍共识是，维护和促进全体人民的身心健康是使社会更繁荣和更有凝聚力的先决条件。因此，本书必须要考察一个基本的问题并解答：我们所说的"良好的健康"和"幸福"是指什么，或者确切地说，与之相反的"不健康"和"不幸福"意味着什么？和平曾经被描述为没有战争，这基于这样的假设，即这两种状态都不是常态：生活永远在变化，不可阻挡地从一种状态转到另一种。健康和不健康是否应该从相同的角度来看待，即各自以其缺失对立面为定义？或者，我们是否应该采取更积极、更主动的态度，建议把良好的健康状况视为预期的常态，而把不健康的状况视为非正常状态？

1946年6月在纽约通过的世界卫生组织章程，不仅将健康定义为没有疾病，还将其定义为身体、心理和社交完全健康的状态。2008年，新经济基金会（New Economics Foundation）补充说，健康还应该包括人们如何感受以及机体如何运转（Abdallah et al., 2008, 7—8）。在本书中，这些定义将得到继承和发展。

我们的基本生理、新陈代谢和思维模式都是由漫长的人类进化决定的。人类进化向我们展示了我们从基因上被设定应该做的事，和相反但同样重要的，我们没有被设定应该做的事。例如，我们被设定应该吃新鲜食物，每天锻炼身体。负担过重的英国国家医疗服务体系（National Health Service），对城市人口因忽视健康的这些基本进化决定因素而产生的并发症，再清楚不过。肥胖、糖尿病、心血管问题和几种癌症的发病率都清楚地证明了这一点。正如马尔莫（Marmot）教授有力地指出："尽管我们的物质和社会环境在过去一万年中发生了巨大的变化……我们的基本生物学特质本质上与古巴比伦时期相同。"（Brunner and Marmot, 2006, 13）。考古学家对他的观点深表赞同，但可能会客气地把他的年表往前推几千年。

此处，我们定义幸福和健康（身体的和精神的）为遵循符合进化规律行为的产物。不健康通常相反，这种生活方式偏离上述的康庄大道，并受到相关后果的影响，或者说这是一种受传染病影响的生活方式，常出现于大都市。第15章的建议条目即是一份总结而来的反映和尊重人类进化遗产的健康生活方式指南。

总之，健康方面的正常状态与旧石器时代基因组是相关联的；因此，健康状况不良是不正常的，而且往往是一种不符合进化规律的生活方式的产物。健康状况良好则是采取符合进化规律的行为——例如营养补充制度、社会制度和把锻炼嵌入生活——的结果，上述行为都符合这一理念，也是这一理念所要求的。城市健康是指那些在按照进化原则规划的城市环境中，行为做事符合进化规律的人所获得的一种身心状态。

衡量你的幸福

现在，人们不再认为对一个国家 GDP 简单机械的衡量是发展进步的唯一指南。正如 1990 年联合国人类发展报告所指出的那样，由于"人民是一个国家的真正财富"，我们现在像关注经济增长一样，把注意力也转移到了提升人类幸福度上。因此，联合国创立人类发展指数（HDI）——基于这样的假设，即经济增长不一定等于福利增加——开始衡量这种发展对人民健康、教育和收入的积极或消极影响。评价等级从最高的 1.000 分往下一直到 0.000 分不等。HDI 衡量的指标包括人均 GDP、收入公平分配、教育和成人识字率、教育年限和预期寿命，以及在健康和两性平等方面取得的成就。

衡量幸福并非没有挑战。有人认为，（经济、社会或个人的）"幸福""满足""福利""健康"的概念越来越混乱、模糊。究竟要量化哪些，以及如何量化，首先取决于为什么需要进行这种调查——儿童、成年人、老年人、农民、渔民和非常富有的人都有不同的观点。基本单位应该是个人、家庭还是国家？宏观分析和微观分析哪个更能说明问题？我们现在有相当多令人困惑的指南：有"真正进步指标"（Genuine Progress Indicator, GPI），有"可持续经济福利指数"（Index of Sustainable Economic Welfare, ISEW），有盖洛普咨询公司定期对 130 个国家进行的民意调查所确定的全球幸福程度，有不丹提出的国民幸福总值的概念，还有世界卫生组织的生活质量指数（Quality of Life Index, QLI）。

　　法国最近委托相关机构编写了一份关于幸福的重要报告及其 12 项详细建议，以统计国家幸福指数（OECD, 2013）。英国则自 2012 年以来，每年通过国家统计局（ONS）发布关于国民幸福度的年度调查。报告包括与"健康""居住地""家庭和家族"，以及"职业"有关的研究（ONS, 2012）。英国威尔士地区和丹麦现在也采用了类似的策略。人类幸福的定义、发展和衡量现在成了中心议题：我们的幸福不再仅仅是我们自己关心的问题，也不再是哲学或享乐主义的辩论，而是政府会过问的事情。

第二章　创世记

……人类拥有所有的高贵品质……
拥有可以参透太阳系的运动和构成的神性智慧——
拥有所有这些崇高的力量——
但人类的身体仍然带着他出身卑微的不可磨灭的印记。

——查尔斯·达尔文（1809—1882）

伊甸园

图 2.1 伊甸园：神话中的第一个狩猎采集者享受田野的果实

所有的文明都有创世神话——关于生命如何开始的故事；《圣经·旧约》第一章《创世记》就记录了这样一个故事。上帝六天创世的寓言由丁道尔（Tyndale）在 16 世纪由希腊和古希伯来语翻译而来，在整个西方世界都广为人知，但更多的是因为其有力而富有诗意的散文笔法，而非科学内容。书中写道："起初，神创造天地。地是空虚混沌，渊面黑暗……神说，要有光，就有了光。"

除了白天和黑夜、陆地和海洋，以及各种各样的植物和生物，伊甸园也被创造出来，亚当和夏娃就诞生在这个人间天堂。据记载，他们都是裸体，因此与其他动物没有什么不同。第一批人类并不缺食物，因为伊甸园为他们提供了所有能结出种子或果实的植物或树、海洋中的鱼、空中的飞鸟，以及"在地球上活动的一切活物"。你可能会认为，这对夫妇会满足于他们的命运，接受在这片富饶的土地上觅食这种无忧无虑的生活方式。然而，他们却违背了上帝的一条指示——不要吃"分辨善恶树"上的果实。这种不服从行为招致的直接结果就是，他们被逐出了伊甸园。他们再也不能靠伊甸园取得食物，因此他们的孩子——该隐和亚伯将不得不为生活付出更大的努力，耕田种庄稼或放牧牲畜。这就是被逐出伊甸园的奇谈。这是一个古老的神话，记载了第一个觅食之人受到的惩罚——惩罚迫使他们的后代学习农业和畜牧业的复杂原理。

关于地球上的生命如何进化、人类何时首次出现在地球上以及人类特有的觅食文化的长期发展过程，21 世纪的科学家已经有了更清晰、更明确的看法。这些发生在一个漫长的时代，后来的人们称其为旧石器和中石器时代，也可以把这段时期比作伊甸园。那么从基因上讲，我们在伊甸园里觅食多久了？人类存在多久了？以及狩猎采集者（如熟知的亚当和夏娃）的思维模式被编入我们的基因又有多久了？

试图溯源几乎是一种普遍的兴趣——我们大多数人都想知道我们来自何方。但是，当我们试图编写家谱时，许多人发现，很难为超出曾祖父母辈之外的亲属关系找到证明。这是因为我们通常必须依靠例如出生、结婚和死亡登记册或存世人口普查报告所提供的书面证据。不幸的是，17 世纪和 18 世纪时这样的文件很少能留下来，因此我们的追溯经常会突然结束。对许多人来说，历史和情感记忆只有 200 年或 300 年左右。我们越来越难与远祖——那些我们没有照片，甚至很少知道名字的祖先——产生强烈共鸣。幸运的是，科学研究的进步为我们提供了新的途径，可以使我们追溯到几千年前，甚至数百万年前的祖先。

考古学可以告诉我们人类过去如何生活，而遗传学和 DNA 的研究可以非常准确地告诉我们，谁是我们的直系祖先。通过这两种途径的研究，我们可以勾勒出我们最久远的历史的大致轮廓，一种可以确定我们今天生活中哪些方面是自觉继承自旧石器时代的方法。

公元 8 世纪，一位在诺森伯兰修道院研究《圣经》的尊者[1]彼得提出，世界被创造于大约公元前 3952 年，距今不到 6000 年。9 世纪晚期，温彻斯特的基督教修士将撒克逊国王埃塞尔沃夫的祖先上溯至出生在挪亚方舟上（Garmonsway, 1972, 66）的赫拉塔（亚当的直系后裔）。据此，他们估计世界创造于公元前 5195 年左右（Garmonsway, 1972, 28）。17 世纪末，通过研究《旧约》中列出的家谱，乌雪大主教为这场旷日持久的辩论提供了一些更精确的信息，即世界的创造可以追溯到公元前 4004 年 10 月 23 日上午 9 点整。这一说法广为人知。

遗憾的是，这些学者的研究成果被詹姆斯·赫顿（James Hutton, 1785）和查尔斯·莱尔（Charles Lyell, 1833）等地质学家粗暴地推翻了。这二人后来对岩石结构的研究表明，地球事实上要古老得多，地球上动植物的起源也是如此。然而，第一批人类出现的日期仍有待商榷。那时候，学者们发现并开始研究古代文物，在欧洲，C. J. 汤姆森（C. J. Thomsen）将文物分为三个时期，最近的称为铁器时代，晚于青铜时代，最古老的人造品时代被称为石器时代（Thomsen, 1848）。古文物这时候已经能形成一定序列，之后的

---

1. Venerable，英国国教中对副主教的尊称。——译者注（若无特别说明，本书脚注均为译者注。）

学者们能据此更精准地定位年代。

下一个重大突破发生在 1859 年,归功于英国的约瑟夫·普雷斯维奇(Joseph Prestwich)和约翰·埃文斯(John Evans)的研究,以及法国的鲍彻·德·珀蒂斯(Boucher de Perths)的研究。他们的考古挖掘发现,人类制作的石斧与早已灭绝的动物的骨骼位于同一地层,而人们已知这些动物在公元前 4004 年之前就已经灭绝了。很明显,人类的历史至少和剑齿虎的一样久,但确切地说,到底有多久呢?

定向进化还是无向进化?

查尔斯·达尔文(1809—1882)

我们总结了人类如何从卑微的灵长类动物进化到生理上的现代人(我们就是),并掌控了整个地球。值得强调的是,我们现在的形体不是固定不变的,也不是预先确定的:它只不过是在一个不断变化的世界中幸存下来的人传递给我们的属性和突变的偶然结合。假设制造了冰河时代、大陆漂移,且支撑恐龙生存了1.35亿年(历史远远超过人类)的盲目但强大的自然力量,专门为智人(*Homo sapiens*)的发展制定了一个伟大的计划,显然不合逻辑。自然的进化道路基本上是无方向的,其中也有一些非理性因素(Stringer and Andrews, 2011, 226),尽管它们确实在一组(往往是相互冲突的)限定因素内取得了进展,但其结果只能依赖不同程度的确定因素来推断(而不是预测)。

因此,自然选择是无方向的,并不是有意识地朝着一个特定的目标或生理形式运作。如果一种特定的基因结构不能适应不断变化的环境,那么谱系就会断掉:从表面上看,这是一种简单的生存或灭绝的情况。这一漫长过程的高潮在于,不到20万年前,地球上出现了智人,这并非事先设定的总体规划的一部分。我们从以树为食、以水果为食的四足动物转变为陆生两足杂食动物,这并不是因为地球必定需要这样的动物,也不是因为自然的食物链中有一个空位,必须要智人来填补。

智人只是进化和气候环境的一种奇怪结合的意外产物。新的褶皱山脉形成并不是因为有渐进的进化需要,而是因为大陆板块的碰撞。我们的身体和头脑同样通过碰撞环境的任意结合而得到进化。

命运、偶然和好运(或厄运)都在我们的进化之旅中起到了一定的作用。我们的祖先（不像植物或山脉）是有知觉的生物，因此被称为"智人"。通过性选择的基本过程——男性或女性如何选择与某一特定伴侣交配，他们可以而且确实在自己不可预知的未来中做出不受控的选择。如果伴侣是经过选择的话，这种选择可能取决于简单的有效性（小的孤立部落群的实际问题），同时也取决于能感知到的特征。在一段广阔的时间范围内，近代的性选择是两情相悦制；很久以前则是男子主导制，他们可能拥有许多伴侣，不管对方愿意还是不愿意，是亲戚还是非亲非故。因此，这种结合产生的后代，加上双方的遗传，提供了一个有偏向的基因库，更机械的自然选择法则在此基础上发挥作用。

由此，有些随意的性选择过程产生了某种程度上随意的基因库，只有适者才能从这些基因库中生存下来。被繁育的后代随后又进行了另一轮任意的性选择。千百年前，男性和女性的不同结合完全有可能产生一个完全不同的人类基因库：比现在的我们更强或更弱，更有天赋或更没有天赋，适应能力更强或者更弱。正如现在已经灭绝的尼安德特人和弗洛里斯人的耻辱命运所示，结果可能会有很大的不同。智人不是通过有目的进化，而是通过尼安德特人和解剖学意义上的现代人之间的偶然突变、适应和基因流动，加上纯粹的偶然事件，才最终成为五大洲成功的狩猎采集殖民者。

这就是无向进化。然而，定向进化也是可能的——任何养过马或种过玫瑰的人都可以证实——通过有意识、深思熟虑地选择允许繁殖的样本。达尔文本人也参与了鸽子的繁育和杂交

> 的研究，以使其发展出特定的特性。他充分认识到，这是对复杂的遗传过程的一种人工的快速干预（即"驯化下的变异"）：人类只是为了自己的目的操纵盲目的生物程序，以"改善"自然。定向进化造就了更好的鸽子，无向进化造就了城市化的人类。

我们的卑微起源

查尔斯·达尔文对进化论的开创性研究为下一阶段的研究奠定了基础，他的主要著作为《物种起源》(1859)和《人类的由来》(1871)。在《物种起源》的序言"历史大纲"中，达尔文讨论了在他里程碑式的著作出版之前流行的观点，其中包括他的祖父伊拉斯姆斯·达尔文博士（Dr Erasmus Darwin）在《动物志》(Zoonomia, 1794) 中的评论，著名博物学家拉马克（Lamarck, 1830）对阿尔弗雷德·拉塞尔·华莱士（Alfred Russel Wallace）1858年7月1日在林奈学会发表的论文的一些评论，1859年6月托马斯·亨利·赫胥黎（Thomas Henry Huxley）教授向皇家学会发表的演讲，以及约瑟夫·道尔顿·胡克博士（Dr Joseph Dalton Hooker）于同年所做的有关澳大利亚植物群的介绍（Hooker, 1859）。有证据表明，我们今天所熟悉的地球上所有种类繁多的动植物群（包括人类）并不都是在同一天创造出来的。不仅如此，追溯许多物种的起源至其原始形态也是有可能的。

当时有人认为，人类（智人）和非洲大型类人猿有共同的灵长类祖先，享有共同的出生地。达尔文的这种理论以英国内科医生爱德华·泰森（Edward Tyson）的研究为基础，后者在1699年发表的一篇关于黑猩猩解剖的文章中指出，其解剖结构与人类相似。随后，赫胥黎主张，人类应该与类人猿同序排列（Huxley, 1863）。就在这一年，对人类化石的研究开始了，威廉·金（William King）向英国协会介绍已经提出的有关尼安德特人的观点（Johanson and Edgar, 1996, 228）。就这样，人类卑微的起源逐渐显露，原先笃定的世界变得惊愕、怀疑。

这些生物改变、突变和发展成现在的样子，其间的方式和原因是第二个关键问题。根据达尔文的观点，"自然选择"是一个关键的过程，体现于物种与自然持续不断的对抗，与饥荒和死亡的斗争之中。"自然选择"作为中介，选择最合适的后代存活和繁衍（即哪些遗传属性将传递下去），抑或灭绝。

从生物学上讲，达尔文式进化是长期的基因变化过程，通常是对外部因素所施加压力的机械反应，这些外部因素包括环境变化、天敌、疾病、意外事故以及可用基因库变动的潜力和规模。他的自然选择（即适者生存）的概念至少基于三点。首先是遗传：个体只能继承其父母所拥有的那些基因特质（如眼睛或头发的颜色、耳朵和鼻子的形状及其他生理特征），而排除父母各自的基因中不包含的特质。其次是，任何人群中都有相当数量的基因变种，这表明未来后代的许多可能的基因排列。最后是差异繁殖的问题：不是所有的个体都能成功繁殖，有些个体比其他繁衍得更多，有时会与不同的伴侣进行繁殖。但是，这样繁殖出的后代再相互结合而产生的后代，即将父辈有差异的遗传特征（或基因型）混合在一起后的产物，命运又将如何呢？

达尔文认为，这就是自然选择过程开始运作的地方：适者生存。

与同时代的人相比，生物学家用"适应性"（fitness）一词来描述某一特定基因型如何最终存活并成功繁殖。显然，"适应性"是一个相对的术语，因为这在很大程度上取决于当时的环境。例如，在冰河退却之后，最适应冰河时代的基因型可能不再适合。因此，最适合的个体不一定是最强壮、最好看、最大或最聪明的，适应性只是指能在特定的时间和地点生存，找到自愿（或非自愿）的伴侣并繁殖同样可以存活和繁殖的后代。随后灭绝的血统带走了他们自己的个体遗传特征；因此，人群越大，遗传变异越少。然而，即使达尔文也意识到，自然选择尽管重要，但"不是唯一的改变手段"（Darwin, 1859, 23）：性选择、基因突变，甚至是纯粹的偶然，也在人类的进化故事中发挥着作用。这将在后文得到阐述。

亲兄弟和姐妹

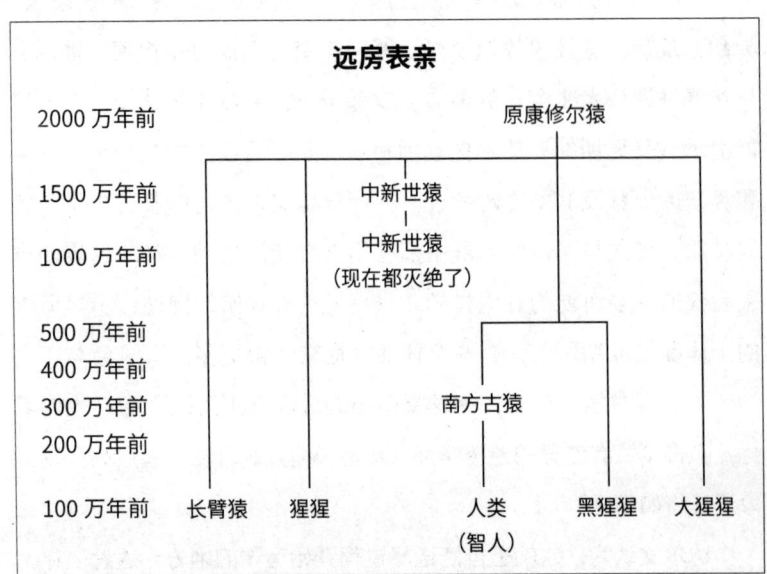

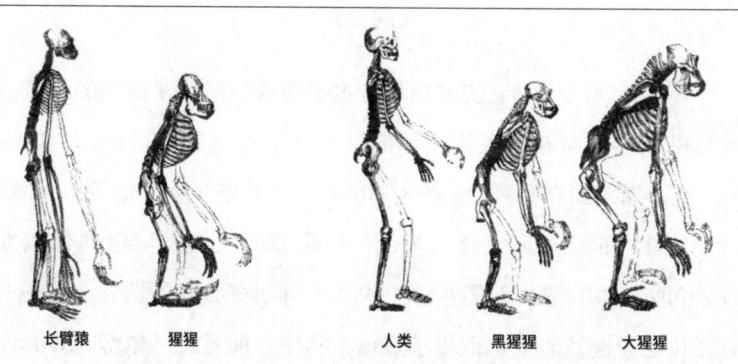

我们的近亲：托马斯·亨利·赫胥黎所著《人类在自然界的位置的证据》
（*Evidence as to Man's Place in Nature*, 1863）的卷首插图

长臂猿　　猩猩　　人类　　黑猩猩　　大猩猩

这份总结性图表显示了我们现在对过去两千万年漫长进化过程的理解，从我们伟大的祖先——被称为原康修尔猿的类人猿家族，一直到今日。

原康修尔猿也是今天大猩猩、长臂猿和黑猩猩的远祖。因此，这些动物与人类有亲缘关系；事实上，在这张表上，人类最亲近的亲属是黑猩猩，两者有98%的基因组成相同。

图2.2　明火独一无二：对火的掌控改变了狩猎采集者的世界，火提供了温暖、安全（左），同时可以帮助烹调难以消化的食物（右）

人的上升

有了无向进化发展的原则和考古学研究、遗传学研究的基础，我们可以尝试勾勒出我们遥远的过去发生变化的关键时刻。1984年，查尔斯·西布利（Charles Sibley）和乔恩·阿尔奎斯特（Jon Ahlquist）的一项研究首次表明，黑猩猩和人类基因组的相似度为98.4%：很明显，他们在过去的某个时期有共同的祖先。关于他们之间差异性的研究也取得了进展，例如，斯万特·帕博（Svante Pääbo）的报告称，在对语音清晰度很重要的基因（FOXP2）方面，两者有很大的差异（Enard et al., 2002）。与此同时，美国国家人类基因组研究所（National Human Genome Research Institute）继续对人类和黑猩猩的DNA序列进行开创性研究，并在2003年至2005年公布了初步研究结果（Nature, 2005）。

此后的研究颇有进展：2007年发表猕猴基因组，2011年发表猩猩基因组，对黑猩猩、大猩猩和狒狒的研究都在进行中。因此，我们不仅更清晰更科学地解释了人类的进化史，而且还可以阐明我们与其他灵长类动物之间遥远（又非太遥远）的关系。纽约大学人类起源研究中心的遗传学家尤金·哈里斯（Eugene Harris）最近发表的著作总结了这一前沿领域的许多研究成果，为达尔文的远见卓识提供了确凿的证据（Harris, 2014）。

功能失调的家庭？

变脸：原始人类的头骨化石修复图

七百万年的进化、适应和突变：下面是包括我们、解剖学上的现代人在内的类人猿血统的脱节、多样化和分化的系谱图。这里列出的所有非连续化石发现都有一定的遗传联系，但它们之间的确切亲缘关系和已证实的联系仍然是激烈争论的焦点。要建立起我们最古老的系谱，就必须发现更多的古老标本，下面这张表显示了我们一些更著名的祖先的大致年龄和年表。南方古猿系列的后代似乎最终产生了至少11个"人类"家族的分支。这些分支大部分后来都灭绝了，只剩下智人存活至今。

```
700 万年前


                        乍得沙赫人 (Sahelanthropus tchadensis)
600 万年前


                        图根原人 (Orrorin tugenesis)
                        地猿始祖种 (Ardipithecus kadabba)
500 万年前
                            拉密达地猿
                            (Ardipithecus ramidus)
                            湖畔南方古猿
                            (Australopithecus anamensis)
400 万年前


               肯尼亚平脸人                          南方古猿阿法种
               (Kenyanthropus platyops)          (Australopithecus afarensis)
300 万年前

                            南方古猿埃塞尔比亚种
                            (Paranthropus
                             aethiopicus)
               非洲南方古猿                           南方古猿伽赫里人
               (Australopithecus africanus)     (Australopithecus gahri)
200 万年前                       人类
                            (HUMANS)
                                              能人 (Homo habilis)
               卢多尔夫智人
               (Homo rudolfensis)    南方古猿源泉种       罗百氏傍人
               直立人 (Homo erectus)   (Australopithecus sediba)  (Paranthropus robustus)
                                    纳莱迪人
100 万年前                              (Homo naledi)
               前人                                  匠人
               (Homo antecessor)                   (Homo ergaster)
               尼安德特人                              海德堡人
               (Homo neanderthalensis)             (Homo heidelbergensis)
               丹尼索瓦人                              弗洛瑞斯人
               (Denisovans)                        (Homo floresiensis)
```

600 万至 800 万年前：共同的祖先

根据关键的 DNA 证据和进一步的考古研究，一幅更清晰的图景正在慢慢浮现。我们现在不仅知道人类的历史有多久，而且还知道我们的基因库可以追溯到 700 多万年前与其他灵长类动物共享的祖先血统（Andrews, 2015）。看起来，所有这些灵长类动物都是杂食动物，这是我们基因结构中的一种特征，它的存在实际上比人类本身要古老得多（早数百万年）。这些生物作为我们的祖先，似乎并未拥有现代人的理性和智力，而是依赖于本能和基本的情感驱动。最早一批的灵长类动物中，有许多一生大部分时间都在树上度过，在树上攀爬和在树枝间来回晃荡是其行进的标准模式——用发达的手臂从一根树枝移到另一根树枝。在地上时，我们的祖先通常会用四条腿走路或跑步，这与我们今天的行动方式完全不同。这一切是什么时候改变的呢？

300万至500万年前：类人

人类和黑猩猩的最后一个共同祖先仍然用四条腿移动，但我们现在可以认为，猿和人类的系谱大约在600万年前就开始分化，因为现存最古老的类似于两足动物的人类化石可以追溯到这一时期。然而，在接下来的400万年中出现了杂交的现象，哈佛大学位于波士顿的研究机构为此提供了一些证据，因为雌性（X）染色体仍然如此相似（Patterson et al., 2006）。但是，在坦桑尼亚的拉多里发现的化石脚印确凿地证明，大约400万年前，人类祖先只是用后腿直立行走。具有可识别的"人类"特征的新生物并非仅食用简单的水果或植物（食果类动物、食草动物），而是饮食更混合（杂食动物），含有各种形式的肉类（如兽类、鱼类、鸟类、昆虫）。它们包括大约450万年前出现的拉密达猿人和大约300万年前出现的南方古猿阿法种。最近的田野调查在肯尼亚的图尔卡纳湖岸边发现了石器。这些物品可追溯到大约330万年前，是世界上发现的最古老的石器。更引人注目的是，它们比迄今发现的最古老的人属化石还早。那么，石器制造（通常被认为是向文明演进的第一个物证）是否真的比我们现在所称的人类的进化更早呢？

50万至260万年前：成为人类

在坦桑尼亚奥杜威峡谷260万年前的沉积物中发现的晚期石器，可能被南方古猿的后代或人类属中最早的成员——能人（Homo habilis）——使用过。原始人类系谱中的一些分支可能是共存的，而非直接相互取代，比如生活在260万至150万年前的能人。就是在这一时期，头骨的形状和大小似乎发生了变化，头盖骨的容量显著增加，这表明大脑在变大（Mithan, 1996, 11—12）。

阿舍利手斧是复杂的加工石器，于2011年在图尔卡纳湖（肯尼亚）发现，这是到目前为止发现的最古老的加工石器，距今176万年。这一发现所代表的技术和文化可以说持续了一百多万年，并且其留存时间如此长久，分布如此广泛，证明早期人类不仅学会了制造这些工具的技能，而且还有能力把这种技能分享给其他人——所有这些都是人类的特点。这些手斧与更重要的生理上的进化明显属于同一时期，证实了180万年前开始逐渐进行的对直立人或匠人（Homo ergaster）特征的自然选择。这一物种肠胃较小，臼齿较小，但大脑比能人的大，这可能意味着更敏锐的头脑、更好的沟通技巧和更强的应变能力。

关于人类早期发展的所有数据都来自非洲（Rightmile, 2009），欧洲原始人群体移居的第一个证据出现在大约130万年前的西班牙南部。当时直布罗陀海峡的海平面比今天低100米，一系列动物得以向北迁徙。至于大不列颠的史前史，在苏塞克斯的博克斯格罗夫等遗址已经发现了最早的人类遗骸（Stringer, 2006）。在此地，1994年发现了一名男性海德堡人的部分胫骨,该人可能身高1.8米,体重约80公斤;两年后在一个有许多火石工具和动物骨骼的遗址中,发现了另一人的两颗切牙,距今约50万年(Roberts and Parfitt, 1999)。

1万至50万年前:人类

图2.3 洞穴壁画:法国拉斯科的旧石器时代猎人的图像

图2.4 狩猎采集的主要课程,伦敦大学学院(UCL)考古学院教学科研基地。(a)制作长矛;(b)弓箭射击练习;(c)狩猎队出发;(d)采集树上的果实

根据特拉维夫大学考古研究所的阿维·戈弗（Avi Gopher）教授和拉恩·巴凯（Ran Barkai）博士的一份报告，在以色列发现的解剖学上的现代人，即最古老的智人遗骸，可以追溯到大约 40 万年前（Stiner et al., 2010）。这比在埃塞俄比亚的中阿瓦什地区大约 16 万年前的沉积物中发现的类似物质要古老得多。

智人可能与身上存在很多误解的尼安德特人同时共存过至少一小段时间，尼安德特人头盖骨很大，是熟练的石器制造者。然而，遗传学家斯万特·帕博的团队对萨格勒布郊外温迪亚洞穴发现的已有 4.5 万年的尼安德特人男性标本的遗传物质进行分析后（Pääbo, 2014），结果表明尼安德特人与现代人及黑猩猩 Y 染色体有显著差异。更重要的是，这项研究重新评估了整个欧洲的遗址年代和排序：约翰·霍克斯（威斯康星大学麦迪逊分校）和威廉·戴维斯（南安普敦大学人类起源考古学中心）都反对尼安德特人和现代人之间存在重大的居住地重叠这一观点。现在看来，智人比他们的老对手更快、更有效地适应了不断变化的气候条件（排名第二没有奖励）。

除了尼安德特人，更多的最终不太成功的家族系谱上的分支已经被发现。在西伯利亚阿拉泰山脉的一个洞穴里，人们从一堆沉积物中发现了手工艺品和动物骨骼，还发现了一些人类遗骸，其中一些可以追溯至 3 万到 4.8 万年前。由莱比锡的马克斯·普朗克进化人类学研究所的约翰尼斯·克劳斯（Johannes Krause）领导的小组对来自这个地点的一块女性指骨进行了检验。根据《自然》杂志的一份报告，对线粒体 DNA 的研究表明，"X 女性"（X-Woman）可能代表了一个新物种——丹尼索瓦人（Denisova hominin），而非尼安德特人（Reich et al., 2010）。由于一些会被长期讨论的原因，丹尼索瓦和尼安德特这两条分支都灭绝了——这也是被称为

"弗洛里斯人"(*Homo floresiensis*)的小型生物的命运，他们的遗骸最近在印度尼西亚被发现，直到大约1.2万年前，他们一直生活在那里，与世隔绝。

也许对史前遗址最不寻常的发掘之一，发生在2013年南非的一个幽闭洞穴（Dinaledi石室）内，该项发掘工作由威特沃特斯兰德大学的李·伯杰主导（Berger et al., 2015）。该遗址非常狭窄，必须专门招募一个由六辆"瘦小"挖掘机组成的小组进入底部，记录和回收了至少15个人的1550块骨头碎片。有人认为，这可能是一种新的人属，最初被称为"纳莱迪人"，其生活年代大约为10万年前，但目前尚未有定论。

智人随后在各大洲开拓殖民地的时期，以持续剧烈波动的气候模式为标志，伴随着重大冰川的推进和随后的退缩（间冰期），不仅温度发生了变化，当然，狩猎采集者的世界——植物和动物——也发生了变化。与以往一样，适应性是生存的关键——避免灭绝的唯一一条路。事实上，在这里简要讨论的所有人类变体中，目前只有智人存活了下来。

考古学家研究了世界各地直系先祖的遗骸、聚居点、手工艺品和食物残骸。这个不断积累的数据库可以确定他们生活在哪里、如何生活，以及帮助他们在这一漫长时间里生存下来的狩猎采集制度的变化。研究也转向了更抽象的问题，如他们如何社交、语言如何发展。这一切都与更具启发性的思维过程的演变有关。

在对深厚的文化演变的不断研究中，洞穴壁画、更专业的狩猎技术以及物品制造（如维纳斯雕像）等特性的发展，被认为是非常重要且相互关联的。它们似乎是所谓的"创造大爆发"的一部分。过去20年对南非、北非和勒旺等地区材料的研究表明，这一深远进展的最早痕迹可能出现在非洲，可能早在25万年前。现在有相当多的证据表明，其他区域的类似这样的进展发生在7万至10万年前，尤其是距今4.5万年前后。通过有节奏的、口头的和视觉的媒介（即各种形式的音乐、基本的语言和艺术）加强交流理解，所有这些进步都在旧石器时代社会发挥了作用：连接社会、传递社会信息和推动社会发展。

以上这些发展都将在群落的成功存活、性选择以及生理和文化的定向和无向进化中发挥作用。因此，我们不仅可以描绘我们的生物进化的发展，还可以描绘这一广阔时期的文化变化以及这两种发展轨迹之间的重要的相互作用。综合起来，这三条线，生物、文化和这两者之间的相互适应，形成了复杂交织的人类进化的故事。

5000至10000年前：从觅食到耕作

图2.5 古代农业：种植培育谷物，包括开垦田地、犁地、播种，然后收割——一种典型的劳动密集型活动

随着这些早期人类群落逐渐从非洲的故土扩展到其他大陆,他们对狩猎采集文化进行了不同形式的改造,以更好地适应遇到的新环境。几千年来,这些文化不断发展并适应不断变化的气候、地形和动植物群。

接下来要回答的问题是:我们什么时候以及为什么停止了狩猎采集的生活?可以说,这是人类文化演变中最重大的变化,对后来的发展产生了深远影响。鉴于必要性往往是创造之母,包括气候变化和人口压力在内的主要驱动因素一定发挥了作用,但不同区域发生转型的时期并不相同;事实上,今天一些与世隔绝的地区仍未完全现代化。

直到大约 5000 至 10000 年前,第一种可被认为是"农业"的形式才发展起来。这反映在对特定植物和牲畜驯化的最早证据的年代测定中,这一时期被称为新石器时代。在此期间,动植物经历了有意识的定向进化:作物被选择性种植,动物则被选择性饲养。对粮食资源的更大控制在理论上支撑起了人口更稠密的群落和地区,从而形成更大和可能更多样化的基因库。自然选择对人类的影响因此减弱。

最新研究表明,可能有多达六个核心区,各自独立尝试、测验和发展这些新的、更密集的农业制度。通过模仿、迁移或入侵,这些做法又从这些地区被传播开来。最早的证据来自 1.1 万年前的新月沃土(Fertile Crescent,在今天的伊拉克)。这可能很重要,因为底格里斯河和幼发拉底河流经这里,而这两条河也在《圣经》中的伊甸园故事里被提及(创世记 2:10—14),以上来自《史密森尼杂志》的一篇评论尤里斯·扎林斯博士研究的文章(Hamblin,1997)。然而,在其他这样的"伊甸园"中,新的耕作方法也取代了旧的狩猎采集制度。一个是包括长江和黄河流域在内的中国地区，新石器时代革命至少在9000年前就开始了；另一个是6000至9000年前的新几内亚高地。在撒哈拉以南非洲的东部，这种发展可能开始得比较晚，最早在4000至5000年前，墨西哥中部和南美洲北部的相关记载也在与之相近的时期，而美国地区有证可查的发展可以追溯到3000至4000年前。

欧洲的情况可能与其复杂的遗传种群历史有关，这里的人种显然是许多先祖的混合体。人们通过从史前骨骼中复原和分析DNA，已经揭示了在欧洲大陆进行狩猎采集式殖民的三个主要族群。2015年，都柏林三一学院的团队确定了造就欧洲DNA的第四族群。他们最初孤立生活在高加索，但后来似乎向东迁移。合而观之，现在看来，第一批狩猎采集者A组从非洲迁徙而来，大概是在4.5万年前穿过土耳其来到欧洲。根据新的研究成果，B组在大约2.5万年前在高加索定居，但一直与世隔绝。C组群体在勒旺定居，似乎参与了新石器时代农业方法的开发，然后在大约6000到7000年前带着这些变革性的做法在欧洲各地迁徙。那时，B组已经与来自远东的其他人类群体杂交，最终发展成为颜那亚文明，即D组，随后D组可能是从大约5000年前的阿拉泰山脉移居到欧洲，并可能带来了原始印欧语系（Jones et al., 2015）。

最初成为新石器时代实践的焦点的农作物是谷物，如各种小麦（如二粒小麦和单粒小麦）和大麦，它们在地中海气候下生长良好。该地区雨季短、炎夏长的气候特点使大粒种子更容易成熟。这样的谷物在成为人类肠胃能够真正消化的东西之前，需要经过大量的加工，但即使需要额外的努力，面包仍成为一种主食，尽管它的营养比觅食者饭桌上的原材料的要少。来自约旦河谷的证据表明，该地区驯化了大麦、燕麦和无花果,而大米则成为亚洲部分地区的主食,香蕉和芭蕉则可能是在新几内亚首次种植的。非洲则种植来自不同生态区的一系列作物,包括咖啡、小米、高粱、山药、可拉果和油棕榈。在太平洋的另一边,谷物、豆类、南瓜和玉米在中美洲有种植,土豆和木薯在南美洲有种植,向日葵、假苍耳和藜在美国东部有种植。女性可能在新的种植方案中发挥了特殊的作用,而不是仅仅收集成熟的野生果子。她们对植物的观察和认识虽然受到地域限制,但足够深入,这对所有采集者来说都至关重要且肯定会成为作物种植过程中的关键基石。

丧失纯真

不管是什么诱因,人们之前每天都要花很长的时间在野外寻找时令食物,而通过利用附近产出可能更稳定的菜园、分配的土地或田地来收获食物的做法,补充并随后取代了之前的食物获取方式。第一批"农民"(或许是蔬菜种植者)付出了相当程度的辛劳,但投入的努力收获了更高的回报。在这些农田周围发展起来的定居点或小块土地更多地被发展为永久性村庄,而非临时的流动地。

由于这种安顿定栖的方式,猎人的角色也开始发生变化。人们不再跨越很远的距离追踪食草动物,或在每年动物群迁徙的关键地点实施拦截,"驯养"动物的概念逐渐发展起来,将动物"驯养"成兽群,可以根据需要进行扑杀。绵羊、山羊、牛和猪是最早被当作食物驯养的动物,也是产出皮革和羊毛等副产品的动物。关于这类野生动物最初如何被很好地驯服,也存在争议:父母在狩猎中被杀的动物孤崽可能是一个前提,而儿童(或至少是那些不饿的儿童)

收养受伤动物的普遍能力是另一个。

　　动物也有其他用途，狗、骆驼、牛和马可以干活，家禽和其他鸟类的祖先也如此。然而，与动物生活得太亲密也有一个不利的方面，即流感、天花和麻疹等疾病被传播给人类的风险增加了。随着久栖不动的定居点和社会开始扩大，传染性和感染性疾病也随之扩散，后果往往是毁灭性的。只有那些对这些攻击具有天然免疫力的人——可能只有一小部分，才能长大并生存和繁衍后代。

　　因此，在世界上的很多地区，前狩猎采集社会的日常生活出现了本质上的改变，尽管这些变化是不协调的，并持续了几千年和许多代人的时间。也不是所有的地区都成功了，因为如果出现严重的农作物歉收，可能会出现逆转，即要求恢复旧制度的情况（例如，在格陵兰等地，因纽特猎手接管了在斯堪的纳维亚失败了的那些农民的土地）。然而，在几千年的时间里，地球上的大片地区都发生了一场新石器时代的革命："新"畜牧业和作物种植制度，不仅逐渐改变了我们的饮食，而且也改变了我们生活的聚居地和社会。既然已经加强了对粮食供应的控制，我们就可以支撑更多、更多样化的人口，但我们对健康或安全的掌控似乎要弱得多。

　　农耕前的生活依赖于自然的丰富性和人与自然的共生关系。相比之下，新农民和他们支撑起的社会生活越来越依赖于个人的聪明才智——这些新社区比以往任何时候都更要对自己的命运负责。今天，考古学家一致认为，这一根本性的变化，即从觅食到农业的转变，可能是人类文化进步中最关键的发展。随之而来的是，为了保护农田、资源和定居点，需要在土地上建立起固定边界的领土，而可以养活的越来越多的集中人口则造就了城镇、国家和帝国的崛起。

　　伴随着人口数量增加，这些发展的后期阶段总是会对社会结构产生影响。小的部落社会本质上是所有人都知道其他人名字的社会。而在一个更大的城市聚居区，许多人的名字和个性不为他人所知。一个庞大的社会要顺利运转，通常还需要精英、等级制度和固定的组织。因此，继动植物被驯化之后，更大的城镇和帝国需要包括下层阶级在内的更大规模的社会分层。因此，新石器时代革命也导致了人类的被"驯化"（至少是那些被认为是较低等的人类），出现了没有土地、出卖劳力或被奴役的阶级——没有他们，埃及金字塔这样的历史遗迹就不可能建成。

第三章　伊甸园里的风景

就像自然最初创造人类一样自由……
那时高贵的野蛮人[1]正在树林里狂奔。

——约翰·德莱顿（1631—1700）

---

1. The noble savage，指善良、天真、不受文明罪恶玷污的未开化的原始人。

狩猎采集者

到底什么是"高贵的野蛮人"?身处带集中供暖的城市家庭的舒适中,我们可以推测,在文明出现之前的黑暗和遥远的日子里,我们曾经是多么"不文明"。我们当时有多高贵,而我们的生活方式又有多野蛮呢?我们倾向于用狩猎采集者(与"农民"或"城市居民"相对)这样包含甚广的术语对过去旧石器时代人们的文明进行归类,但我们也应该认识到,他们不会用这些术语来描述自己。对他们来说,靠土地生活是理所当然的:每天的生活都围绕着获得足够的食物和水展开。下一顿饭可能来自捕获、诱捕、射杀、打捞、采摘、挖掘或砍伐:这一切都取决于季节和地形。

以上这些表明,人类需要有很强的适应能力和足够的智慧才能生存。如果情势需要,我们勇敢的先祖似乎可以在任何地方开辟生存之地,从最宜人的地方到极端严酷的地带,不论气候或地势如何。事实上,直到公元 1500 年,全球约三分之一的土地仍被未城市化的狩猎采集者占据,有些人远离"文明",而另一些人则生活在向现代化过渡的边缘(Lee and Daly, 1999, 405)。年轻的英国绅士查尔斯·达尔文在 1831 年至 1836 年间乘坐"贝格尔号"(HMS Beagle),前往已知世界的遥远角落时,还能在火地岛上观察到"赤裸裸的野蛮土著"。

我们很难用几句话来总结几千年来不同区域的文明,但应该强调的是,其中有一些关键的共同要素。一些群落位于热带地区,而另一些群落则在冰河时代的严酷环境中幸存下来。每个地区都有自己的生态系统,有不同种类、随季节变化的动植物,还有真实的危险,因为每一个大陆都有野蛮狡猾的食肉动物。要在如此多样化的环境中长期生存,就需要详细了解哪些植物、坚果、浆果和根茎可以食用(最重要的是,什么时候可以吃,什么时候不能吃),哪些生物可以吃和哪些生物想吃人。这种知识不能立即获得,但导致的重大错误将是致命的。我们的祖先必须学得快,教得好。他们还必须行动灵活,因为对许多人来说,家就是食物所在地:露宿地随着季节的变化而移动,以跟上迁徙的畜群,或紧跟气候、植被、海平面的变化。因此,他们的身体非常活跃:每天长距离跑步或步行是常态,还有搬运重物、制作工具、准备饭菜、建造房屋和住所等活动。

要成为这种荒野生活的有效指导者,需要成功的社会互动。关于该地区及资源的知识需要学习和分享,狩猎团队彼此严重依赖,觅食团体的成员要年轻,但不能太年幼。群落所有成员都为共同利益做出贡献,几乎没有闲人。年轻男子可能成为最好的猎人;年长女人可能是最有经验的植物学家。认同自己的部落和领土无关爱国与否,而关乎生存问题。

民族志视角

图 3.1 团队合作:如果要每天都找到足够的食物,狩猎采集文明就需要动员整个群落,正如上面这三张采集植物和用长矛捕鱼的图片所示

了解了人类曾作为狩猎采集者生存了很长一段时间后——在我们熟知的伊甸园内——现在，我们就来看看这样的制度下会有怎样的日常。从表面上看，狩猎采集似乎与现代城市生活关系不大，甚至根本没有关系，但之后的章节将表明其中更深层次的变化并没有多少。第 3 章和第 4 章会大致勾勒出这些古老的觅食群落如何生活和工作。最近对世界上少数几个还未大规模农业化和城市化的偏僻群落进行的人种学和人类学研究（如 Schrire，1984；Cummings et al.，2014），可以补充和大大扩展上面的观点。这些土著居民在非常不同的环境中建立起了自己的生存制度，而且仍在发展当中。没有理由认为今天所展示的技术和文化活动，要与该地区在过去几千年中经历过的相同，尽管似乎很明显，其中的一些基本概念和方法可能具有相当悠久的历史。下面的例子将简单说明过去的狩猎采集者群落可能的各种运转方式。

提维

我们从南半球开始，先来看 C. M. W. 哈特在 1928—1929 年所做的关于提维岛的报告（Hart et al.，1988，147—162）。巴瑟斯特岛和梅尔维尔岛位于澳大利亚北岸，距达尔文[1] 50—80 英里（1 英里 ≈ 1.6 千米）。直到 18 世纪和 19 世纪初，这些岛屿上居住的提维部落，都在狩猎采集制度下生活，而考古学家推测这种制度在当地的产生可以追溯到 3 万年前。这里有 9 个叫得出名字的部落，每个部落有 100—300 人，在各自 200—300 平方英里的"领土"上游荡，

---

1. 澳大利亚港口城市。

自给自足。领土就是他们的"国家",部落就是"自己人"。然而,所有 9 个部落讲同样的语言,所以亲属关系和其他联系也可能普遍存在。

每个部落内被细分为"家族",即大家庭,由他们自己决定在什么地方和什么时候在自己的领土内建立住地,开展觅食。他们的流动性与食物来源和季节性直接相关,因此"永久"住房并不存在,只是一连串的临时住地。每天天亮,男人都会出发去打猎。这样的活动从来都无法预知结果,如果要成功,就需要团队合作、速度、敏捷、耐心和对动物及其特定栖息地的透彻了解。对提维人来说,猎物包括内陆地区的大型蜥蜴、袋鼠和其他有袋动物,以及沿海、河流中的野鹅、鱼类、海龟和儒艮。人们高度重视这些食物,但它们仍然只是一种额外的牙祭,因为主要食物(坚果、水果、蔬菜和块茎)由女性收集、携带和加工。例如,在应季时,人们大量收集当地棕榈树上的果仁,然后浸湿,捣碎成像粥一样的糊糊。1 月和 2 月,轮到某种叫库拉玛(Kulama)的山药作为主食,库拉玛的丰收会为人们同时举行的集体庆典提供食物基础。因此,家庭的长久繁荣取决于年长女性详尽的知识,她们对自己土地上的植被和生产周期非常了解。年轻女性在得到同样高的评价前,要学的东西还很多。

因此,他们多样化、富含营养的饮食结构受到了季节、地带、猎人的偶然发现以及女性收集的更有确定性的主食所影响。没有冰箱意味着每天都要觅食,除非食物可以被储存、干制或腌制。尽管如此,这些水源充足的岛屿上的提维人及其祖先在 3 万年的时间里逐渐发展起来的狩猎采集制度,使他们的生活水平远高于饥饿线(Hart et al., 1988)。

因纽特人

人类进化过程中的一个重要因素是适应性。正如达尔文所指出的,生存下来的不一定是最强壮或最聪明的人,而是适应性最强的人。因此,并不是所有的狩猎采集制度都一样,因为在不同的大陆上生存需要对每种特定地貌有详细了解。因纽特人居住的亚北极地区远离澳大利亚亚热带海岸,他们采用的制度在原则上与提维人的相似,但在实践中则大不相同。也许最大的区别是,在他们生存的环境中采集植物的途径很少;因此,在一年大部分时间里,他们是渔民,而非狩猎采集者。

因纽特人、因纽皮特人和尤皮克人至少从中世纪开始,就占据了从美国阿拉斯加和加拿大纽芬兰到格陵兰岛这片没有树木覆盖的地区。在一个农作物根本不能生长的地区,因纽特人别无选择,只能靠狩猎和捕鱼生存。鲸、海豹、海象和海鸟是常见的猎物,北美驯鹿、麝牛乃至北极熊也是。此外,他们也需要向特定地点和生物栖息地进行季节性迁移,如果条件允许,还能吃到植物,如草、块茎、根和海藻。

对于因纽特人来说,他们每天摄入的75%的能量来自脂肪,这与提维人的情况非常不同。在20世纪20年代,人类学家斯坦范舍(Stefansson, 1946)研究了因纽特人碳水化合物含量极低的饮食,并报告说这对他们的健康没有不良影响。他还注意到,因纽特人从其传统冬季饮食中获得了所需的所有维生素,而饮食中不含植物;例如,维生素C就能在环斑海豹肝和鲸鱼皮等动物性食材中找到(Fediuk, 2000, 5—6, 95)。因纽特人的生活中另一个值得强调的方面是对动物的驯化。他们靠由野生狼群驯化和繁殖而来的狗,即爱斯基摩犬,以保护住地不受熊的伤害。它们还被用作驮兽，拉雪橇穿越冰雪，并陪同人们踏上狩猎的探险之旅。

萨米人

在欧洲最北端的边缘地区，仍能发现猎杀驯鹿的现象。常有狼群和野生驯鹿一起从夏季牧场迁移到冬季牧场，并在迁徙过程中将落单的驯鹿（无论老幼）杀掉，留下一个完全可存活的鹿群核心。挪威北部的萨米人（欧洲最后的原住民）也许曾经以几乎相同的共生方式跟踪、猎杀驯鹿，但随后他们学会了在季节性迁徙的特定地点拦截鹿群，随后集中遴选，再将它们从夏季牧场驱赶到冬季牧场。另外一群萨米人则定居在海岸，密集捕鱼，并在当地进行小规模耕种。如上，同样的原住民在苛刻的环境中发展出了两种截然不同的生存策略。

雅诺马马人

另一个可以说是生活在新石器时代革命顶端的部落，在20世纪60年代以前一直不为现代世界所知，这就是拿破仑·沙尼翁（1997）等人研究过的有2万人口的雅诺马马人。他们分散居住在与巴西和委内瑞拉接壤的热带森林中，每个群落有80—100人。一些小群落经常迁徙，充分利用了动植物食材的季节性，考古学家认为这是一种"经典"的狩猎采集模式。然而，大多数人定居在相对固定的村庄，周围是林中空地，形成了小片的田地或花园。这些"花园"需要人们付出大量劳力，清理土地，成功地照料和种植作物。"花园"产出的作物，如大蕉，其产量足以提供约 80% 的食物。换言之，一些群落发展了一种自给自足的农业/园艺模式，且十分有效，足以提供某种可靠的主食。这项工作要求很高，但结果似乎能为一个规模更大的群体带来等值回报，这不是那些定居的狩猎采集者群落所能预料的。这部分群落的饮食以大蕉为主，作为补充，人们还会在当地狩猎，从森林中采集野生蔬菜，包括各种棕榈果，如巴西坚果、块茎、种子、豆荚、蘑菇和野生"香蕉"。也就是说，尽管家乡很舒适——附近有充足的食物供应，但长时间狩猎的冲动依然强烈，积习难改。在这些"野营"活动中，会有多达 40 人的群体直接生活在未开垦的土地上。地点经过精心选择，以最大限度地利用当地条件——时令水果成熟，猎物收获稳定可预估。即便如此，人们还是会在"野营"活动中至少带上少量花园种植的大蕉，以确保没有人会挨饿（Chagnon, 1997, 60）。一旦时令水果吃完，这群人就会再次回到他们的家乡和花园文化中去。

超布连人

另一个培育花园的群落是巴布亚新几内亚的超布连人。虽然在人类学界，他们以在马西姆各岛屿间的活动闻名，被称为"西太平洋的阿尔戈人"[1]，但这里要说的是他们的陆地冒险。岛民会种植红薯、木薯根、青豆、南瓜、香蕉和面包果，据推测，这些东西曾经直接通过野外采集获得。他们也种植山药，山药在他们的文化中有着十分重要的作用，以至于一年中的几个月是以其不同的生长阶段

---

1. Argonauts，指希腊神话中跟随伊阿宋乘坐快船"阿尔戈号"取金羊毛的 50 位英雄。

命名的。山药被收获后会被储存在特殊棚屋中，接着7—9月是玩乐时间，之后又开始为下一季作物辛苦整治花园。有时会举行正式竞赛，看看谁生产得最多，获胜者将获得石斧或类似的贵重物品作为奖励。

库维（Kuvi）山药可以长到6英尺（1英尺≈0.3米）长，直径可达2英尺，其意义远超食物范畴：它们是园丁、酋长和村庄财富和地位的象征。在玩乐期间，来自周围二三十个村庄的年轻人聚在一起，用跳舞、唱歌等方式庆祝丰收。他们甚至热衷"板球"比赛，但没有任何上帝认可的规则，因为一个队有50人之多。这一倡议最初来自当地劳工，他们把体育运动作为有时不可避免的村庄间打架的一种替代物（Weiner, 1988, 111—116）。就这样，群落的许多社会、经济、政治和文化生活都围绕着这一作物——也许可以从中窥见新石器时代早期的生活。

应该强调的是，今天的原住民部落不可能完全像其祖先在50万年前那样处理事务；正如上例所示，在如此长的时期内，会不可避免地发生重大变化。然而，这些例子应该至少部分反映了我们史前祖先的一些基本社会、饮食和身体因素，还有这些社群的多样性、足智多谋和适应性。此外，来自世界各地的现代考古研究完善、更新和扩展了我们对石器时代的社会、生理、营养和活动制度的看法，第4至7章将总结呈现这些研究。

世界人口显著剧增，我们的生活方式看起来也发生了翻天覆地的变化。生活在技术驱动城镇中的人可能会理所当然地认为，旧石器时代的过往已经被远远地抛在后面。虽然这样的研究确实告诉我们一些关于共有的前城市化的历史，但在学术辩论之外，这些研究还有无其他意义呢？本书即表明，我们的身体，甚至我们思想的一部分，保留了曾活跃在遥远（或不那么遥远的）时代里的祖先的遗产，且仍然直接影响着我们。我们未开化的过往，比我们的文明史要长好几千年。

钦定《圣经》？

农业冲突：牧羊人亚伯吸引了"谷物杀手"该隐的恶意关注

《旧约》是在一段漫长的时期里口口相传的传统故事集。鉴于这些故事直到公元前 1000 年才被文字记录下来，所以它们讲的肯定是一些特别的事件、被半遗忘的历史或更早的被"润色"过的传说。虽然这些早期的记述可能并不"真实"，但它们可能是真实事件的再演绎。下面可以看到考古学家是如何解释"创世记"中的某部分的，同时代入我们现在所了解的古代世界那部分人类社会和经济发展的时间线。如此看来，《旧约》可以说提供了一种更诗意的视角，来看待那些使智人放弃形成已久的觅食制度，去往农业化和城市化的美丽新世界的重大事件。这些事件总结为下表中的五个阶段：

考古学年表	创世记年表
第一阶段：狩猎采集者 　　在人类漫长的史前史的大部分时间里，觅食、捡拾和狩猎是我们祖先的主要生存方式	第一阶段：狩猎采集者 　　伊甸园：亚当和夏娃代表一片富饶土地上的狩猎采集的觅食者，直到后来被驱逐
第二阶段：新石器时代革命 　　随着集约化畜牧业（动物驯化，如羊和牛）和谷物类作物的广泛种植（植物的培育），旧制度开始消失。作物可以在固定的、经过灌溉的、可耕种的土地上大量种植，产量因此可能增加了 10 倍	第二阶段：新石器时代革命 　　分辨善恶树提供了一种知识：植物和动物是如何发展的，及人类为利益如何操纵自然。亚当和夏娃的后代是"耕田者"（培育植物）该隐和"牧羊者"（驯养动物）亚伯
第三阶段：领土争端 　　新制度能够养活更多的人口，但一旦土地被开发，就必须确定边界、领域和固定的田地系统。人口的不断增长将导致领土和资源的争端	第三阶段：领土争端 　　这场革命带来的争端（如牧群践踏农田，吃掉作物）被复述为该隐臭名昭著的谋杀兄弟亚伯的事件

续表

考古学年表	创世记年表
第四阶段：城市化 　　更高的人口密度促进了更多固定居住区、城镇、城市的增长和剩余农产品等交换市场的发展	第四阶段：城市化 　　该隐移居到新土地后，作物种植王朝兴盛起来，在那里"他建造了一座城市"，这座城市以他的儿子以诺的名字命名
第五阶段：青铜和铁器时代 　　新的农业制度意味着粮食生产不再是所有人的生活重心，因此城镇这时候已经可以支持新的职业、专长和技术的发展，如金属加工	第五阶段：青铜和铁器时代 　　以诺的曾孙拉麦"娶了两个妻子：业达和洗拉"。他们的子孙中有："雅八，游牧民之父；犹八，乐师之父；土八该隐，铜铁匠人之父。"因此，在成功的农民的支撑下，城镇出现，并为游牧民、音乐和文化以及新的青铜和铁技术文化带去了关注

因此，"创世记"的故事可能反映了对一个早已过去的时代的错误记忆，当时伊甸园的觅食者依赖自然馈赠的确定性求得生存：驱逐仍然被描述为创伤事件，并导致自然被农业和依靠自有资源这类充满不确定性的活动所取代。有些人会争辩说，丧失纯真的问题至今仍未完全解决（如 Berman, 2000）。不管这其中的真相是什么，逐出伊甸园似乎被人们奉为一件颇具深意的灾难性事件，以至于在几千年的讲述和复述中流传下来。如果是这样的话，那它就是关于人类进化起源的遥远记忆，与我们一直同在，就像我们的旧石器时

代基因组一样。实际上，我们仍在处理那些古老的农业和城市革命引发的后果。要证明我们的生理还没有完全适应这些变化是相对容易的；也可以说，我们的头脑仍然被深深禁锢在石器时代狩猎采集文化的思维模式中。我们根本没有足够的进化时间来跟上这个时代。从基因上讲，我们拥有石器时代狩猎采集者的身体和精神，然后带着这样的身体和精神被驱赶进 21 世纪的文明。这可能是我们个人和整个社会存在内部冲突的原因。但我们可以通过更好地利用我们的旧石器时代的过去，来改进适应现代社会的方法，以回应我们曾在神话般的伊甸园里度过的漫长时光。从基因上讲，我们需要解决的不是我们的原罪，而是我们的原始生理习性。

第四章　饥饿游戏

食物第一，道德次之。

——贝托尔特·布莱希特（1898—1956）

生存口粮

现代城市化社会很难珍惜食物:食物理所当然是充足的,如果一家超市的干番茄售罄,那么沿路的下一家超市很可能会有。购买食物现在是日常生活的一小部分:下班回家的路上顺手买,或者周末一口气买全。但生活并不总是这样,对于狩猎采集群落来说,采集食物并不是一件"很大程度上无关紧要,但一定很麻烦"的事,而是生活重心——食物就是一切。所有日常安排都围绕着食物,出去觅食,狩猎或采集,然后带食物回定居点处理,最后吃掉。每一天,都需要从某个地方找到足够的食物。在一切都不是理所当然的情况下,靠土地生活是一项艰巨的任务,特别是资源会随着季节的变化而变化(如果我们所有的超市一年休业六个月,我们会怎么办?)对我们的祖先来说,进食的渴求被写入了生存程序:感到饥饿不是一种心理状态,而是行动的号召。

如今一切物是人非。今天,当一些落后国家还在挨饿时,臃肿的城市国家却坐拥农业盈余。饥饿游戏的中间地带在哪里?这个问题太大,本书无法解决,但可以给出一个关键的起点:从人类进化的角度看我们的营养需求,可以帮助确定我们不应该吃什么,应该吃什么,吃多少和为什么这么吃。本章试图回答以上这些基本问题,以及我们祖先的营养结构是怎样的,与现代营养结构有什么不同。

肥胖来信

饮食、肥胖和"健康"之间早已有联系,威廉·班廷(William Banting, 1797—1878)就是一个显著的例子。他是伦敦的一名殡仪从业者，身高只有 5 英尺 5 英寸（约 1.65 米），但体重严重超标。他很担心，所以每天早上都在泰晤士河上划船。通过这种额外的活动，他记录自己"获得了肌肉的活力，但随之而来的是过盛的食欲"，却不得不沉溺其中。他和一位友善的外科医生朋友讨论了这个难题，医生建议他"放弃锻炼"。专业医疗建议仅此而已。具有讽刺意味的是，这位朋友不久后就去世了，班廷不得不去他处寻求帮助（Lindeberg，2010，132）。

到 65 岁时，他体重超过 14 英石（约 91.7 千克），BMI（身体质量指数）为 33.6，患有糖尿病、脓肿愈合缓慢、视力下降和听力受损等病症，所以咨询了耳科医生威廉·哈维。这位绅士熟悉法国食品作家让·安塞尔姆·布瑞亚特-萨伐伦（Jean Anthelme Brillat-Savarin）的作品，特别是于 1825 年出版的《味觉生理学》（*The Physiology of Taste*），该书认为高淀粉食品是肥胖的主要原因（Lindeberg，2010，27）。因此，哈维建议班廷改变饮食。仅仅 6 个月后，他的听力和视力都得到了改善，BMI 也大大降低到 25。这份神奇的食单每天只允许摄入肉或鱼，一点水果和大量蔬菜。新食单富含蛋白质，脂肪含量低，血糖负荷低。面包、黄油、牛奶、糖、啤酒和土豆被排除在外，所有"多年来病人自由食用"的物品都被排除在外。班廷感到惊讶的是，他的减肥居然是通过把食单由简陋升级为豪华而达成的。他充满信心地在《关于肥胖的信》（*Letter on Corpulence*，1863）一书中说："饮食的数量可以放心地顺着自己的胃口，对于减轻和治疗肥胖来说，只有饮食的质量是紧要的。"（Lindeberg，2010，132—133）。

饮食的解剖学决定因素

班廷正确地指出，食物质量是减肥成功的关键，但为什么某些食物对你来说是"好的"，其他食物则是"不好的"呢？答案随实际问题而改变，因为这并不是食物本身的错，而是生物本身进化历史中的深层问题。当考虑适合特定哺乳动物的饮食时，首先要研究的因素是颌骨，以及牙齿的形状、大小和数量。对现代人口腔的观察表明，我们有切牙和犬齿，可以用来切割、咬断肉（想象一下在刀叉发明之前完成这项任务）。我们也有用于咀嚼植物的前磨牙和用于咀嚼、磨削硬物质（如坚果）的磨牙。因此，作为杂食动物，人类的颌骨是一个有用的工具包，使人能够处理更广泛的潜在食物资源，从而在更多样的环境下生存。

接下来是消化系统。对我们和所有其他生物来说，消化系统会随着最常见的食物资源的变化而进化和变异。比如牙齿和胃，食草动物的就不同于食果动物、食虫动物、食肉动物或杂食动物（如人、猪）的。类人猿和人类在肠道解剖和消化动力学上有许多共同的基本特征，说明双方的祖先相同。两者都有一个简单的酸性胃，一个小肠，一个带有阑尾的小盲肠和一个囊状结肠。但其中的差异反映出了两者不同的饮食结构。人体内，小肠占据了56%的肠道体积，而在类人猿体内，肠道体积的56%是相对较大的结肠。这与它们需要适应质量较差的大块植物性食物直接相关，而在人体中，我们的小肠比类人猿更能适应营养密集和更易消化的食物（Milton, 1999b）。

显然，不同的哺乳动物适合食用的食物是不同的。即使是"杂食动物"这个词的含义也并非如字面所示，比如人类虽然被归类为杂食动物，但显然无法安全地消化所有食物。不过人们可以从各种各样的营养物质中受益,来源则基本上是漫长的狩猎采集进化时期里可以获取的一些食物。这些食物的名单很长,包括新鲜蔬菜、水果、坚果、根、球茎、非草籽、幼虫、昆虫、各种动物(肌肉和所有内脏)、鸟类、蛋、鱼类和贝类等。这些都是"标准"的食物,我们的身体可以很容易地将其转化为能量,或用于促使骨骼成长和强健(Lindeberg, 2010, 30—34)。此外,还有一些过度加工的食品和添加剂,它们与我们的身体不相容,也很难被我们的胃或肝脏消化和处理,或者说很难找到它们有什么合理的用处。正如威廉·班廷付出的代价所表明的,这种不正常的食物对我们的生理和健康产生了不良影响。显然重要的是,我们都清楚地知道哪些补给对我们有用(即我们进化中的消化系统能够有效处理的食物),也知道哪些会带来有害副作用且毫无营养,或者只不过是慢性毒药。营养学需要对增进我们健康的进化理论有充分的认识。

因此可以接受的是,食草动物、食肉动物和杂食动物栖息的环境反映在了它们不同的生理和消化系统上,并最终反映在最适合它们收集和食用的食物范围上。对人类来说,这种复杂的生理平衡和相关的、优先的营养机制被嵌入到了基因组中。这种机制并非700万年前被作为固定实体植入人体的,而是随着时间的推移和许多世代的发展而发展起来的。因此,这在很大程度上是由无向自然选择的指令塑造的产品,而这一机械过程只保证了适者生存。结果就是,该机制为我们提供了一种经过试验和测试的消化系统模型,这种消化系统足够高效,适应性强,足以应对从赤道到北极圈的野外生活,无论过去和现在,都能够维持基本上没有肥胖、心血管问题和糖尿病的生活方式,当然,它也必须符合特定条件。

简单来说,我们的身体不能应对与那些基本的进化-协调规则大相径庭的饮食，这种饮食直接导致了当今西方生活方式疾病不可阻挡地增长。在城市化之前的很长一段时间里，我们需要准确确定我们采集、狩猎和食用的东西，并重新发现哪些是适合我们的生理习性的。再次说明，这并不是说有"好"食物和"坏"食物之分，只是有些食物与我们未开化的基因相容，而另一些则不相容。幸运的是，考古和人类学证据已经阐明和扩展了我们对狩猎采集的祖先在不同环境中成功开发和采用的饮食制度的了解（例如，Brothwell and Brothwell, 1998; Stanford and Bunn, 2001; Ungar, 2006; Kiple and Kriemhild, 2012）。我们再也不能以无知为借口了。被作为人类主食的一部分，但存在时间还不到1万年的食物（或添加剂），还没有经过严格的自然选择测试。正如斯塔凡·林德伯格所说："预防和治疗常见西方疾病的饮食建议，应根据人类的生物遗传来设计。"（Lindeberg, 2010, 29）。

林中食物：最初收获的果实

故事很长，但我们将从中间部分——人类直系祖先的生理机能说起。随着他们的进化，相关的饮食总类也发生了变化。大约2000万年前，一种名叫原康修尔猿的食果四足攀缘类人猿生活在非洲的热带雨林中。对这些古老食果动物的共鸣至今仍存在于我们的消化系统和味觉中：现代人对糖的喜爱可以追溯到那个时期——水果只有尝起来是甜的，才算成熟到了可以食用的程度。现代哺乳动物的一个有趣的例子是枭猴，它喜欢吃成熟的小水果，经常在热带雨林中的树木的树冠上觅食，这种水果整年都在那里生长。然而，在干燥的森林环境里，季节性发挥作用，使这些地区的枭猴吃了更多的叶子、花甚至昆虫。

在大约 1000 万年前，我们自己漫长的系谱中也有一种类似的适应现象。那时，两个完全不同的世系出现在进化中的类人猿化石记录中。安卡拉古猿的遗骸是在非热带或季节性强的地区发现的，似乎体现出类人猿的身体结构对在地面和树木运动的适应性。与林木茂密的热带相比，树木覆盖密度较低的环境同样可以提供不同的潜在食物资源。值得一提的是，这里的类人猿牙齿大，牙釉质厚，下颚粗壮。这表明，类人猿不仅食用软的热带水果，也吃更硬的坚果、木本水果和种子等。因此，当这些中新世猿开始开发热带森林以外更开阔的地区或林地时，在身体结构上更适合这些不同环境的猿的后代成倍增加，且产生了各种适应和突变现象。

接下来发生的具体事情仍在研究中，但大约 600 万年前，类猿生物的血统出现了明显的分叉，其中一个分支最终以黑猩猩为代表，另一个分支以早期人类为代表。通过对古代灵长类动物牙齿的同位素分析，可知人类的饮食也发生了根本性的变化。我们曾经吃过的食物及其所属环境的证据，记录在了人类骨骼和牙齿的同位素标记中。叶子、软枝、绿色茎和水果被归为 C3 类食物，这些食物可以通过生活在树木繁茂的环境或附近的食草动物的牙釉质中留下的独特同位素痕迹来识别。另一种不同的化学标记可以帮助确定 C4 类食物，这是以地面植被（如草或块茎）为食的食草动物的特征。来自巴尔的摩约翰霍普金斯大学的内奥米·莱文（Naomi Levin）教授的团队，最近研究分析了 152 颗来自非洲早期人类和其他远古哺乳动物的牙齿化石。早期的哺乳动物主要是 C3 食用者，但随后发生重大变化。生活在 200 万至 390 万年前的南方古猿阿法种、南方古猿非洲种和肯尼亚平脸人等类人物种的牙齿清楚地表明，它们也摄入 C4 的植物物质（Levin et al., 2015）。这当然反映了一个需要适应的重大生态变化，即开阔草原的显著发展，而非变高的树木覆盖率。这也表明，我们的早期祖先在熟悉的森林水果之外，扩大了饮食范围，开始直接食用野生草，或如罗伯特·提科特（Robert Tykot）教授所说，"通过食草动物这一中介，间接食用"（Tykot 2004, 436），意思是"吃食草动物"。

淡水

简单的水在我们营养体系中的核心重要性经常被忽视，至少在城市化的西方文化中是这样的。但也并不总是如此。事实上，当基督教慢慢地试图将其一神论的价值观强加给岛屿上以异教徒为主的人口时，人们可能选择另外一种很难杜绝的做法——信奉井（well）或泉中水。公元 8 世纪，埃格伯特的忏悔书（Egbert's Penitential）就谴责祭井的做法，而 11 世纪早期的埃德加教规（Canons of Edgar）禁止井崇拜和类似的异教徒活动（Morris, 1989, 60）。卡纽特大帝的法律（约 1020 年）将异教徒的行为定义为崇拜树木或水井（Whitelock, 1979, 455），而当代诺森伯兰祭司法总结了对石头、树木、水井或其他荒诞之物崇拜者的惩罚（Whitelock, 1979, 475）。因此，公元 597 年奥古斯丁使团引入基督教之后，水井崇拜在不同来源中被提及，讨论日久，延续几百年。

这表明，古代对水的崇拜曾经司空见惯，深入人心。在一些地区，基督教只有通过纳入此种崇拜才战胜了水神：有许多教堂直接建在水井上,如圣彼得教堂、亨伯河畔巴顿教堂,后者东端有三口井(Rodwell and Rodwell, 1982, 293, 图6);在约克郡的圣海伦教堂,圣坛的下缘延伸到一口井(Magilton, 1980, 17, 图5A);还有温彻斯特的老修道院,是在许多井的上边和周围建造的(Biddle, 1970, 图12)。在伦敦,井似乎一直是11世纪圣布里奇(St Bride's)教堂的焦点,有几口井重新开采并一直使用到19世纪初,教堂周围的地区仍然被称为"布里奇井"(Milne, 1997, 110—111)。

水可能不再被崇拜,但它现在肯定受到了重视,因为获取"纯净水"甚至要支付溢价。至于廉价的自来水——一种更便宜的选择——也有支持者:一些人建议早上第一件事应该是饮热水或温水,而另一些人建议用冷水佐餐(Lindeberg, 2010, 228)。

田地里的食物:祖先的营养制度

图4.1 食肉动物:人们杀死动物,然后剥皮(左),切碎,煮熟;甚至骨头也能提供营养(右)

下一个重大的身体结构进化上的变化从大约 180 万年前开始，见证了现在被看作直立人（*Homo ergaster*）的代表性特征的选择过程。这个物种有比前辈（能人）更大的大脑，意味着更强的认知能力和对变化更强的反应能力。尤其与本章内容相关的一点是，这些祖先也有更小的肠道和更小的磨牙。这表明他们在饮食中对生的植物食品的依赖较少，因为许多植物需要反复咀嚼，需要时间来彻底消化（Stringer and Andrews, 2011, 204—206）。这就提出了一个重要的问题：饮食制度的变化是否意味着环境和可食用资源的变化，或者只是消耗者生理上的变化，还是两者都在相互适应（Ungar, 2006）？

身体所有器官的运行都需要能量，而能量可以通过与基础代谢率相关的计算来量化。根据大约 20 年前发表的开创性论文得知（Aiello and Wheeler, 1995; Milton, 1999b），人类大脑的增大与肠胃变小有关：这一变化表明，人类的饮食质量更高，可能包含更多的肉类，而不是植物性食品。奶牛需要七个胃来消化草食，而现代人身体里只有一个胃。但是随着对火的掌控，"外部的胃"出现了。烹饪的发明为我们提供了半消化的食物，使淀粉等物质更易消化，也能中和毒素；因此，熟食比生食更容易、能更快地转化为营养和能量。与从生的植物食品中获得类似营养所需的能量相比，食用大量动物性熟食是获得有价值的蛋白质的非常经济有效的方式。尽管进化中的两足直立生物只能容纳相对较小的肠胃，但摄入更多的长链脂肪酸（肉类中的长链脂肪酸要丰富得多）为大脑的发育提供了更多能量。

图 4.2 植物的驯化：种植谷物普遍需要开阔的土地和大量劳动力，以及包括犁（上图）和镰刀等（下图）在内的一系列新工具和设备

这些身体和新陈代谢的显著变化意味着，这些早期人类不再是被动的、机会主义的食肉动物，不再一味寻找已经死亡或被其他捕食者杀死的生物的尸体，而是越来越变为积极主动的猎手。可以支撑这一观点的一些证据，便是人类越来越多地使用石制工具，如双面斧、手斧，这些工具有精心设计的锋刃，以便快速有效地切割动物尸体和剥皮。在猎杀后快速处理猎物很有必要，因为其他捕食者（秃鹫、鬣狗、狮子）都渴望分一杯羹。因此，积极主动的狩猎技能的发展，处理动物尸体的能力以及最后烹调肉类的手段，都可能在促成这一缓慢但深刻的生理和社会变化方面发挥了作用（Stanford, 1999; Stanford and Bunn, 2001）。看起来，到了这一时期，我

们的祖先不再以果实为主食了，而在生理、文化和味觉上都变得更"肉食"，尽管蔬菜仍稳稳留在食单上（Hardy et al., 2015）。

不言自明，食草动物、食果动物、食肉动物和杂食动物栖息的环境反映在了它们不同的生理和消化系统上，以及它们适合采集和食用的食物中。考古证据澄清和增进了我们对祖先发展的各种饮食结构的了解。过去一个世纪左右的人类学研究则对这个不断扩大的数据库进行了比较说明，研究对象是那些在现代化推进的时代，仍然坚持原始生活方式的群落（Brothwell and Brothwell, 1998; Stanford and Bunn, 2001; Ungar, 2006; Cohen, 2012; Kiple and Kriemhild, 2012; Wing, 2012）。

本章开头描述了威廉·班廷的饮食方法：除了名称和起源之外，它在所有方面都是"原始饮食"的替代品。1939年发表的最早的一项重大科学研究，将原始饮食、原始生理机能和现代人之间有意识地联系起来。作者是北美著名的牙医韦斯顿·普赖斯（Weston Price），他将那些吃现代"西化"饮食的人和那些喜欢传统的"本土"饮食的人的牙齿、牙弓和面部畸形情况进行了比较。他的关注点最终落到了或多或少没有被"文明"影响或未被城市化的社区上，这些社区造就了看起来很健康的人（尽管他敏锐地意识到了其他一些在20世纪的存活远没有那么成功的部落）。其书中有详细的阐述和大量插图，书名为《营养与身体退化：原始饮食与现代饮食及其影响的比较》（*Nutrition and Physical Degeneration: A Comparison of the Primitive and Modern Diet and Their Effects*）。

尽管该书的焦点集中在齿系和牙科疾病上，但也涉及其他相关问题，可以说是倡导"本土"或原始饮食对健康的益处，而非现代饮食的第一批主要科学汇编研究之一。他不仅记录了精美的牙齿，而且还注意到过去没有，但现代社会非常常见的肺结核、关节炎、心脏病和其他疾病。这项饮食研究涵盖了全球范围内的"原始"群落。这些与世隔绝的社会中，有一些是有少量土地和牲畜的小佃农，另一些则可归类为狩猎采集者。第一类包括苏格兰内、外赫布里底群岛上讲盖尔语的自耕农，他们在海中捕捞鱼类和甲壳类动物，但也种植尽可能多的蔬菜和燕麦，以燕麦粥和燕麦饼为主食。普赖斯还研究了瑞士阿尔卑斯山洛兹沙泰高地的奶农，他们主要食用奶酪、新鲜蔬菜、少量肉类和黑麦面包。

第二类包括阿拉斯加的因纽特人（海洋哺乳动物、鱼类和驯鹿）、居住在落基山脉的美洲原住民（夏季生活的驼鹿、驯鹿和植物）、澳大利亚原住民（各种植物、海产品和野生动物）、新西兰毛利人（水果、蔬菜、鸟类和海鲜）以及南太平洋八个群岛上的美拉尼西亚人和波利尼西亚人（鱼类、贝类、水果和块茎）。他还考察了不同地形的非洲部落的饮食：一些人捕猎野生动物，其他一些人饲养牛和山羊以提供肉类和奶制品，那些生活在淡水湖附近的人食用鱼类，所有人都喜欢昆虫。总之，他发现了丰富的饮食种类，包括海鲜、水果、蔬菜、谷物和奶制品，所有这些似乎都为食用者提供了强壮的骨骼、良好的牙齿和对龋齿的强免疫力，同时没有发现退行性疾病（Price, 1939, 第 15 章）。值得注意的是，普赖斯还记录下了当这些群体采用一种更"现代"的生活方式时，所造成的对总体健康水平和齿系的负面影响。他对阿拉斯加、肯尼亚和托雷斯海峡群岛的部落受到的以上影响做出了评价，并指出，当他的同事约瑟夫·罗米格（Josef Romig）博士指示他们恢复传统饮食后，之前出现的许多问题随之得到了解决。

最近对 229 种饮食案例的研究（Cordain et al., 2000）表明，

通过对更广泛范围的狩猎采集人群（活到了 20 世纪和人类学研究年代的那些原始部落）的观察和证据整理，我们获得了进一步的重要见解。首先，并不存在某一种固定的、被所有群体采纳的"原始饮食"系统，因为这些部落在全球各地不同的环境中都能生存下去。它们的饮食都营养丰富，而且都含有脂溶性维生素 A、维生素 D、维生素 E 和维生素 K，而这些物质在现代食单中反而经常缺失（Minger, 2013, 236）。整体看来，食用的物种因国而异，植物性食物与肉类鱼类的比例也不尽相同。在狩猎采集者的饮食中，采集到的植物食物的比例从 26% 到 35% 不等，狩猎和捕捞与之情况类似。换句话说，"标准原始饮食"（如果有的话）可能包括三分之一的植物、三分之一的动物、三分之一的鱼。即便如此，随着纬度的变化，这一比例也发生了巨大的变化：这些群体离北极圈越近，动物性食物相对于植物性食物的占比就越大，因为在他们居住的地区，植被会变得越来越稀疏。然而，在列出的 229 种原始饮食中，没有一种是完全基于植物的——所有饮食都至少包括一些肉。显然，在那些特定的世界里，没有素食主义者；事实上，在被记录的群落中，有 46 个要高度或完全依赖狩猎、捕获或捕捞的动物食物。在可获得定量数据的五个非洲群落中，肉类/鱼类分别占食物供应的 26%、33%、44%、48% 和 68%。因此，我要再次提醒，不存在统一的"原始饮食"，尽管它们有明显的共同之处——例如，许多狩猎采集者的大量营养素摄入比率似乎更倾向于蛋白质而不是碳水化合物。季节性和海拔也在决定获取资源的种类、时节和持续时间方面发挥重要作用；换句话说，适应性和灵活性是关键（Cordain et al., 2000）。（"狩猎采集者"一词还包括采集狩猎者、狩猎捕鱼者和捕鱼采集者等，见附录 1，"生活在不同纬度的狩猎采集者"。）

狩猎采集者的食物清单很长，包括各种植物、坚果、昆虫、大型和小型动物、鸟类和鱼类。清单里还可以加入"地下储藏器官"，如根、块茎和球茎（Laden and Wrangham, 2005）。考虑到智人及其直系祖先已经殖民化的环境，正如考古研究表明，这样的食物可能已经存在和被食用几千年了。就人类的旧石器时代基因组而言，这些食物被认为是人类消化系统最擅长加工的食物：它们新鲜、多样，所以也含有多种微量营养素。一项对澳大利亚原住民食用的植物食品的详细研究证明了食物种类的丰富：受地点和季节变化的影响，他们的饮食中41%是水果，26%是种子或坚果，24%是块茎和根，其余9%是叶子、花和其他部分。这里面看不到任何单调或固定的日常主食。很明显，虽然乳制品和谷物产品食用后并不损害健康，但它们似乎都不是最佳饮食必要或基本的组成部分。所以，接下来我们来看看新石器时代的革命。

农场出产的食品：新石器时代的营养制度

图4.3 驯养动物不仅是为了食物，也是为了奶和皮（左图），以及可以被用作负重的牲畜（右图）

"健康"是由我们古老的消化系统和新陈代谢认为"正常"(即我们的生理机制已经有足够的时间适应)的饮食制度推动的。那么,新石器时代的变化带来了什么后果呢?谷物种植业和畜牧业的出现带来了更多"新的"食物:禾本科的禾草种子,尽管它们似乎没有直接出现在人类祖先的饮食中,但此时占据了人类饮食的中心位置,例如小麦、大麦、燕麦、黑麦、玉米和水稻。来自驯养动物的肉类(而不是野生动物的瘦肉)以及牛奶和其他乳制品也被引入,这些饮食以前对人类的味觉和消化系统来说是陌生的。

1.1万年前的证据表明,新的密集型农业制度起源于肥沃的新月地带。由于收成可靠,相对密集地区的更多人口可以通过谷物种植得到供养。新方法很快传播到约旦河谷,到此时为止,绵羊、山羊、牛和猪都已被驯化(或至少半驯化),以提供另一种可控制和依赖的食物来源。在全球范围内,类似的做法似乎都是各自独立发展起

图4.4 鸟类的驯化:不只是为了肉、蛋和羽毛,也被人用于狩猎

来的。在灌溉农田里种植出的水稻在中国成为新的主食，最初是在长江和黄河流域，距今至少有9000年。在距今6000—9000年的新几内亚高地，主要种植的是香蕉和芭蕉，而撒哈拉以南非洲东部的农业发展较晚，最早出现在距今4000—5000年，包括谷类和薯类在内的一系列作物被种植食用。在世界的另一边，墨西哥中部和南美洲北部广泛种植有各种作物，包括中美洲的玉米和南美洲的马铃薯。因此，在全球范围内，人类草率地采用并开发了"新"主食，而对于这些"新"主食，"人类基因组几乎没有进化经验"（Cordain et al., 2005），而且可以说，仍在迎头赶上。

对于新一代的农场工、牧羊人和牧场主来说，他们日常生活中的大部分活动都是在新鲜空气中度过的，从表面上看，这是一种符合进化规律的活动方式。但考古学家通过比较农业化前的觅食者和"新"农业从业者的骨骼遗骸及其他证据，发现他们在饮食和体质上其实有差异。例如，在美国，缅因大学的希尔斯廷·索伯利克（Kirstin Sobolik）对大约1万年前——在"新"农业在美国流行之前——一个觅食群体留下的粪便进行的研究，便提供了非常详细的信息：觅食者所摄入的大部分热量来自高纤维植物，如百合属和龙舌兰属的叶子，还来自仙人掌、向日葵种子、木瓜、橡子、核桃和山核桃，以及柿子、葡萄、黑莓和野洋葱。蛋白质则来自老鼠、林鼠、鱼、淡水蛤蜊、蜥蜴、毛虫、蚱蜢、鸟及其蛋、兔子，偶尔还有鹿。这些被吃掉的野生动物是瘦肉动物——与今天为食用而饲养的动物完全不同——它们体内的脂肪含量不到5%。这种广泛的饮食是一种适应性极强的杂食性生存方式，他们任何时令的食物都吃，并愿意在非常不同的环境中大范围觅食，从而积累极不相同的微量营养素（Sobolik, 2012, 44—51）。卡尔·赖因哈德（Karl

Reinhard)强调,几乎完全没有证据表明这些粪便中有致人虚弱的肠道寄生虫,这与从后来的农业从业者那里收集到的证据形成了鲜明对比。这些后来的"农业化"群体有明显的贫血和寄生虫问题,如绦虫、针虫和带刺的头蠕虫(Reinhard, 2000; Reinhard and Bryant, 2008; Reinhard et al., 2013)。

而根据埃默里大学阿尔拉戈斯教授的研究,史前觅食者和后来的农业从业群体的骨骼证据,也相当具有启发性(Armelagos, 1990)。比如在俄亥俄和伊利诺伊河谷周围的地区,贫血症在农业出现后成为一个主要问题,因为当时美洲印第安人的饮食开始严重依赖玉米,几乎没有肉。长期缺铁似乎是导致骨孔隙率高的原因,这种名为多孔性骨肥厚的疾病在那些早期农民的头骨上留下了不可磨灭的印记。在佐治亚州,也出现了随着早期农业发展,骨骼和牙齿发生变化的情况(Larsen, 1981)。

类似的不受欢迎的新石器时代的变化已经在一项重大研究中被发现,该研究涉及从公元前1万年到现代早期的英国遗址出土的34000具人类骨骼(Roberts and Cox, 2003)。我们可以获取的史前资料表明,虽然旧石器时代和中石器时代有一些龋齿和其他牙齿缺陷的证据,但在新石器时代,这些情况明显增加,还出现了新的病症,如贫血、骨质疏松、剥脱性骨软骨炎和与肥胖有关的弥漫性特发性骨骼增生症(DISH);还有新的感染,如鼻窦炎、肋骨和颅骨骨炎、骨膜炎(可能是脑膜炎)以及肿瘤的迹象。

这些考古研究表明,糟糕的是,虽然新农业从业者可能提供了足够的食物来养活更多的人口,但人们并不一定更健康或更快乐。看来,重量级谷物主食的供应有效地取代了前农业饮食的许多种类,重要的是,相关的微量营养素对我们的总体健康和强健的免疫系统很重要。还有一个潜在的问题是唾液淀粉酶 α1（AMY1）——唾液中的一种酶，能将淀粉分解成可消化的糖。但不是所有人的基因组中都有相同数量的 AMY1 副本，因此不是所有人都以同样的方式处理淀粉。高淀粉酶组（有 6—15 个遗传副本）可以相对容易地消化淀粉来满足能量需求。然而，低淀粉酶组（遗传副本少于 6 个）的情况完全不同，他们似乎有更大的抗胰岛素性和糖尿病的患病风险；再次说明，他们不应依赖谷物主食。我们的近亲倭黑猩猩只有 4 个 AMY1 副本，而我们的近亲黑猩猩只有 2 个，这符合它们低淀粉、水果丰富的饮食制度。有趣的是，长期食用淀粉类食物的人群，如日本人和坦桑尼亚的哈扎人，往往比低淀粉饮食群体（如刚果雨林的狩猎采集者或西伯利亚的牧民）拥有更多 AMY1 副本（Minger, 2013, 205—210）。也就是说，随着时间推移，大自然已经选择性地淘汰了那些在基因上不适应新制度的家族。

将乳制品引入日常饮食也是一件喜忧参半的事。例如，硬奶酪之类的产品含有维生素 K_2，对健康的心脏和骨骼的强壮生长至关重要。但无论是古代还是现代的狩猎采集者，断奶后，通常消化系统会停止产生乳糖酶，造成乳糖无法代谢，因此成年人会避免饮用动物奶，因为消化系统会拒绝消化。然而，一些现代人在染色体 2 上发生了突变，从而消除了消化系统停止产生乳糖酶的问题。因此，他们能够毫不费力地终生饮用新鲜牛奶。今天，这种"乳糖酶耐受性"在北欧高达 95%，在西西里岛下降到 29%，在一些非洲和亚洲国家不到 10%（NIDDK, 2014）。

很明显，这些非常具体的遗传种群的聚焦点反映了群落几千年前从觅食到从事畜牧业的转变。例如，在匈牙利和罗马尼亚陶瓷容器中发现的牛奶蛋白，证明这些地区 7450—7900 年前就开始生产乳制品。马克·托马斯教授表示，这些活动很可能是由新石器时代的线纹陶文化（Linearbandkeramik Culture）引入的。他已经证明，当今欧洲大多数乳糖酶耐受人群都携带有13910*T基因的相同变体。人们最初似乎不喝新鲜牛奶，而是把牛奶发酵，制成奶酪、黄油或酸奶。但是饮用牛奶的习惯最终随着更广泛的奶牛饲养而迅速蔓延。约6100年前，新石器时代的农民到达英格兰，并于约4500年前最终在西班牙西北部定居，饮用牛奶的习惯也随之传到这些地方（Gerbault et al.，2013）。

在北欧某些高纬度地区，海拔、环境和气候变化不像南方地区那么宜人，乳制品可能已经成为求得生存的主要因素。缺乏可选的替代主食，以及又一次说到的自然选择，将一代代地淘汰那些不能适应的家庭，直到基因库中的大多数幸存者都是具有乳糖酶耐受性的种类（Lindeberg，2010，6）。

但还有更大的与食用牛奶和谷物直接相关的代价。自身免疫性疾病是机体免疫系统攻击自身细胞和组织的结果，在漫长的进化过程中，免疫系统逐渐"学会"识别潜在的有害细菌和病毒，并随后加以抑制，从而在以后的攻击发生时提供"自然免疫"。但有时自身免疫系统无法正确区分自己的蛋白质和"新"食物中的外来闯入物（即消化系统以前没有处理过的食物）。这些新的但不受欢迎的"特工"——在新石器革命期间才被引入人体的物质——随后会通过肠壁发挥作用，谷物和豆类中的凝集素可以帮助破壁（Lindeberg，2010，210—212）。

在这里，我们可以停下来讨论一下表观遗传学。你出生时遗传的基因组是你终生的基因组，也是你遗传给你孩子的基因组。这些基因本身是基本稳定的，并描绘了一幅可以被称为你的生物学潜能的图景（好的或坏的）。然而，实际发生在你身上的事情在一定程度上取决于这些基因会被如何表现。也就是说，它们如何产生或者不产生作用。比如，你可能遗传了易患冠心病的体质，但这并不意味着你一定会患上这种疾病。表观遗传学研究的是在你的一生中，某些基因为什么以及如何被激活，而另一些基因又是为什么以及如何被压抑的过程。这种生物变型经常发生，但也可能受到年龄、生活方式和所患疾病等因素的显著影响。这些变化通常不会改变DNA遗传密码序列，但在某些情况下，生活方式的选择可以改变这些变化的表现。

举个例子：有很多人吃谷物而不会立即出现明显的重大并发症，而事实上，大量食用这些主食已经取代了食单上更有营养的食物和微量营养素。但是，对许多人来说，食用谷物中的谷蛋白，如现代的小麦和黑麦，会导致腹腔疾病——肠黏膜破坏。这只是谷蛋白不耐受的一种形式；被称为疱疹样皮炎的自身免疫性皮肤病则是另一种。斯塔凡·林德伯格记录了一些与运动协调障碍（现称为谷蛋白共济失调）和外周神经系统疾病（周围神经病）有关的研究。他指出，对于今天的一些现代患者来说，无麸质饮食提供了最简单的治疗方法。也就是说，避开新石器革命（Lindeberg, 2010, 212）及其可能引发的令人衰弱的病症。许多类风湿性关节炎患者，尤其是那些血液中含有类风湿因子的患者，都会携带针对小麦或牛奶蛋白的抗体（Lindeberg, 2010, 212—213）。1型糖尿病（一种破坏胰腺中胰岛素分泌细胞的自身免疫反应）的分布与食用乳制品的人群密切相关（Lindeberg, 2010, 213—214）。多发性硬化症（MS）的地理分布也是如此，这是一种大脑和脊髓的自身免疫性疾病，现代西方社会中非常常见：在许多MS患者体内发现了对牛奶蛋白的免疫和对小麦蛋白的抗体。强有力的例证再次出现，符合进化规律原则的饮食制度（并将谷物和乳制品排除在外）应该被积极地重新引入，以解决对这些人来说非常严重的问题（Lindeberg, 2010, 214—215）。

有考古证据表明，新石器时代经历了长时间的人口膨胀期。然而，由于人类对谷物（丰收）、畜牧业和奶制品的依赖增加而产生的问题，并不总是能够被成功解决，至少欧洲在短期内是这样的。8500年前，在新的农业技术被引入东南欧并随后在整个欧洲大陆得到推广之后，人口密度实际上出现了令人震惊的高低循环，而不是持续稳定增长。最初的迹象表明，人口密度在某些情况下下降了30%—60%，这与14世纪中叶袭击欧洲的黑死病造成的影响没有什么不同（Shennan et al., 2013）。

这种变化对社会和文化的影响肯定是深远的。出现变化的原因尚不清楚，但除了偶尔的瘟疫或其他群体感染病外，土壤侵蚀、作物歉收、动植物疾病或战争都可能产生相关影响。也许，新石器时代革命带来进步的同时，伴随而来的不是"富贵病"，而是"农业病"——"新石器时代综合征"。这些病症本身往往不一定致命。然而，有些人在基因上就不适合奶制品或谷物，有些人被缺铁所困扰，还有一些人因为缺乏曾让狩猎采集者受益的微量营养素而产生免疫系统反应，或受到新一波自身免疫疾病的困扰，对这些弱势或虚弱的群体来说，情况就不同了。自然选择在那时所起的作用不容置疑。

来自工厂的食品：城市化的营养制度

古代城镇的生活对改善上述健康状况往往起不了什么作用，尽管这在很大程度上取决于个人出身或所处的社会阶层。从两个极端阶级来看：一方面，驯化的、被征服的、被奴役的或奴隶阶层对吃什么或吃多少的选择要少得多；另一方面，对统治者精英阶层来说，在可消费的食物和饮料的范围和数量上，情况正相反。然而，在中间阶层，据记载，许多小规模的城市居住区近郊往往有田地和农场，因此获得新鲜水果和蔬菜至少没有那么困难。因此，很难定义统一的"城市饮食"，但共同之处是，人们变得越来越依赖以谷物为基础的主食，这种饮食制度取代了"正常"的丰富多样的原始饮食制度。因此，新石器时代综合征从未得到认真对待，与饮食中大量缺乏微量营养素有关的疾病和状况也由此持续存在。

从英国遗址考古发掘的骨学证据相当明确，不用说，也很令人沮丧（Roberts and Cox, 2003；也见附录2"文明的疾病：英国墓地发掘的骨学证据"）：在新石器时代之后的史前时期（公元前2600年—公元50年），新陈代谢紊乱、关节和牙科疾病以及贫血症进一步增多。这期间还出现了脊柱疾病、某些肿瘤和循环系统疾病，如首例休门氏病和派尔特斯病（幼年性变形性骨软骨炎）。其次，公元43年罗马入侵后，成熟的城镇随之引入，这并不是一件完全有益的事。新的文明首次带来了与饮食有关的疾病，如坏血病、佝偻病、痛风、骨软化和绦虫病，以及明显增加的贫血和牙科疾病。与罗马时期城市生活状况有关的考古证据有些混杂，就像中世纪后期城市化的情况一样。从公元1000年起，牙科、先天性、肿瘤性和代谢性疾病，以及弥漫性特发性骨肥厚症、佩吉特病、骨质疏松症和胆结石的发病率进一步增加。这一时期还出现了腺鼠疫的传入和急剧蔓延，夺走了数百万人的生命，特别是那些身体或免疫系统已经被营养不良或饥荒削弱的人。

还可以看到的是，随着工业革命使城市人口增加，情况明显恶化。越来越多的食品加工方法与添加剂、防腐剂和着色剂一起被用来喂养城市居民。这些食品的产生往往以牺牲食品本身的营养价值和微量营养元素为代价。此外，过量的糖和烟草等进口产品被引入日益城市化的"西方"文化中。由于谷物、乳制品和肉制品的过度加工和工业化，过度放纵和广泛的文化变革加剧了新石器时代综合征的爆发，助长了"富贵病"的增多。在今天的美国，据统计，乳制品、精制糖、精炼植物油和酒精占人口消耗能量的70%以上：可以明确的是，在它们当中，几乎没有任何一种是原始前农业饮食的能量来源。因此，我们的生理习性不能很好地应付这些不正常的饮食，是不足为奇的。

我们已经将那些被贴上"富贵病"或"西方生活方式"标签的令人担忧的疾病和病症分类（见第一章）。至于一些潜在的原因和催化剂，包括林德伯格（2010）在内的人已经全面发表了证据，以确定与现代城市饮食有关的主要可疑因素。这些研究表明，尽管我们的营养需求在很大程度上仍与300万年前一样，但现代城市饮食往往远离这种符合进化规律的制度，给消化系统、免疫系统和国家卫生服务造成了不必要的负担。不过，真正确定造成现代城市人口健康状况不佳的具体饮食因素，是一场旷日持久、代价高昂的刑事侦查——或者更确切地说，是调查。是乳制品、糖、脂肪、胆固醇、肉，还是谷物？在过去70年里，所有这些以及更多的研究都在医学显微镜下进行，个别研究的结果受到了不同程度的赞扬或嘲笑。下一章将总结一些更有影响力的观点。与此同时，人们对原始饮食越来越感兴趣，不是作为一种有趣的副业，而是为了寻找积极的解决办法，它曾经平静的声音现在值得更广泛的关注。

第五章　精神食粮

人活着,不是单靠食物。

——马太福音4:4

国家的健康

图 5.1　餐桌礼仪：中世纪集体用餐

第二次世界大战（以下简称二战）给所有国家带来了前所未有的破坏和死亡：在"非战斗人员"一词失去意义的时期，被打死打伤的平民甚至多于在军队服役的人。大规模饥饿被蓄意用作对付平民的武器，无论是在集中营还是在被围困、被占领的城镇。虽然英国大陆没有被入侵，但一再遭到轰炸，从海外进口物资的舰队被德国U型潜水艇无情摧毁。粮食日益短缺，因此必须实行配给制。1940年，英国粮食部规定了成年人在二战期间保持"强健"的基本营养要求（Patten, 1985, 8）。政府规定的每周基本配给是对营养和文化需求的一种现实性妥协，而且也是为了让人口能大致均匀地分担饥饿的痛苦。家庭自产的时令水果和蔬菜没有被纳入配给，因此占据饮食的大部分，而肉类则受到严格限制，如每周只有 4 盎司（约 113 克）的培根和火腿。这与原始饮食中肉类/蔬菜的比例并不相同；事实上，这种分配被描述为"虚拟农民饮食"（Zweiniger-Bargielowska, 2000, 37）。在战时的英国，糖也供不应求，每周只能供应 8 盎司（约 227 克），这是导致龋齿和肥胖症明显下降的一个主要因素。奶制品，如牛奶（3 品脱或 1800 毫升）、黄油和奶酪（均为 2 盎司，约 57 克）也是定量配给的。没有茶，任何英国家庭都不能生活下去，但茶甚至限制在每人每周 2 盎司。然而，所有儿童每天都有橙汁和鳕鱼肝油，而来自贫困家庭的儿童则有免费的校餐（Zweiniger-Bargielowska, 2000, 31—45）。

糖果和糖的配给制一直持续到 1953 年，肉类的配给一直持续到 1954 年 7 月。因此，多年来，人们遵循的是一种相当单调但均衡的饮食结构，其中包括大量蔬菜和当地生产的水果，但肉类、脂肪、糖比今天认为的"正常"量要少得多。在基本营养方面，尽管世界上大部分地区都在挨饿，但英国人口整体上可以说比 20 世纪 30 年代更健康，而且肥胖症并不普遍。国家规定的饮食和同时发展的新的国家保健服务大大降低了产妇和婴儿死亡率，同时提高了自然死亡的平均年龄（纳粹空军除外）。人体测量数据也显示儿童健康和体质有了显著改善：除了改善饮食之外，还制定了积极的运动制度。严重的汽油短缺意味着步行上班或上学已成为常态（Zweiniger-Bargielowska, 2000, 259—260）。

人们承认，粮食部在定量配给和原始饮食之间没有刻意制造联系。话虽如此，英国的食品配给活动可以被视为一种重要的干预措施，是在全国范围内检验一种大体"符合进化规律"的饮食结构是否有实际价值。当然，这并不是对世界大战的认可，而是从这场噩梦中可以汲取的一个积极教训：只要有真正的政治意愿，真正积极的健康效益就会以惊人的速度产生。事实上，这表明一个城市化国家的饮食健康可以在一代人的时间内"再野生化"（rewilded）：这是一种真正的全国范围内的公共卫生干预。但后来一切都变得不对劲了。

西方生活方式疾病：寻找头号公敌

战后，西方国家的粮食生产和加工有了很大的发展，同时人们普遍认为，更多的粮食——无论何种来源——才是美好生活的关键。这是对那一代人遭受的匮乏的一种可以理解的反应，但是，对消耗者来说，更多的食物就等于更好的健康吗？并不是所有人都同意这一点，与心脏病相关的死亡率的骤然上升困扰了许多人。因此，人们进行了几项主要的饮食和生活方式研究，试图查明现代世界健康不佳的原因。

饱和脂肪

其中一项研究由营养学家安塞尔·季斯（Ancel Keys）进行（Minger，2013，89—103），他曾在战时为美国军队开发了K-口粮[1]。他注意到，与没有实行配给制度的工业化地区相比，在实行系统粮食配给制度的地区，与心脏病有关的死亡率迅速下降。然后，他研究了300名来自明尼苏达州高端市场的商人，寻找重要的风险

---

1. K-ration，美军及盟军在二战时用以应急的口粮。——编者注

因素。研究结果突出了男性的总胆固醇水平，因为从统计来看，胆固醇水平的上升和心脏病的可能性增加之间有关联。这引出了下一个问题：是什么导致了胆固醇水平的上升？在进一步的研究之后，季斯提出，饱和脂肪导致了胆固醇水平升高，他认为导致心血管疾病的正是饱和脂肪（Minger, 2013, 94—95）。

他的饮食-心脏病假说受到了一些人的严厉谴责（Yerushalmy and Hilleboe, 1957），但这并没有阻止季斯对生活在美国、荷兰、日本、意大利、南斯拉夫、芬兰和希腊的年龄在40—59岁之间的大约12763名男性（没有女性）进行的"七国研究"（Keys, 1980）。对这些不同的人群进行系统检查，观察他们的生活方式、饮食和冠心病之间的关系，并跟踪之后50年的长期结果以进行后续研究。最初的结果明显证实了美国进行的其他当代研究——例如弗雷明汉心脏研究（Mahmoodet et al., 2014）——强调过的不超重、定期锻炼、健康饮食和不吸烟的重要性。研究还表明，心脏病发作和中风（现称脑卒中）的风险及发病率与血清总胆固醇水平的升高有关，胆固醇和肥胖则与癌症死亡率的升高有关。研究结果再次证明了饮食中的饱和脂肪似乎是秘密杀手。但事情真的是这么简单吗？

糖

尤德金教授不同意上述观点，他认为糖是罪魁祸首。1954年，他在伦敦伊丽莎白女王学院创立了营养系，这是欧洲第一个授予营养学学士学位的机构。他的研究范围很广，包括关于适应性酶、健康的社会决定因素和人类饮食的历史发展以及公共健康问题和文化饮食偏好等方面。20世纪50年代初，随着英国食品配给的结束，肥胖人数增加，尤德金认为，体重可以通过限制饮食中的碳水化合物来控制。在这一时期，冠状动脉血栓的发病率也在上升，许多人认为这是由于摄入了大量脂肪。然而，尤德金怀疑饮食中过量的糖分不仅会导致肥胖，还会导致冠心病。他发现，日益繁荣导致糖的消费增加，特别是在加工食品中。1963 年，他写道，在较富裕的国家，有证据表明糖和含糖食物会导致肥胖、龋齿、糖尿病和心脏病等疾病，后来他将动脉粥样硬化性疾病（冠心病的一种常见前兆）列入其中，随后又增加了痛风、消化不良和一些癌症。到 1967 年，他曾提出，过量食用糖可能会导致胰岛素分泌紊乱，也可能导致动脉粥样硬化和糖尿病。

所有这些的背后是他的断言：现代饮食已经偏离了原始规范。他在《纯粹、白色和致命》（Pure, White and Deadly）一书中写道："重要的是，你的饮食现在很可能已经不同于经过数百万年进化而成的最适合你作为智人物种成员的饮食"（Yudkin, 2012, 5）。这本书最初出版于 1972 年，尽管提高了当时对糖问题的关注（Cave, 1974），但无法让人们将脂肪作为饮食的头号公敌。尽管如此，该书在 1986 年修订再版，2012 年，在对摄入糖所造成的问题重新产生兴趣之后，加州大学的美国儿科内分泌学家罗伯特·卢斯蒂格教授推进研究，并随后出版了自己关于这一主题的书《希望渺茫：战胜糖、加工食品、肥胖和疾病的概率》（Fat Chance: Beating the Odds against Sugar, Processed Food, Obesity, and Disease, 2013）。

《英国医学杂志》(British Medical Journal)副主编詹姆斯·J.迪尼科兰托尼奥（James J. DiNicolantonio）于 2014 年发表的一项研究也警告称，糖（尤其是那些添加到加工食品和碳酸饮料中的糖）对心脏的威胁大于盐，而且更有可能导致高血压、中风和心脏病（DiNicolantonio and Lucan, 2014）。心脏病是发达国家过早死亡的第一大原因，在美国每年约有 35 万人死于心脏病，每年花费超过 500 亿美元。这些令人信服的证据表明，糖特别是单糖果糖，在高血压的恶化中起重要作用。这项研究提到的罪魁祸首之一是高果糖玉米糖浆，它经常被用作加工食品中的甜味剂，尤其是在水果味饮料和碳酸饮料中。这种含糖饮料的消费在全世界每年造成 18 万人死亡。大约 300 年前，个人一年只消耗几磅的糖；但目前的数据预测，美国人平均每年消费高达 150 磅（1 磅 =453.6 克）糖。尤其令人担忧的是，英国和美国的青少年摄入的糖可能是建议摄入量的 16 倍。这项研究指出，在水果和蔬菜中发现的天然糖不会对健康有害，只有现代工业生产的糖对健康有害。

肉

T. 科林·坎贝尔教授（T. Colin Campbell）在他的《中国研究》（*The China Study*）（Campbell and Campbell, 2005）一书中指出了这些"西方疾病"的另一个可能的罪魁祸首：在他看来，动物蛋白、肉类和乳制品的摄入似乎才是问题的根源。他的书是对中国农村 65 个县的 6500 名村民（50% 为男性，50% 为女性）的饮食习惯进行的一项重大研究。然后他将这些结果与 1973—1975 年周边地区的死亡率、癌症发病率和其他疾病的记录进行比较。这项研究包括对每个国家的西方疾病（冠心病、糖尿病、白血病和结肠癌、肺癌、乳腺癌、脑癌、胃癌、肝癌）的患病率进行比较。这项研究收集并整理了饮食和生活方式的变量（忽略了所有其他因素），发现随着血液胆固醇水平的上升，西方疾病的流行也随之增加。坎贝尔教授得出的结论是，随着更多的人转向以动物为基础的西式饮食，传统上以植物为主的饮食方式对中国人和其他亚洲人的长期健康的益处可能会消失。

但真正的罪魁祸首是以动物为主的饮食，还是西式城市化的其他方面？丹尼斯·明格（Denise Minger，2013）用法医学的方法记录了这些营养界重量级角色之间旷日持久的争论，以及关于脂肪、糖和肉类在富贵病发展中所扮演的不同角色的主张。例如，她全面解析了《中国研究》中支撑坎贝尔核心主张的许多论点。她通过审查最初的数据，而不是经过统计的总结性陈述表明，该研究收集的关于动物蛋白摄入增加的证据，实际上与疾病的增长并不相符，即使在动物性食品摄入最多的一些县（如托里县）也是如此。事实上，弗兰克·B.胡和瓦尔特·威列特（2002）也重新评估了数据，并明确指出，在对中国农村65个县的调查中，没有发现摄入动物性食品与心脏病或主要癌症的患病风险之间的明确关联。

明格还指出（2013，135—137），这些详细的研究无法为预测导致心血管疾病的主要饮食因素是什么提供明确的答案。因为提出的问题本身就是错误的：心脏病要更复杂，而饮食只是包含了环境、文化、运动方案和个体遗传学等重要因素在内的复杂系统中的一个问题。因此，可能并不存在某个简单的答案或原因。脂肪和胆固醇的代谢因人而异，尤其是那些携带 ApoE4 基因的人。黑猩猩和其他灵长类动物也有类似的基因，因此它在我们的基因构成中至少存在了 600 万年。在物质匮乏的时代，这种基因可以通过提高身体保存膳食脂肪和胆固醇的能力，以避免胆固醇含量过低。然而，在我们这个物质更丰富的时代，那些拥有这种基因与其固有的存储能力（而不是它的变种 ApoE2 或 ApoE3）的人，有明显的更高的心脏病，还有阿尔茨海默病的患病风险。健康并不总取决于你吃什么，健康可以简单取决于你是谁（Minger, 2013, 133—135）。

更广泛的关于营养的学术争论愈演愈烈，随之而来的是对公众健康和准确的饮食建议的争执。2014 年，詹姆斯·J. 迪尼科兰托尼奥与科学家共同撰写了多篇论文，认为包括饱和脂肪在内的饮食不会对大多数人的心脏造成伤害。同年，弗兰克·胡主导发表了 2015 年膳食指南咨询委员会关于饱和脂肪和心血管疾病的报告（USDA, 2015）。该指南现在已经从推荐低脂肪饮食转变为推荐适度脂肪饮食。

随餐桌礼仪而生的饮食

现代饮食与原始饮食常规有很大不同：热量密度、血糖负荷和添加糖的摄入量都要高得多，而我们的微量营养素、膳食体积、纤维含量、长链脂肪酸和蛋白质摄入量都低于我们未开化的基因所预设的正常水平（Konner and Eaton, 2010）。然而，在某些方面，人们常常认为采用"旧石器时代饮食"和锻炼制度只不过是在赶时髦。为季节性圣诞节暴饮暴食之后减掉几磅而设计的饮食建议和帮助长期维持健康生活方式的制度之间，仍然存在混淆。西方社会也受到了"超级食品"的宣传和一系列名人推广的饮食的冲击。其中包括赫尔曼·塔勒 1961 年提出的去除所有碳水化合物的饮食；罗伯特·阿特金斯 1972 年提倡多摄入蛋白质，少摄入碳水化合物的饮食；提倡只摄入经过选择的某几种碳水化合物和脂肪，不摄入其他的南滩饮食法（The South Beach diet）；提倡食用水果、蔬菜、橄榄油、鱼类和粗粮的地中海饮食（the Mediterranean diet）（Simopoulos，1999，2000）；皮埃尔·杜坎（Pierre Dukan）列出大约 100 种"可食用"食品；马克·海曼（Mark Hyman，克利夫兰功能医学临床中心）推广了佩甘饮食法（the Pegan diet），即将古代饮食与素食主义相结合。另一种由彼得·达达莫（Peter D'Adamo）博士推广的饮食声称与健康的进化决定因素有直接联系，这是基于我们的血型 O、A、B 或 AB 而设计的饮食法。

尽管存在着内在的矛盾，但已经证明，这些饮食方式中被证实确实有效的部分直接或间接地与健康的进化决定因素——我们旧石器时代的生理机能和新陈代谢——在配合产生作用。以迈克尔·莫斯利（Michael Mosley）与美国国家老龄化研究所的马特森（Mattson）教授共同开发的禁食饮食法为例，如果你 24 小时不进食——在我们很久之前的某些季节中，这种情况可能并不少见——你的能量需求将由血液中的葡萄糖供应，耗尽后再由储存在肝脏中的能量供应，随后再燃烧脂肪。这样的系统设计是为了在真正的困难时期为身体提供支持：如果遇到代替性失败的摄入情况（即自我诱导的绝食），它将同样有效地工作，由此可以帮助那些患有肥胖症的人。表 5.1 评估了"时髦饮食"的两个例子：阿特金斯（Atkins，2002）提倡高蛋白/低碳水化合物的饮食制度，这是和奥尼什饮食（Ornish，1993）正好相反的饮食建议。表 5.1 中显示了这两种饮食法的成分对比，并将它们与重建的"标准化"狩猎采集者饮食（O'Keefe and Cordain，2004，表 1）和地中海饮食（Simopoulos，2000）进行了比较，其中地中海饮食富含新鲜水果、蔬菜、鱼、橄榄油和未加工谷物。

表 5.1 狩猎采集者饮食与低碳水化合物饮食、低脂肪饮食、地中海饮食的比较

	狩猎采集式	低碳水化合物式（Atkins）	低脂肪式（Ornish）	地中海式
A				
蛋白质 /%	高：19–35	中：18–23	低：<15	中：16–23
碳水化合物 /%	中：22–40	低：4–26	高：80	中：50
B				
脂肪总量 /%	中：28–47	高：51–78	低：<10	中：30
饱和脂肪	中	高	低	低
单一不饱和脂肪	高	中	低	高
多元不饱和脂肪	中	中	低	中
C				
Omega-3 脂肪（鱼类/坚果类）	高	低	低	高
D				
纤维总量	高	低	高	高
蔬菜水果	高	低	高	高
坚果种子	中	低	低	中

续表

	狩猎采集式	低碳水化合物式（Atkins）	低脂肪式（Ornish）	地中海式
E				
盐	低	高	低	中
F				
精制糖	低	低	低	低
血糖负荷	低	低	高	低

来源：O'Keefe 和 Cordain（2004，表1）

一天五个：从树上采摘新鲜水果

不同的方法

那么,所有这些争议和昂贵研究的模糊结果又会将我们引向何方?如果要发布或修改法定的饮食指南,各国政府和国家卫生当局要求要经过明确的实证研究。可接受的证据、正确的解释通常是基于详细的、有统计学意义的研究,包括记录各种变量,如吸烟情况、癌症发病率和死亡年龄。参与者(人或动物)通常分成两组——例如吸烟者组和不吸烟者组,作为对照。一项长期的追踪研究会涉及一个大的队列(或群组),随着时间的推移,他们的健康状况会被跟踪以确定相关关系,并希望由此确定引发特定疾病或状况的潜在原因。本章中提到了一些这样的研究,并讨论了对研究结果的说明。但现在,我们将采用一种不同的方法,从不同的角度开展论述。

接受原始饮食方式的一个强有力的先验理由是:它经过了几千年的自然选择的改良,并支撑人类生存了两三百万年或更长时间,这已经证明了其价值。这就是一项卓越的全球范围内的追踪研究——现代城市人口中发现的西方生活方式疾病的上升,证据确凿,这提供了必要的实验对照组。现在我们提出的研究问题是,我们的现代饮食制度与符合进化规律的饮食基准差异有多大,以及这种差异对健康的影响是什么?韦斯顿·普赖斯(Weston Price, 1939)的研究表明,对原始饮食与现代饮食之间关系的研究有悠久历史。而与二战后物质充足时期饮食发生重大变化相关的辩论,则给这项研究带来了更大的活力。当然,并不是每个人都认为这种变化是好的:例如,奥地利的沃尔夫冈·卢茨(Wolfgang Lutz)博士认为,他的数千名病人因摄入高碳水化合物饮食而遭受了各种健康问题。他在 1967 年发表的研究结果《没有面包的生活》(*Leben Ohne*

Brot），建议我们抛弃新石器革命时代的主食，将每天摄入的碳水化合物限制在72克（Allan and Lutz, 1967）。20世纪50年代和60年代，休·特罗威尔（Hugh Trowell）和丹尼斯·伯基特（Denis Burkitt）在肯尼亚和乌干达的诊所进行了长达20年的工作，证实了"西方疾病"在原住民中并不流行的观察结果（Burkitt et al., 1974; Trowell and Burkitt, 1981），并总结出了高纤维饮食的概念。

美国胃肠病学家沃尔特·沃格特林（Walter Voegtlin）也对患者的健康状况感到不满，基于在结肠炎、克罗恩病和肠易激综合征方面的研究，他提出，他所认为的古代狩猎采集者所摄入的饮食可以治愈他在手术中遇到的许多疾病。他的里程碑式的著作《石器时代的饮食》（*The Stone Age Diet*）于1975年出版，但似乎过分强调了肉的作用。人类学家沃恩·布莱恩特博士（Vaughn Bryant）修订了这一方法（Bryant, 1979; 1995），当时，全球的大学相关科系对古营养的进一步研究取得了重大进展（Wing and Brown, 1979; Brothwell and Brothwell, 1998）。

到1985年，埃默里大学的博士S.博伊德·伊顿和梅尔文·康纳在《新英格兰医学杂志》（*New England Journal of Medicine*）上发表了一篇有影响力的文章（Eaton and Konner, 1985），在更广泛的领域推进了上述研究。随后他又出版了两部畅销书《旧石器时代的处方：饮食和锻炼计划、生活设计》（*The Palaeolithic Prescription: A Program of Diet and Exercise and a Design for Living*，1985年）和《石器时代健康计划》（*Stone Age Health Programme*，1989年）。科罗拉多州立大学的洛伦·柯登（Loren Cordain）教授，现在是原始饮食的主要倡导者 [2012

(2002)]，阅读了伊顿博士开创性的论文后采纳了这一想法。自 1984 年以来，辛莫普洛斯（Artemis P. Simopoulos）博士的主要研究重点也一直放在饮食的进化方面。她撰写、合著和编辑了许多关于营养和肥胖的书籍，并自 1989 年起担任颇具影响力的卡尔格"营养和营养学世界评论"丛书的编辑（Simopoulos, 1999）。她的作品还包括关于欧米茄饮食法（Omega diet）的流行书籍（Simopoulos and Robinson, 1998）和一篇关于地中海饮食法的论文（Simopoulos, 2000）。她是遗传、营养和健康中心（位于华盛顿哥伦比亚特区）的杰出创始人和主席，特别关注必需脂肪酸（EFA）和欧米茄-6（omega-6）/ 欧米茄-3（omega-3）的平衡，以及现代文化变迁如何对其产生不利影响等问题（Simopoulos, 2006）。也许在伊顿和康纳 1985 年报告的启发下进行的最全面的研究，是 1989 年由瑞典医生斯塔凡·林德伯格发起的。他在基塔瓦岛的研究发现，这个巴布亚新几内亚的岛屿上没有中风、缺血性心脏病、糖尿病或肥胖症的人（Lindeberg and Lundh, 1993）。他随后发表了一系列论文，将所谓的旧石器时代饮食、原始饮食（前农业时代饮食）与现代饮食及其相关疾病进行了比较。这项有影响力的研究最终被汇集为开创性的著作《食物与西方疾病：从进化角度看健康和营养》（*Food and Western Disease: Health and Nutrition from an Evolutionary Perspective*），该书于 2010 年以英文出版。该书由 20 年实证研究结果编辑而成，在其参考书目中列出了 2034 篇学术论文。其结论很有说服力，让我们认真思考西方式饮食在冠心病、中风、动脉粥样硬化、2 型糖尿病、肥胖、胰岛素抵抗、高血压、血脂异常、心力衰竭、阿尔茨海默病、癌症、骨质疏松症、佝偻病、缺铁性疾病和自身免疫性疾病中所起的决定性作用。

因此，在过去 30—40 年里，"原始方式"饮食的好处获得了医学权威的参考资料的证实，收获了广泛的学术读者群，当然在美国也是如此。越来越多的书籍普及了这一概念，有时是由研究人员自己（如上文所列），有时是由其他人将这一概念——或至少是其中的一些内容——推广给越来越多的读者（如 Chaitow, 1987; Audette, 1995; Sissons, 2009; de Vany, 2011）。应该强调的是，不仅研究这类饮食益处的医学研究有所增加，而且作为研究基础的考古和人类学证据也在继续明确和扩展我们对有关饮食制度的了解（Ungar, 2006; Gremillion, 2011; Kiple and Kriemhild, 2012; Kelly, 2013）。

在有影响力的《旧石器时代处方药》（Palaeolithic Prescription）出版后的 25 年里，作者又发展了其中的论点，并针对批评者做出了反驳（Konner and Eaton, 2010）。也许更重要的是，他们还进行了后续研究，即偏离我们狩猎采集祖先的营养和活动模式，如何在很大程度上导致了现代文明的地方性慢性疾病。结论是，与今天相比，在人类进化过程中占主导地位的原始人类饮食的特点是，精制碳水化合物和钠的含量要低得多，而纤维和蛋白质的含量要高得多。可比的同等水平的不饱和脂肪和胆固醇则被更频繁的体力活动所消耗（Konner and Eaton, 2010）。

除了强调饮食和运动之间的关键联系之外，他们还表达了对过去统一的官方建议的担忧，这些建议主张蛋白质、脂肪和胆固醇的低摄入量。因此，在过去四分之一世纪里进行的一系列常规流行病学、临床和实验室的研究都有力地支持了这样一个想法，即类原始饮食可能会有很大的益处。事实上，与 25 年前的类似建议相比，今天的官方建议的目标更接近狩猎采集者的主要目标（Konner and Eaton, 2010, 594—602）。医学和进化这两个曾经渐行渐远的饮食研究轨迹，现在正愉快地融合在一起。

解决办法和决议

医学家和营养学家多年来致力于研究特定食物与特定疾病和条件之间的关系。最终目的是通过实证研究推出明确的有益健康的饮食建议，以推广健康的营养制度，以及同样重要的，查明与不良健康结果有关的食品。令人担忧的主要是专家间的意见往往存在很大的分歧：例如，洛伦·戈登记录了1996年美国临床营养学会和美国营养研究所得出的结论，即反式脂肪酸的摄入并不是冠心病的危险因素。然而，2002年，美国国家科学院在讨论心血管疾病风险的同时，建议尽量减少反式脂肪酸的摄入（Lindeberg, 2010, VIII）。

站在更积极的一边，下面概述了一些支持原始饮食主要原则的研究，尽管这些研究不一定是以这一概念为出发点进行的。

好脂肪，坏脂肪

心血管的不良状况和饮食之间可能存在的联系一直是许多研究的焦点。对100多份报告的研究（Hu and Willett, 2002）表明，与一些公认的学说和公共卫生指导相反，似乎最应归咎的不是肉类、胆固醇或总脂肪的摄入。根据已知的证据，作者认为对心血管健康最有益的是避免含有特定脂肪类型（即饱和脂肪）的食物，如油炸食品、大多数包装的工业加工小吃和商业烘焙产品。他们建议，应该用对我们的健康有益的脂肪来取而代之,例如像坚果这样容易获得的食物中含有的单不饱和多不饱和脂肪(见表5.1),在许多狩猎采集者的饮食中,这是一种很流行的食品。杏仁、榛子、山核桃、松子、开心果和核桃等坚果含有特别丰富的"好"脂肪,这些脂肪可以降低血液中的有害脂肪,否则他们可能需服用降胆固醇药物或他汀类药物。对于心脏病低风险人群来说,吃一把坚果、一个苹果或吃四汤匙特级初榨橄榄油是一种有效的替代他汀类药物的预防方法(Malhotra et al., 2015)。

人们还认为,经常吃核桃可以提高记忆力、注意力和信息处理速度等认知功能。美国一项相关的人口抽样调查考察了一组年龄从1岁到90岁的人口,这是国家健康和营养检查调查的一部分,对那些关注减缓、防止阿尔茨海默病等疾病进展的人有重要影响。调查发现,核桃中有一些活性成分可能会起到积极效果,因为它抗氧化成分含量很高,还含有一系列维生素和矿物质,是唯一一种含有植物欧米茄-3脂肪酸的坚果(Arab and Ang, 2015)。

欧米茄-3脂肪酸等多不饱和脂肪存在于藻类、草和树叶中,因此被陆地和海洋上的许多生物当作食物;在历史上,人类通过食用鱼类和大型放牧动物的瘦肉而摄取了有益的欧米茄-3。遗憾的是,用谷物或玉米喂养的现代家禽的肉比野生的更肥,但欧米茄-3的含量更低(O'Keefe and Cordain, 2004, 102—105)。

与这一问题相关的是最近关于欧米茄-6和欧米茄-3脂肪酸在我们饮食中占比的重要意义的研究。人类学和流行病学的研究表明,作为狩猎采集者生活的人类,形成了一种均衡的欧米茄-6/欧米茄-3比例为1∶1的饮食制度,而在大多数现代城市化人口中,这一比例在15∶1和17∶1之间,饮食中的欧米茄-6水平要高得多。这是两种变化的直接结果：首先，我们摄入的欧米茄-3丰富的食物，如鱼、家禽、坚果和草食动物，比以前要少得多；同时，我们摄入了更多欧米茄-6含量高的食物，例如含向日葵油、玉米油和大豆油等植物加工油的食物，尽管橄榄油、椰子油和棕榈油的欧米茄-6含量都相对较低。

现代饮食制度中扭曲的欧米茄-6/欧米茄-3比例令人警醒，因为这似乎与许多慢性疾病的发展有关。这是身体处理这两种不同类型的必需脂肪酸的方式发生变化的结果。欧米茄-6脂肪酸对机体有促炎作用，而欧米茄-3脂肪酸则具有抗炎作用。过度摄入前者会使身体失去必要的平衡，使我们易患心血管疾病、糖尿病、某些癌症、自身免疫性疾病、类风湿性关节炎、哮喘和抑郁症（Simopoulos, 2006）。这是另一个戏剧性的例子，说明我们的原始生理机能、新陈代谢和消化系统如何无法适应现代世界突然产生的饮食制度的急剧变化。它是我们健康的另一个进化决定因素，或者说，如果我们保持不正常的15∶1至17∶1的比例，这就是我们不健康的进化决定因素。

令人担忧的是，烹饪油和脂肪还有更多的问题：加热时，化学成分可以通过氧化而改变，并产生有潜在危险的醛类和脂质过氧化物。这些都是已知的癌症、心脏病和阿尔茨海默病的催化剂，食用甚至吸入都会产生影响。马丁·格鲁特维尔德（Martin Grootveld）教授进行了一项对照实验，对葵花籽油、植物油、玉米油、冷榨菜籽油、橄榄油（精制和特级初榨油）、黄油、鹅脂和猪油进行了测试，以确定哪种油在这方面的促进作用最大和最小（Grootveld et al., 2014）。与最初的预期相反，他发现富含多不饱和脂肪酸的油，如玉米油和向日葵油，在冷的时候是好的，但受热时会产生大量醛类；

相比之下，橄榄油和冷榨菜籽油产生的醛要少得多；更令人惊讶的是，黄油和鹅油也是如此，它们含有丰富的单不饱和脂肪和饱和脂肪，加热时更稳定。值得注意的是，所有精制植物油都是现代发明物，史前都没有，除了猪油。

绿党

最近的一项研究表明，在某些情况下，改吃素食或许可以治愈糖尿病。对于全球 300 万患有该疾病的人来说，这是一个非同寻常的消息。糖尿病可能导致失明、截肢、心脏病、肾衰竭和中风。世界卫生组织称，糖尿病将成为未来 15 年内第七大死亡原因（WHO, 2016）。这项新的研究始于这样一种假设，即从饮食中去除动物脂肪可以提高胰岛素敏感性，因此研究集中在素食者和素食主义者的营养状况。研究表明，素食可以显著提高血糖水平，控制 2 型糖尿病，因为这种饮食可以降低一种叫作糖化血红蛋白（HbA1c）的血液蛋白质水平。对于糖尿病患者来说，血液中 HbA1c 越高，发生糖尿病相关并发症的风险就越大。因此，研究人员分析了 255 名 2 型糖尿病成年人的饮食模式，报告发现这些人在采用低脂肪素食或不吃肉，但吃鸡蛋和牛奶制品的素食模式后，HbA1c 平均下降了 0.4 个百分点，有时甚至高达 0.7 个百分点（Yokoyama et al., 2014）。这种类似的效果等同于服用了处方药，如 α-葡萄糖苷酶抑制剂，能通过阻止碳水化合物的消化，帮助控制血糖水平。这是一个相对较小的实验，不能证明触发因素是停止吃肉还是增加蔬菜的食用量。尽管如此，这项研究确实证明了摄入植物性食品的积极因素；忽略原始饮食中的这个关键因素，会增加 2 型糖尿病的患病风险。

医学研究还表明,硝酸盐有助于降低血压,调节身体的新陈代谢。南安普敦大学和剑桥大学最近的一些研究表明,包括甜菜根或绿叶蔬菜如菠菜(所有种类的硝酸盐的丰富来源)在内的饮食尤其有益,因为它们可以减少一种叫作促红细胞生成素的激素的产生。这种激素由肝脏和肾脏分泌,决定了红细胞的量、血液浓度,以及体内可以携带的氧气量。系统中的红细胞过多会导致血液变稠、缺氧,这是许多心血管疾病的常见症状(Ashmore et al., 2014b)。多吃青菜不仅可以减轻这些症状,还可以缓解许多其他心脏和循环系统疾病的症状。因为这样的饮食也增加了化合物的产生,通过拓宽我们的血管,使心脏能够更有效地泵血(Ashmore et al., 2014a)。进一步的研究表明,硝酸盐还能刺激"坏"的白色脂肪细胞转化为"好的"米色脂肪细胞,这一过程可以降低肥胖和 2 型糖尿病的患病风险(Lee et al., 2012)。显然,忽视健康的进化决定因素和不吃蔬菜是有害的。

一天七份

正如接下来的两个例子所示,食用更多而不是更少的蔬菜食物有更多值得推荐的理由。对中国江苏省 2002—2007 年 1200 名营养追踪研究参与者的记录进行分析,揭示了一种特殊的健康问题——多重病症,即患者同时患有两种及以上的慢性疾病。这种情况越来越常见,特别是在老年人中。医学界面临的挑战是,对一个病症的治疗往往会使另一病症恶化。这项研究由阿德莱德大学的研究小组进行,研究了饮食与 10 种慢性疾病之间的联系,这些疾病包括贫血、高血压、高胆固醇血症、糖尿病、关节炎、肝炎、冠心病、哮喘、中风和癌症。并考虑到年龄、性别、身体质量指数、婚姻状况、久坐不动的生活方式、吸烟状况、年收入、教育和能量摄入等方面的差异，对数据进行了调整。作者得出的结论是，"更多地食用水果、蔬菜和全谷物食品似乎可以降低患病风险"（Reul et al., 2013）。昆士兰大学最近的另一项研究表明，每天吃八份或更多食物也能极大地改善心理健康。雷德索·木杰斯克（Redzo Mujcic）博士收集了 12000 名澳大利亚成年人的数据，研究水果和蔬菜的食用量与心理健康之间的关系。结果显示，女性似乎比男性在精神健康方面的获益更大，而水果对精神健康的影响比蔬菜大（Mujcic, 2014）。

因此，人们已经广泛接受大量食用新鲜水果和蔬菜的好处，以及避免食用能被快速消化的碳水化合物和高血糖负荷的食物。这样的建议出现在大多数政府的饮食指南中，但这些指导方针的可靠性有多高呢？早在 1990 年，世界卫生组织就建议每天食用 400 克水果和蔬菜（WHO, 1990）。2003 年，英国政府学习法国和德国，提出了自己的倡议，也就是现在人人皆知的"一天五份"计划。而澳大利亚则提出了更丰盛的"2 和 5"计划，除了 5 份（75 克）蔬菜外，还有 2 份（150 克）水果。总量为 675 克，大大超过了英国的建议量。

欧伊博德（Oyebode）博士及其团队在伦敦大学学院进行的主要研究似乎表明，应该遵循澳大利亚的做法，食用更多的蔬菜和水果（Oyebode et al., 2014）。这项研究抽取了 2001—2008 年英格兰健康调查中约 65226 人的记录。所有参与者的年龄都在 35 岁及以上，对其中有自理能力的人群进行了统计学随机抽样，并对抽样人群的健康状况进行了为期 7 年的跟踪调查，发现了水果蔬菜的食用量与死亡率（癌症、心血管疾病和其他死亡原因）之间的关系，但根据年龄、性别、社会阶层、教育程度、体重指数、饮酒和体力活动进行了调整。

每天至少吃 5 份新鲜水果和蔬菜，可以降低 42% 的各种原因导致的死亡风险，降低 31% 的心脏病或中风风险，降低 25% 的癌症风险。新鲜蔬菜似乎提供了更强的预防疾病的保护作用，每天每吃一份蔬菜，总的死亡风险降低 16%，一份沙拉则能降低 13%，一份水果可以降低 4%。我们的生理机能已经适应了每天收集、食用和消化新鲜蔬菜和水果；这里讨论的实证研究提供了证据，证明我们的消化系统尚未进化到超出狩猎采集者的水平。从这一观点出发，欧伊博德博士的研究表明，吃更多蔬菜会增加长寿的概率，但更令人担忧的是，饮食与旧石器时代的模式越不相同，寿命可能就越短。在改变现代国民健康行为以更好地适应我们的生理习性方面，以上这些发现有力地支持了澳大利亚的日常水果和蔬菜配给方法（2 和 5）。相比之下，英国的建议（每天只有 5 份）则不那么丰盛，甚至将冷冻和罐头水果也包含在内。令人担忧的是，伦敦大学学院的研究表明，最好避开这两种食物，因为那些经常吃罐头或冷冻水果的人实际上有更高的心脏病、中风和癌症的患病风险。然而遗憾的是，研究人员获得的调查数据并没有将冷冻水果和罐头水果区分开。尽管还需要更多研究，但目前的假设是，这些食物对健康的有害影响可能与冷冻无关，而与罐头产品中额外添加的糖和糖浆有关。

甜食

说到甜食，这就要提到我们和糖的故事了。其历史根源可以追溯到狩猎采集者时期，当水果成熟到可以吃的时候，旧石器时代的味觉会感受到甜。然而，各种各样的厨师、糖果商和食品制造商随后从这一进化信号中受益。通过在菜肴中添加糖，他们愚弄我们，让我们认为他们的食品和新鲜水果一样有营养，而实际上这会使我们长胖（而使他们自己获利）。只有慎重避开这些不必要的添加剂，选择更符合我们遗传代谢机制的食品，身体才能保持健康活力。曾经，对健康生活的争论都集中在降低深加工食品的脂肪含量上，因此市场上出现了许多低脂产品。然而，其中很多都添加了额外的糖以提味和增大体积。而目前争论的焦点不仅仅是脂肪，还有糖（蔗糖／果糖／葡萄糖）在现代城市人口健康中所起的有害作用。大多数权威人士都认为过多摄入糖确实对人不利，但政府顾问、食品行业和独立研究人员无法在不损害个人健康的情况下就糖的可摄入量达成一致。

世界卫生组织 2015 年的一份报告研究了糖对健康的影响，包括对牙齿的损害、造成 2 型糖尿病的日益流行以及对肥胖的影响。世界卫生组织在 2002 年的立场有一个显著的转变，就是建议饮食中糖的比例应低于总热量摄入量的 10%（正常体重的成年人每天摄入 50 克），同时强调最终目标应该是 5%。这些限制不仅适用于天然存在于蜂蜜、糖浆、果汁和浓缩果汁中的糖，也适用于之后添加到所有食品和饮料中的糖。英国公共卫生组织的营养和饮食主任艾莉森·泰斯顿（Alison Tedstone）声称，他们的调查表明，英国人口应该大幅减少糖的消费，因为目前成年人的平均摄入量为 11.6%，儿童的平均摄入量为 15.2%，远远高于 10% 的建议量（Tedstone, 2016）。一些公司，如运动组织"糖行动"（Action for Sugar），正迫切要求 5% 的比例成为固定推荐标准。是否应该对添加到工业加工食品中的糖的量有更明确的限制（或者更醒目的标签）？是否应该完全禁止将糖添加到廉价食品中？甚至连英国首席医疗官莎莉·戴维斯女士（Dame Sally Davies）也提醒，高甜度产品的征税标准或许要提高到可以阻止消费者大量购买的程度（Borland, 2014）。很明显，我们的身体根本就不能适应如此高水平的糖分，就像不能忍受长年吸入有害的香烟一样。

诉诸法律

一些组织，如积极主动的英国公共卫生组织，对"改善"我们的健康和解决影响许多人生活的城市生活方式疾病投以关注，担负责任。对旧石器时代生理机能的挑战，例如吸烟、不负责任的饮酒以及摄入盐和糖含量过高的食品，必须从几个方面加以控制：生产者、广告商、商店和消费者。这不仅仅是全面的禁令，还要在相信个人自由和自由市场经济价值的文化中提供合适的替代品。禁止酒后驾驶和在公共场所禁烟的斗争由来已久，但有影响力的既得利益集团不愿为公共利益采取行动，除非法律提出这样的要求。例如，在欧洲，有共同农业政策（CAP）：所有欧洲成员国都有义务遵守这一关于粮食定价和生产流程的框架协议。人们注意到，与饮食有关的疾病自出现以来已大大增加；该政策更关注市场措施和农村发展，而不是粮食与公民长期健康的关系（NICE, 2010, 第 8 条建议）。改变 CAP 的关注点，使其在食品和饮食方面采取更符合进化规律的立场，不是一件易事。

与此同时，针对添加了糖的食品和饮料的战争仍在继续（LUSTIG, 2013; Minger, 2013）。它们对牙齿的损伤非常严重。例如，根据卫生和社会保健信息中心的数据，2013—2014 年，约 26000 名 5—9 岁的英国儿童因需要拔除多颗牙齿而住院，这一数字比前几年有所增加（HSCIC 2015）。我们应该用抗蔗糖义齿替换所有孩子的牙齿，还是仅仅清除掉蔗糖？但这不仅仅是牙科的挑战，因为添加到饮料和食品中的糖显然仍在我们与肥胖、糖尿病和心血管疾病的"战场"中。

现已解散的碳水化合物工作组——英国政府营养科学咨询委员会（SACN）的一部分，最终在 2015 年建议，糖的摄入量应限制在能量摄入量的 5%，这一数字响应了世界卫生组织的提议。然而，英国的全国饮食和营养调查凸显了这一挑战的规模，因为该调查显示，4—10 岁儿童摄入的热量中有 15% 来自糖，11—18 岁儿童的则上升到近 16%，其中碳酸饮料和果汁是主要来源（DoII, 2012）。为了遏制消费，可能必须停播这类产品针对儿童的广告，并需要对添加糖的产品征收 20% 的税。法国已经对软饮料征收了这样的税，英国也在 2016 年 3 月的财政预算案中针对每 100 毫升含糖量超过 5 克的饮料做出同样的声明，每 100 毫升含糖量超过 8 克的饮料则将征收更高的税。

生产商需要改变配方，停止在软饮料中添加额外的糖（也许会随着时间的推移而增加，就像对腌制食品那样）。米歇尔·奥巴马（Michelle Obama）一直在美国倡导这样的努力，家乐氏、雀巢和百事可乐等公司在五年时间里也努力减少了产品中 6.4 万亿卡路里（1 卡 ≈ 4.18 焦）的热量。可口可乐和吉百利巧克力的生产商也在重新设计产品（但没有透露具体数量），一些英国公司也是如此，比如百维可和特易购，一年内减少了约 100 亿卡路里的热量。这从食品制造商的角度证明了什么是可能做到的。至于英国的甜菜生产商，如果要促使他们改变，得先处理他们遇到的问题：也许他们应该改变重点，考虑一下生物燃料的市场，或者转向种植水果和蔬菜。

不用说，世界糖研究组织（由糖生产者资助）将继续与这些措施做斗争，甚至对世界卫生组织（该组织不是由糖生产者资助的）提出的建议所依据的实证研究提出质疑。然而，健康的主要进化决定因素之一是，我们的身体不需要，而且几乎肯定不能应付额外的糖。考古学和人类学的证据是一清二楚的；二战期间糖配给的结果是清楚的；糖摄入量与肥胖水平之间的联系是明确的。但是，除了幕后的倡议和媒体的支持之外，很可能需要更多的立法措施才能把糖从货架上拿下来。

所有的事情都是可能的：如果采用一种符合进化规律的、适合个人基因组的营养制度，那么我们就不用拒绝未来的城市生活可能带来的所有好处和机会。我们可以重塑现代性：行为可以重新正常化，城市景观可以重组，甚至食物可以重新搭配。健康和城市化的福利这两块蛋糕，就像鱼与熊掌一样，我们可以兼得（只要蛋糕是用符合进化规律的菜谱做的就行）。

第六章　身体的证据

缺乏活动摧毁了每个人的健康,而运动和有条不紊的体育锻炼养护和保全了健康。

——柏拉图(约公元前428—约前348年)

不规律的锻炼

据说沙发造成的死亡比汽车还多。2012 年 7 月发表在《柳叶刀》上的一项研究表明，不活动身体的情况呈现惊人增长，特别是在现代城市中，这对全世界的健康产生了重大影响。以下统计数据为那些久坐不动的人提供了令人警醒的数据："冠心病、2 型糖尿病、乳腺癌和结肠癌中 6% 的疾病负担是由缺乏运动导致的，2 型糖尿病为 7%，乳腺癌和结肠癌为 10%"（Lee et al., 2012）。该报告的结论是，在 2008 年全世界死亡的 5700 万人中，5300 多万本可通过定期运动来避免。

但是，与其要求家具制造商接受危害人类罪的审判，不如透彻审视我们的现代城市文化和我们的基本生理习性。活动和营养一样，是决定我们健康的关键进化因素。这个简单的结论需要不断推广：步行去上班（还有更剧烈的运动）对大脑有好处，对今日城市居民经常久坐的身体也有好处。英国卫生防护局连同卫生部和英国国家健康与护理研究所（NICE），也对日益加剧的肥胖问题表示了很大的担忧。这是一种导致过早死亡的慢性疾病，会直接增加高血压、大肠癌和 2 型糖尿病的患病风险，男性为 5 倍，女性为 12 倍。2014 年公布的一项调查显示，三分之二的英国成年人超重或肥胖（即他们的 BMI 指数在 25—30 或更高），4—5 岁儿童中也有五分之一超重或肥胖（DoH, 2014）。

久坐不动的现代城市生活方式，与我们旧石器时代基因组预设的日常活动水平有很大的不同（见下页"锻炼"）。英国国民医疗服务体系提供的关于健康生活的八点指导中的第六点就是"动起来，努力使体重达到健康水平"。英国体育和青年体育信托基金的负责人苏珊·坎贝尔男爵夫人（Baroness Susan Campbell）2013年1月在谢菲尔德演讲时，表示自己被统计数字所震惊：有20%的小学入学儿童超重。还有她所称的中学入学少儿的"身体无知"的情况，这些中学生仍然不会投球或接球、奔跑或跳跃。她认为，这种情况对培养未来的体育明星和国家卫生服务来说不是一个好兆头。我们的小学显然需要采取一种更符合进化规律论的教育方法；这意味着不仅要训练现代的心智，还要训练古代的身体。

锻炼

密苏里大学的詹姆斯·H. 奥基夫（James H. O'Keefe）教授和他的研究团队探索了狩猎采集者活动制度的要素，任何希望为符合进化规律的现代城市生活方式制定指导方针的人都应该考虑这些要素（O'Keefe et al., 2011）：下面总结了其中的一些关键问题。他们最后写成的报告包括了人类学家的研究，如金·希尔教授（Kim Hill），他曾与巴拉圭的阿切族（Aché）狩猎采集者和委内瑞拉的希维族（Hiwi）觅食者一起生活和工作。

- 人类在基因上更适应有固定活动的生活，而非长时间地久坐不动。步行、举重、俯身、爬山和搬运（木材、水、食物和儿童）都被证明是生存所必需。
- 在"正常的"狩猎采集人的一天里，需要完成的实际任务会因饥饿程度、季节、天气或地形等因素而有所不同。然而，一天的标准活动范围可能在每天3—10英里（1英里≈1.6千米）。必要的日常活动（平均）需要消耗 3000—5000 千焦的能量，这个数值可能比许多坐着的现代成年人的消耗量高出 5 倍（Cordain et al., 1998）。

- 考虑到日常生活的生理需求，狩猎采集者通常都很瘦，很少有肥胖问题：这减少了关节的创伤，并最大限度地减少了饮食诱发的炎症。但是，这种为行走、俯身、举重和负重而设计的身体需要定期进行这样的活动；如果不这样做，可能会导致骨质疏松、骨量减少或肌少症。

- 过去，大多数人走路和跑步都是赤脚在草地、泥地上进行。这种活动与在城市里穿着昂贵的特制跑鞋在混凝土上慢跑形成了鲜明的对比。最近的一些研究开始质疑现代这种在人造场地上运动能带来的整体健康益处，比如，一些弊端包括肌腱和脚韧带的缩短和僵硬、足底筋膜炎、踝关节扭伤、跟腱炎、腿筋撕裂和下腰痛（Bramble and Lieberman, 2004; Lieberman et al., 2009）。

- 此外，这些充满活力的活动主要在露天进行，而不是像今天经常在有空调的体育馆里进行。户外运动有助于保持皮肤中受紫外线刺激而产生维生素 D 的含量，好处多多，还可以改善心情。

- 社会互动和凝聚力是狩猎采集者日常生活的一部分：与狩猎和采集有关的定期任务通常以集体活动的形式进行。

- 在几乎所有的部落社会中，音乐、节奏和舞蹈都是（确实是）关键的组成要素，构成了活跃的群落庆祝和各种仪式的基础。

- 对于狩猎采集者来说，特别艰苦的一天之后可能会是相对安逸的一天，或者出现不宜活动过多的暴风雨天气。不管是不是强加的，休息日都很重要，这有助于身体恢复，为今后的工作做好准备。

- 与羊、牛、马等动物相比,狗、狼与人类共同进化的时间要长得多。半野生狼在被用来围捕羊群之前,可能已经帮助人们狩猎几千年了。遛狗是当代城市中常见的一种活动,不仅有益于我们的健康,而且有着悠久的传统。

对于狩猎采集群落来说,每天需要获得足够的食物、柴火、水等,这就需要流动、活跃的生活

嵌入生活方式的体育活动

医学研究一再表明,许多健康问题可能与城市文化中活动水平的下降直接相关,而城市文化与我们的身体进化所需的活动水平差异很大。北美进行的一个研究项目就试图回答现代人口比过去人口少动多少的问题。切入的角度很新颖。项目比较了4组8—13岁儿童的活动水平:一组来自萨斯喀彻温省城市的一所学校,另一组来自同一省的一个农村社区。与这些同时代的群组的研究结果相对比

的，是那些比萨斯喀彻温省学校的儿童更瘦、更强壮、肥胖现象更少的两组儿童。其中一组来自旧秩序门诺派学校，生活方式在过去60年中几乎没有改变。另一组来自一所旧秩序孟诺派学校，这是一个崇尚简约和"传统"价值观的农业社区，那里至今禁止拥有汽车、自行车、拖拉机和电话。换句话说，他们代表了一种大约100年前常见的生活方式。这项研究表明，现代生活方式似乎意味着明显较低水平的中等强度的体力活动。虽然这一不足可以通过额外的运动来弥补，但人们注意到，这其中主要的区别似乎是依赖农业及许多体力劳动维持的生活，本质上会给身体更多的活动机会。正是这些嵌入生活方式的身体活动，而不是慢跑、健身房或有组织的运动，提供了"健康生活"所需的锻炼水平（Esliger, 2010）。

主动进化图

图6.1 分支：这些猕猴和大多数中新世猿（我们的祖先）一样，大部分时间都在树上觅食

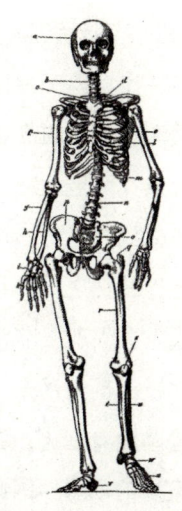

图6.2 走起来：注意人体腿部骨骼的长度和强度，这是为行走而设计的

活跃的生活方式并不仅仅是 19 世纪艰苦生活的产物。根据重要的 DNA 证据和进一步的考古研究，我们的人体如何以及何时以这种方式发展，还会有更清晰的描述。我们现在已知，人类的基因存量可以追溯到 700 万年前，与其他灵长类动物共享祖先血统。许多最早的灵长类动物一生中大部分时间都在爬树：在不断寻找食物，谋求安全的过程中，在树枝间摆动是前进的标准模式。现在人们认为，人类和黑猩猩的最后一个共同祖先在地面上仍然是用四条腿移动。然而，大约 400 万年前，我们的人类祖先就已经直立行走，坦桑尼亚的化石足迹证明了这一点。这是一项重要的进化或突变，表明我们现在是热爱地面的生物。这种新姿势伴随着这样的生理演变：头骨在脊柱顶部保持平衡，略有弯曲，而臀部变宽，腿变长，脚现在有拱形，大脚趾与脚的其余部分对齐（与拇指和手不同）。骨盆顶

部和胸腔底部之间也有间隙：这不是大肠（与粗糙的植物性饮食有关的器官）所在的区域，而是让身体保持直立所必需的腹肌所在的区域。因此，这些新的生物需要丰富的高蛋白饮食，例如包含肉类的饮食。换句话说，直立行走（两足动物）需要在骨骼、肌肉附着物和姿势方面进行重大的身体结构重组。这是人类身躯（而不是我们所有类人猿亲属）的决定性特征之一，且不是突然在一夜之间发生的变化。换句话说，现代人在生理上非常清楚地被设计成能够走路的结构，而不是整天在树枝上荡来荡去或坐在车里。由于这种设计在三四百万年的时间里基本没有变化，我们可以推断，行走或跑步是原始日常生活中必不可少的部分。因此，每天要在自己的领地范围内获取基本的食物和资源时，运动就成了在领地中穿梭的重要途径。

然而，最近的研究发现，狩猎采集者和更现代的人类之间存在一些令人不悦的骨骼差异。在蒂莫西·瑞安（Timothy Ryan）和科林·肖（Colin Shaw）进行的一项研究中，对来自4个不同人类群体（从流动觅食者，即狩猎采集者到定居的农人）的骨骼遗骸进行了相互比较，并与大约30种现存灵长类动物进行了比较。流动的狩猎采集者髋部关节的骨强度似乎与大小类似的非人类灵长类动物相当，但明显比农人强壮得多（Ryan and Shaw, 2014）。这些结果说明了我们骨骼结构的某些方面是如何与不同的活动水平直接相关的，进而说明了久坐的生活方式是如何降低我们的骨骼强度并增加骨折风险的。

由克里斯托弗·拉夫（Christopher Ruff）教授领导的研究小组在此基础上更进一步，研究了我们的活动水平何时以及为什么下降到了这样的程度，以至于影响了骨骼相对于我们的身体比例而言的强度,即骨骼活力。研究小组对从旧石器时代晚期(11000—33000年前)到20世纪的1842名北欧人的遗骸进行了检查,计算并绘制了上肢和下肢骨的相对强度图。这项工作确定了腿部胫骨和股骨弯曲强度最显著的下降发生在什么时候,之后人类骨骼逐渐呈现出我们现在所熟悉的更纤细的特征。最显著的变化发生在4000—7000年前,也就是我们现在所说的新石器时代,当时人们第一次采用了更固定的农业生活模式。群落这时候已经能在较小的领土范围内获取日常粮食,因此,除了显著的饮食变化外,活动水平也开始下降(Ruff et al., 2015)。

不仅植物被驯化,动物也被驯化:牛和羊现在可以圈养而不用捕猎,这是人类能量得到保存的另一种方式。同样重要的是,驯服和繁育马及其他动物,使其成为负重的牲畜。这减轻了我们祖先的负担,使他们能够以相对少的力气走得更远、更快。

新石器革命使领土权和社会政治组织发生了重大变化,而城市化的兴起使工作类型按性别和阶级划分,并使人们更易患上传染病。狩猎采集文化的许多基本面被取代,这些关键的文化和农业变革得到了进一步巩固和传播。这些变革的普遍影响如此之大,以至于我们的身体结构都被改变了:我们的骨骼活力已不同往日。

给我阳光

维生素D是我们健康的另一个进化决定因素。它对身体来说必不可少,提高了我们吸收钙、铁、镁、磷和锌的能力。不幸的是,很少有食物含有维生素D,因此让皮肤暴露在阳光下是获得这一关键益处的正常方式,对大多数哺乳动物来说都是如此。这是一个重要的因素,不仅仅是对那些想在健身房锻炼而不是在户外运动的人来说。在现代城市中,家庭处在没有外部空间的公寓里,成人害怕儿童在户外受伤害或者得癌症,不许他们在户外玩耍,饮食制度不完善的地方就会有维生素 D 缺乏的问题。这并不是小事,可能会导致儿童的骨软化症或佝偻病等。此外,一项针对 7000 多名英国成年人的研究表明,冬季和春季的维生素 D 水平低得令人震惊,这种情况需要在全国范围内解决,而不是个人层面解决。也许更令人担忧的是,在西方城市化人口中,孕妇被认为是一个高风险群体,严重缺乏临床维生素 D 可能会威胁新生儿的生命,也可能对存活下来的后代产生重要的健康方面的长远影响(Shipönen and Power, 2007)。不管我们变得多么城市化,我们未开化的基因仍然期望我们能在户外的广阔天地过上更有活力的生活。

锻炼大脑

久坐不仅对身体有害,对大脑也有害,因为这剥夺了大脑改善神经可塑性和神经发生的能力——运动有助于大脑生长。有一项研究比较了 1950—1976 年在瑞典服兵役的 120 万青年的肌力、心血管健康状况和智商状况。对他们评价打分,分别在其 15 岁和 18 岁时进行排名,随后追踪调查,直到他们成年。有趣的是,这组数据包括 27 万对兄弟和 1300 对同卵双胞胎。研究表明,帮助更好地预测认知能力和智商的因素不是人们可能想到的家庭关系,而是心血管健康状况(Ratey and Manning, 2014, 109—110)。

詹姆斯·布卢门塔尔(James Blumenthal)1999 年在杜克大学进行的开创性实验显示,锻炼不仅能提升精神敏锐度,还能促进心理健康。他的研究涉及三组因焦虑或抑郁而接受治疗的患者：第一组服用抗抑郁药物；第二组开始有规律地锻炼；第三组同时尝试这两种做法。10 个月后，第二组仍在运动的人的情况明显好于第一组只吃片剂的人（Blumenthal et al., 1999）。

去睡觉，也许要做梦

除去活动的时间，我们都需要睡眠来休养，以使身体自我修复和重建。大脑还需要足够的休息时间来处理前一天吸收的信息。在古代，这属于自然循环，是昼夜节律的一部分，直到电灯和全天候不间断运转的城市出现。我们知道睡眠有两个基本阶段：第一个阶段是快速眼动睡眠（REM）；第二个阶段是非 REM 睡眠的更深阶段。以下是与睡眠进化决定因素相关的研究摘要，主要参考了约翰·拉蒂（John Ratey）和理查德·曼宁（Richard Manning）的著作《发狂》（*Go Wild*）（Ratey and Manning, 2014, 125—150）中的启发性章节。他们描述了狩猎采集者过去如何在野外、集体或家中睡觉。为了保护自己不受夜间捕食者的伤害，必须得有人保持清醒，或者必须有一个睡得很浅的人。碰巧的是，不同的年龄组有不同的睡眠模式，这在世界各地的文明中是相同的。成年人不同于青少年（睡得更晚，睡得更久），不同于那些在晚上睡眠时间更短的老年人，也不同于那些随时会醒来的婴儿。因此，在一个由 35 人组成的"正常"混合部落中，自然会有人执行哨兵任务，而不需要正式轮岗。集体睡眠是合理的，有助于保证安全（从而促进最深最有效的睡眠），直到至少一部分警卫职责可以由狗来负担。现代流行病学表明，已婚或养宠物的人比独自生活的人活得更长：是因为伴侣关系，还是因为一起睡觉时睡眠质量会提高（Ratey and Manning, 2014, 140—145）？军事行动迫使士兵在标准的朝九晚五之外的时间工作，美国军方对睡眠不足的情况进行了详细研究。睡眠不足可导致人体渴求高密度碳水化合物和糖，比如无处不在的士力架。平民世界也是如此，睡眠不足的学生由于吃得更多而更重，因为身体的"正常"睡眠恢复周期被打乱了。不幸的是，这也影响到我们执行哪怕简单的任务、回忆事实和解决问题的能力。睡个好觉的人最终会证明自己的价值，而那些自我放任，每晚只睡四小时，想靠过度摄入咖啡因硬撑的人则不能如愿（Ratey and Manning, 2014, 128—131）。

但是，对于缺乏睡眠的人来说，还有一个更糟糕的潜在问题。一项关于回忆的研究极其生动地说明了这一点。调查对象被分为两组，一组睡眠不足，另一组睡眠充足，给两组人展示分别体现正面、负面和中性情感的图片，然后要求他们回忆这些图片。第一组人在回忆除负面图片之外的图片时都有很大困难，这种情况显然与抑郁有关。另一项同样具有启发性的研究是对有睡眠呼吸暂停（一种阻碍睡眠的呼吸困难的问题）的临床抑郁症患者进行的。一旦呼吸问题被药物成功治愈，患者恢复自然正常的睡眠，抑郁症就会立即痊愈（Ratey and Manning, 2014, 131）。具有讽刺意味的是，所有这些研究都证明，决定你身体健康的另一个进化因素是每晚睡8个小时。

第七章　少坐的生活

千里之行，始于足下。

——老子（生卒年不详）

有活力的生活

精力充沛的远古祖先可能会在正常的一天里消耗 3000—5000 千焦的能量，我们仅仅想一想，都会感到精疲力竭。许多现代城市居民一天的活动消耗量很少超过这一数字（Cordain et al., 1998），当然，去超市的平均行程也消耗不了这么多。正是低水平的活动和不良的饮食选择导致长期健康状况不佳。电视、汽车和个人电脑等发明，都促成了城市人口肥胖率不可阻挡的上升。但这些因素都不是直接原因：问题在于围绕这些因素的文化，以及我们如何使用或过度使用了这些工具。更进一步说：建立起一种进化上协调一致，但能轻易融入久坐不动的城市生活方式的活动机制能有多难？

现在看来至少有三种方法可以应对这一挑战。第一种方法是根据需要消耗多少千焦的能量，需要步行或跑多少英里，以及应完成多少小时的持续有氧运动和耐力训练以达到所需的健身水平这一标准来制定每日或每周的锻炼方案。换句话说，即如何在你的日常生活中加入人为的活动，来抵消和纠正目前久坐生活的负面影响。第二种方法是改变久坐不动的生活方式，将更多的体育活动融入你的日常生活中。例如，将上班或上学的全部或部分路程改为步行，将运动变为日常活动的正常和必要部分，而不仅仅是在跑步机上测量的数值。第三种方法是前两种方法的折中：尽量在日常生活中加入或增加更多活动（例如，不要乘坐电梯），并要敏锐地意识到差距，以便在需要时进行人工锻炼加以补充。当然，不应该忘记的是，活动和营养是密切相关的：摄入的食物的类型和数量将直接决定你所能支配的能量。你是谁取决于你做了什么，而你的行为取决于你吃了什么。

无论你选择了哪种锻炼方式，都必须规律进行。每天步行是理想的选择，骑自行车、游泳、举重、伸展、屈身、爬楼梯也可以，不用去健身房就能享受各种日常锻炼。与流行观点相反，持续慢跑、马拉松或以健身房为基础的力量训练对大多数普通人的长期健康不太有利，因为这种剧烈的运动水平不易维持，所以更适合用来训练专业运动员。本质上，这番讨论取决于你有多实用主义（或多临床），以及你是否希望建立起基于你的生理习性的 21 世纪生活方式，或者你是否觉得可以用额外活动来补充现代生活的不足，如同可以用维生素丸补充饮食的不足。举一个极端的例子：如果想消耗掉 837 千焦的能量，你可以在跑步机上跑 15 分钟，也可以花半个小时进行激烈的性活动，将你的心率提高到每分钟 120 次以上，血压上升到 200mmHg（O'Keefe et al., 477—478）。两者都是符合进化规律的"健身"方式：一种可以说是人为活动，另一种可以说是正常活动，但都奏效。

关于益处

> Sustrans 是一家英国慈善机构，致力于推广骑自行车和步行等可持续交通方式。它的传单"为什么要步行？走向快乐、健康的生活方式"（2009）列出了步行的好处，包括：
> - 对成年人，一周五天，每天步行 30 分钟，可以极大地降低患心脏病、糖尿病和一些癌症的风险。
> - 步行可以降低胆固醇，降低高血压，提升幸福感。

- 步行和慢跑消耗的热量一样多。
- 与跑步不同，步行对人体冲击力小，不会压迫膝盖。
- 步行免费。
- 步行而不开车对环境有好处，因为不使用汽车可以减少二氧化碳排放，减轻城市空气污染，同时使街道更加安静、安全。

伦敦，提升成本效益

降低成本可能成为促进主动通勤（即步行上班或上学）的主要因素。伦敦人用智能卡（称为牡蛎卡）支付地铁和公共汽车费。这些卡需要先充值，日卡、周卡或月卡的费率不同，价格也根据通勤距离而有所不同。目前的收费方式是，每天乘公共交通工具的次数越多，每次行程的费用就越低。因此，步行通勤没有直接的成本激励。为那些少乘公共汽车或地铁而多步行的人提供每周或每月优惠，这能成为一种解决方式吗？

每天锻炼还是每天苦行？

"规律锻炼"和"嵌入生活方式的运动"这两个术语需要与导致重复劳损的行为区分开来。在久远的过去，日常生活涉及各种各样的不同行为，而不是一次次重复单一的行为。随着农业规模化和之后的城镇发展，后一种行为模式变得越来越普遍：这些居住区越来越依赖于手工艺和贸易的专业化，以及与之相关的、往往令人麻木的重复活动。我们的注意力只能集中几秒钟到 20 分钟左右，这有充分的进化上的原因：任何生活在野外的生物都不能过度专注于任务，这会让它们注意不到潜在的尾随而来的危险。我们没有失去这种基本的心理防御机制，我们的身体结构也没有适应非自然的活动模式：在现代城市社会，大约 30% 的工人受到重复劳损的影响，包括手臂、肩部和颈部。例如，在美国支付给工人的所有赔偿中，约有三分之一是对此类伤害的赔偿（RSI Therapy 2005）。这种情况可能与许多需要重复用力、机械压缩或以不舒服的体态持续工作的任务有关，例如用高度令人不适的键盘长时间工作。即使是最健康的运动员也可能会患上高尔夫球肘（内侧上髁炎）或网球肘（外侧上髁炎），以及其他由于对肌肉骨骼和神经系统的过度重复使用而导致的疾病。日常活动就像饮食一样，应该多样化而不是单一化；它应该锻炼、加强你的身体结构，而非改变它（Bowman, 2015）。现在我们已经清楚地知道为什么需要每天锻炼我们旧石器时代的身体了。在自然或被绿化的环境中呼吸新鲜空气，进行身体活动是正常的、符合进化规律的生活方式的重要组成部分。显然，我们的运动还不够，但如何才能从整体上改善城市人口的行为？这只是一种个人选择吗？还是需要更深层次的文化变革？国家可以做些什么来促进更多的体育活动？由此，我们再把问题提升到另一个层次：如何重新规划建筑物，甚至是整个城镇，以更好地适应我们的生理习性？这些是本章将讨论的问题。

人类运动

图 7.1 慢生活？人类的身体并不是为长时间静止而设计的

作为持续促进和提高活动水平的方案的一部分，英国公共卫生组织发布了一系列指导方针（NICE，2008a，2008b，2009，2010，2012）。这些报告还详细说明了如何将步行和骑自行车等日常活动更好地纳入城市环境（Phe and LGA，2013；TFL，2014）。这需要的不仅仅是重写埃比尼泽·霍华德爵士在汽车统治之前的时代汇编的关于花园城市的论文（Howard，1902），因为今天的定居点在规模、功能和人口密度上都与以往有着很大的不同。不只是糟糕的饮食选择会导致长期健康状况不佳，大多数人也需要减少久坐的情况。很明显，我们的公共交通系统、建筑、街道和城市景观的设计可以极大地帮助我们实现这一目标，并使我们回到旧石器时代生理机制所预设的日常锻炼水平。步行或骑自行车往返学校，或者至少每天在上班往返的部分路程中这样做，是一个简单的解决办法，既能减轻体重，减少健康问题，又能显著改善心理状况（Martin et al., 2014）。如果全市范围内普遍采用这一方案，还将减少车旅费、交通拥挤、空气污染、二氧化碳和柴油排放、噪声程度和道路交通事故。

改变行为：重新使用脚

从表面上看，官方的指导似乎足够直接：如果每天都相对多动一点，至少步行 1—2 英里（不到 1 小时），你就会更长寿，更健康，NHS（英国国家医疗服务体系）和整个社会的负担也会更轻。但是当然，生活从来都不是那么简单的。2008—2011 年有一项名为"了解步行和骑自行车"的研究，目的是调查在城市的短途行程，即那些步行（或骑自行车）最适合的行程中，影响日常出行方式选择的因素。通过整理提出的负面问题，研究小组认为有可能找到解决或克服这些问题的方法和途径，然后实地执行适当的政策（Poole, 2012）。

这项详细的调查在兰开斯特、利兹、莱斯特和伍斯特这四个英国城市进行，以访谈为基础，并对 1417 份回复进行了分析。目的是调查那些声称愿意选择活动性更强的出行方式的人为什么不这样做的原因。三种问题似乎最常见：第一种是对外部环境的关注，特别是担心交通拥挤。第二种问题集中出现在带着孩子的人身上，他们认为很难将步行或骑自行车纳入复杂的家庭生活，同时还要兼顾带着（困倦的）儿童、此类行程所需的随身物品以及父母对安全的担忧。对许多人来说，开车似乎是更简单、更容易的选择。第三种问题也许最有趣，并且很可能是前两个合理化结论的基础。对许多人来说，在开车更常见和方便的文化中，步行和骑自行车在某种程度上是不正常的。换句话说，如果你所有的邻居都开车送孩子上学，你为什么要成为唯一一个与众不同地选择走路的人呢？

鸡和蛋的问题又来了：很明显，如果更多的人步行或骑自行车，那么步行或骑自行车的人会越来越多。事实上，情况似乎确实如此，在运动越来越被视为正常的地区，其他人也会跟着效仿。那么，如何能建立起这种循环？科林·普尔（Colin Poole）的报告提出了七项建议，以应对促进人们行为改变所面临的挑战。其中有几项涉及城市规划问题，例如建立安全的自行车道，优化人行道，居民区限速每小时20英里。有一项建议是发展更多的社区购物中心（而不是需要开车才能到达的郊区超级商场），并在城镇中心提供安全的自行车停放设施，在大多数家庭居住区提供自行车停放地。还有实行更广泛的社会和经济变革的讨论，如采用更适合家庭生活的工作时制等，使人们能够灵活选择活动量更大的出行方式。

但最后一项建议涉及调查本身提出的第三个问题：有必要通过宣传活动改变步行和骑自行车的形象，使其成为所有人都可以接受的正常便捷的活动（即不仅仅是对健身狂热者而言）。重新使用脚，不仅仅需要行为上的改变，还需要文化上的改变，尽管上文概述的一些措施可以帮助解决部分问题。

普尔的研究还建议同步举办一些活动，鼓励更多的人步行。事实上，已经有一些这样的活动（NICE，2006），其中有些旨在鼓励孩子步行上学（或者更确切地说，是为了说服父母不要再开车送他们的孩子）（NICE，2009）。当然，推广积极生活方式的一个更有效的方法是，一开始就将步行作为一种正常活动的概念嵌入儿童生活中。慈善组织"生活街道"（Living Street）就致力于让孩子、家长和老师信服步行是好事。英国国家统计局 2009 年和 2010 年社会趋势部分的数据显示，2009 年只有 50% 的小学生走着上学，低于 1991 年的 62%，因此这一趋势需要得到遏制和扭转。根据生活街道网站的数据，他们的"走着上学"（Walk To School）项目已影响了 1300 万人，因此被视为英国最大的年轻人行为改变项目之一。该小组已经在 75 万名儿童和 2000 所学校间开展工作，还有成千上万的人参加了其他活动，如 2013 年的"全国学校步行周"。

这些活动也会解决一些特别的安全问题，以保证活动的顺利开展。事实上，大多数 7—10 岁的步行儿童都有父母陪伴，他们特别担心孩子遇到攻击、骚扰和交通事故。因此，"生活街道"针对这些问题开展宣传活动，比如人行道停车问题（汽车开到通常比较狭窄的人行道上，迫使孩子和推着儿童车的父母走上马路），增加路口行人通行的时间，为指挥交通的人（那些忠实地在学校外管控过街情况的团队）提供资金支持，以及推进住宅道路（尤其是学校周围的居民道路）每小时 20 英里的限速规定。所有这些问题如果得到解决，将有助于消除成年人认为儿童步行上学不安全的担心。除了花园、绿化、交通减速措施以外，很明显，与父母同行的孩子对附近地区及其居住者的熟悉程度，也可能是影响家长是否允许儿童步行上学的因素。

除了安全，还有对距离的担忧：在伦敦，由于学区分布紧密，大多数儿童都住在离公立学校合理的步行距离内，但其他地方并不总是这样。例如，北美进行的一项研究就凸显了这样的问题：过去 40 年中，许多老旧的、较小的"社区"学校被关闭，现在只有五分之一的学生住在离学校 1.6 公里以内的地方（Gilliland et al., 2012）。要在这里推广步行上学，不仅需要绿化街道，还需要规划和建造步行可及的学校及其附近的基础设施,以保证运动的合理和安全。

改变街道

为了进一步鼓励城市居民选择活动量更大的通勤方式等重大文化变革,需要对城市景观进行扎实的改造。人们会更喜欢在宽阔的人行道、行人专用区和精心设计的共享空间的市中心步行,或者在夜间有良好的街灯和监控设施的公园、安静或经过绿化的后街上行走。通过购物中心的道路应该有交通减速措施,或每小时20英里的限速。许多城市目前正在打造自行车专用系统(包括自行车架、标识和主要道路交叉点),并已开始将这一做法向行人推广。威尔士的加的夫正在实施"步行街区计划",在当地建立起涵盖通向主要目的地的街道和公园的步行系统,以积极鼓励步行者,这是为2013年《活跃旅行(威尔士)法》而制订的更广大的计划中的一部分(Welsh Government, 2016)。这个项目相关指南发布的同一年,露西·桑德斯(Lucy Saunders)及其团队发布了令人印象深刻的《伦敦交通行动计划》(TFL, 2014)。

汽车及其释放的尾气会对行人产生确确实实的危害。在哥伦比亚波哥大启动,并广泛发展到其他城市的"自行车道"计划证实了这一点。每个星期天,许多主要街道不对车辆开放,而让位于步行,这是一种总的来说令人相当愉快的城市体验。由此可知,宽阔的人行道与经过减速的(或排除机动车的)交通状况相结合的建筑规划,可以有力驱动人们重拾步行。巴黎5公里长的绿茵长廊(Promenade Plantée)是比较彻底的行人专用区项目之一,该项目将废弃的樊尚高架铁路线改造为绿树成荫的公园道路，部分路线中，前高架桥的拱门下开设了艺术品和手工艺品商店。这个项目于 1993 年完工，并带动了其他几个类似的城市项目的实施，例如亚特兰大环线（Atlanta Belt Line，位于美国佐治亚州），一条顺着废弃铁路延伸的 33 英里长的多用途道路，现在将 45 个街区与 1300 英亩（1 英亩 ≈ 0.004 平方千米）公共绿地连接起来。也许最著名的例子是纽约的高线公园：废弃的中央铁路改造工程始于 2006 年，分阶段进行直到 2014 年完工，高架路从西 14 街一直延伸到 30 街。

在英国，规划当局现在的责任不再仅限于监管和控制土地使用活动，而成为"规划者和塑造者"（Phe and LGA, 2013, 2）。设计街道需要想法、与有关社区的互动，以及规划和资源。依据所谓的第 106 项协议（即 1990 年《城镇和乡村规划法》中有关章节的条款），其中一些资金可以（而且确实）来自主要城市用地的开发商。只有提供了自行车道、绿地或其他可纳入更广泛的城市网的公共设施时，开发商才可获得再开发的规划许可证。

改变街道的另一种手段是相对较新的社区基础设施税（CIL）。这是一种发展税，其目的是为基础设施建设提供资金，依据是与建筑项目规模有关的固定收费计划表。这项征款的用途和影响尚未得到证实，但可以用来帮助提高主要路线对行人的吸引力。2010 年颁布的《平等法》要求公共当局做出合理调整，以方便因行动、视力或听力障碍受到限制的人。这些措施包括拆除杂乱的公共设施（例如在不适当的地方设置的护栏、垃圾箱、护柱、带轮垃圾箱），以及重新设计或更好地设置行人通道。2011 年《地方主义法》规定了居民社区和地方企业可通过社区论坛或教区委员会，合作提出改进建议的新权利。2012 年的《公共服务（社会价值）法》最晚颁布，但很重要，它责成公共机构思考，例如实施工程将如何改善有关社区的经济、社会和环境福利。综上所述，已经存在有效的立法和规划框架来支持我们以符合进化规律的方式改善街道景观，使街道更环保，更适合展开社交和活动。如果还有社区希望周围的环境变得更好，那么现在就可以开始行动了。

回到健身房？

作者：马特·莫利，Biofit 健身公司创始人

任何试图定义符合进化规律的健身方法的尝试，都会受到以下事实的影响：我们今天所认为的"身体健康"是一个现代固有的概念。在过去250万年的大部分时间里，求得生存才是最重要的。狩猎、采集、捕捞和自我保护所需的日常活动，加上应有的休息时间，并不是一种可选的生活方式，而是生活本身的核心。从这个角度看，事先计划好做几组、几次，而且被当成消遣的运动，需要得到重新认识——这是文明赐予我们的奢侈品。从另一方面来说，健康要符合进化规律，就需要避免重复活动——运动的多样性是关键。进化也会奖励重复练习：一旦你找到了如何用石头击中移动目标或保护自己不受攻击的方法，只有不断练习这一种方法才可以让你做得更好。玩耍是进化的内在机制，鼓励人在休息时间进行练习，例如，战斗型游戏是孩子们熟悉这种必要的强大生活技能的途径之一。

与其将自己局限于特定的锻炼时间，我们更应该去寻找一些方

法，将有规律的、低强度的运动融入我们的日常生活中，比如散步、骑自行车、园艺或和宠物玩耍。这是一条基准线。大部分这样的活动发生在户外，为我们额外提供了重新亲近自然的机会，在这个过程中，人们的灵魂得到滋养，头脑得以平静下来。赤脚走路会进一步增强这种效果，唤醒脚部对脚下的土地的起伏和纹理的感受。

今天的大多数健身注重形式超过功能，注重肌肉超过运动。通过各种运动，不只是步行，还有爬行和悬挂，我们迫使身体摆出现在不熟悉的姿势。而功能性力量训练最好通过针对性的复合多关节运动进行，例如将身体从地面上撑起，将自己拉升到某物的顶部，以蹲或屈身的姿势抬起重物，然后将其移动到一个新的位置。

"要么战斗，要么逃跑"（fight or flight）的想法也把我们带向了另外两个方向。战斗技能在最初的运动中是一个经常被忽视的要素，但保护自己和部落不受攻击的能力在我们祖先的生存中所起到的作用比我们所想的要大得多。对于今天的一些人来说，这可能会让他们感到不舒服，但是世界各地的武术爱好者们每次踏上武馆的垫子时，都会感受到这种与生俱来的斗志。如前所述，战斗力较轻的版本是游戏，这是一种基本被低估的成人活动，能帮助我们发展新的神经通路，锻炼反应能力和手眼协调能力。玩游戏往往还需要一个伙伴，因此提供了很多互动、轻微的身体接触和玩乐的机会。

然而，"跑"对我们大多数人来说具有更多的日常意义。一定程度的心血管能力、力量和移动性是所有现实世界健康的基石。"逃跑"在现实中相当于极端冲刺跑，需要少休息多练习，而另一种则是移动范围更广的长跑。两者都有优点，都在一个完整的符合进化规律的训练体系中占有一席之地。

最后,在现代西方生活方式的相当大的限制下,真正的挑战是找到移动、抬起、短跑、爬行、攀爬和玩耍、战斗的机会。因此,重新学习如何按照自然规律运动,需要同时努力清除手腕、肩膀、臀部和脚踝由于活动太少和成年生活中坐得太多而积累的紧迫感。可以说,一个包含户外活动和专用健身空间在内的制度可能是必需的。当然,这个过程的实现不会很快,但从进化的角度来看,我们有足够的时间来解决。

改造建筑

打造一个鼓励和促进运动和其他活动的城镇,不仅仅包括外部空间、街景和公共领域的规划,还包括工作场所的内部设计。现在有明确的证据表明,久坐不动的办公室生活与增加的健康风险有关。60多年前一项关于31000名久坐的公共汽车司机和活跃的售票员的健康比较的开创性研究清楚地表明了这一点(Morris et al., 1953a, 1953b)。两组员工都在同一家公司工作,来自同一个社会阶层。研究表明,司机不仅有更高的冠心病发病率,而且更令人担忧的是,他们因此而死亡的可能性是售票员的两倍。

后来进行的许多针对久坐不动的司机的其他研究也都强调了久坐的危险。荷兰的一项研究表明,公共汽车司机患肌肉骨骼类疾病致残的可能性是公务员的四倍(Kompier et al., 1990)。瑞典的一项研究表明,在近7000名男性中,与其他30种职业相比,公共汽车和出租车司机患冠心病的比例最高（Rosengren et al., 1991）。中国台湾地区的情况也好不到哪里去，一项对 2000 多名男性的调查显示，司机患肥胖、高胆固醇血症、高甘油三酯血症和早期心脏病的概率高于作为对照组的熟练工人（Wang and Lin, 2001）。从这样一份清单中可以清楚看出，每天长时间坐着工作的人患冠心病的风险非常高。

但司机并不是唯一需要久坐不动的工作。最近的一份出版物报告了坐着工作的职业对 1 万多名来自英国和苏格兰健康调查组的男女健康的影响（Stamatakis et al., 2013）。参与者在工作期间被分为站立、步行或坐着，并根据年龄、健康状况、饮酒和吸烟水平、社会阶层和教育背景等一系列属性对结果进行监测。这项研究持续的 12 年期间，有 754 例死亡。对结果的统计分析表明，与从事站立或步行类工作的女性相比，坐着工作的女性死于各种原因和癌症的风险更高。

在更适于活动的建筑中，越来越常见的设计包括鼓励用楼梯而不是电梯上下，以及引入立式办公桌，但是采用这种姿势办公的人也不能一直静止不动，而要不时活动。其他设计有设置公共打印设施，而不是在个人计算机旁边安装单独的打印机（这样，每次打印文件时，工作人员都要步行），并且在不同楼层设置公共空间、饮水器和厕所，帮助办公室维持活动量。通过引入"低脂"办公室，大楼本身的设计可以变得更有"活力"。例如，建筑物是否有足够的自行车架、淋浴和储物柜以鼓励活动量更大的出行方式？不仅仅是架构和布局，工作模式也可以重新设计（至少是调整），以激励或迫使员工在工作日期间变得"足够活跃"。

设计学校时，在教室的大小和形式、室内空间与室外空间的关系、上课时间、体育活动设施以及学生每天"充分活跃"的时间等方面，也可以采取类似的做法。例如，对 7 所英国学校的 34 个教室的 751 名儿童的研究，表明教室设计本身可以对小学生的学习效率产生非常重要的影响（Barrett et al., 2013）。

公园散步

要培养积极的、符合进化规律的城市生活方式，需要个人和文化的改变，所有这些都有来自其自身的挑战。但与此同时，一切都会从艰难的建筑改革中受益：城市规划政策应将人的运动置于核心，并在人行道、自行车专用路线设计和加强街道连通性、公共交通政策的一致性等方面得到体现。住宅、公共和办公建筑的设计（或重新设计）应满足这些需求，医院、学校也应如此。如果城市环境是适合展开积极生活的，那么积极的文化变革会更易展开和推进。

人们现在对体育活动促进总体健康的好处有了更好的理解，同时也有越来越多的证据表明，积极活动也会对心理健康产生积极影响。伦敦大学学院的一项长期研究追踪了 1.1 万名出生于 1958 年的人，并记录了他们在 23 岁、33 岁、42 岁和 50 岁时与抑郁症状有关的活动水平。这项由伦敦大学学院儿童健康研究所的斯讷哈尔·平托·佩雷拉（Snehal Pinto Pereira）博士领导的研究表明，那些每周至少锻炼三次的人患抑郁症的可能性要低 16%。此外，似乎锻炼得越多，患病风险就越低（Pinto Pereira et al., 2014）。

总之，过一种正常的、积极的生活对身体和精神都有好处（Biddle and Ekkekakis, 2005）。但我们真正需要传达的健康信息是消极的，即过一种不积极的生活可能是致命的。我们身处现代城市的身体仍然需要一种类似于未开化的狩猎采集者那样强度的日常锻炼。伦敦交通部的一项有影响力的研究计算出，如果伦敦人选择不采取每周最少进行 150 分钟的体育活动这一符合进化规律的制度，可能会使过早死亡的人数增加 4104 人，冠心病增加 1528 例，乳腺癌增加 778 例，结直肠癌增加 474 例，2 型糖尿病增加 44620 例（TFL，2014，75）。不只是狗需要每天都遛，人也是。

第八章　消失的部落

他是一个野蛮人,并认为他的部落和岛上的习俗就是自然规律。

——萧伯纳(1856—1950)

社会性生物

检视了我们未开化的身体之后——我们应该吃什么，以及我们应该做些什么来使我们的现代营养和活动制度正常化——接下来处理新的挑战。不仅是我们古老的生理元素仍然坚定地停留在旧石器时代，还有我们的思维模式，由此产生的许多心理和社会问题也影响到了我们现在的生活。在本章中，我们将思考从过去的旧石器时代传承而来的我们与生俱来的、本能的和情绪化的社会反应。很容易看出，千百年来，维持家庭的各个方面可能变化不大——还能变成怎样呢？同时，我们也保留了狩猎采集者时代的很多观点和必须采取的措施和对策，尽管它们在城市生活中都发生了进化或改变。古老的狩猎采集者的部落组织、社会结构和日常生存策略仍然支撑着我们大部分的城市生活，因为狩猎采集组织正进化为一个充斥着足球和购物的现代世界。不过首先，来考察一下我们未开化的社会化大脑。人类是社会性生物，长期习惯于部落生活。事实上，许多其他生物也有这样的意识：例如，成群的鸟类、鲸、牛羚和狼。甚至有人认为，这种社会性的根源可以追溯到生命的起源。在2000年出版的《全球大脑》（*Global Brain*）一书中，古心理学教授霍华德·布鲁姆（Howard Bloom）认为，35亿年前，细菌——所有生物的早期祖先——可以组成7万亿以上的群体，而5亿年前三叶虫的化石遗骸往往是成群结队出现的。多数可能意味着安全。

我们的社会关系和相互作用与我们的健康一样，都是基于进化的需求。我们祖先生活和工作的社会单元是家族或家庭（由父母、孩子、祖父母组成）、工作团体（狩猎或觅食团体）和较大的团体部落。所有这些都与能获得粮食、水和其他资源的领地有直接联系。

即便如此,人们也可以在群体和部落之间流动,而领土的边界则是通过习俗、便利性或强制确定的。

跟随领袖

图8.1 天生的领导者:在生死攸关的斗争中,这样的人物曾经必不可少;在和平时期,这种需要仍然存在,但在现代社会,这种需要常常淹没在对名人的迷恋之中

正如威廉·华兹华斯(1770—1850)在他的颂歌《永生》(*Intimations of Immortality*)中所说的那样,孩子们模仿他们看到和听到的东西,并在此过程中学到了很多,仿佛他们的"所有的天职就是无止境地模仿"。部落通过觅食和狩猎在普遍不利的环境中生存下来,这样的复杂过程不可能一蹴而就——每一天,每一种新情况都提供了新的经验教训。观察他人,从他们的错误和成功中学习,对成年人和儿童来说都是至关重要的。因此,我们需要教师,

需要榜样，需要领导者，至少在学生们准备好自己出去单干之前是这样的。尽管我们有了阅读、推理和获取全世界所有信息的新能力，但我们并没有丧失对领导者的需要——在现代城市中，这种需要表现为多种形式。对名人的崇拜，对电影明星、体育明星和流行歌星的崇拜，或多或少是对这一需求的无害性改造，随之而来的还有表达忠诚的徽章，以及对时尚、发型和行为的无休止的模仿。此外，我们需要领导者，还可能是因为同辈压力，也就是服从部落现行惯例的那种内心需求。但这不仅仅是一种最真诚的奉承，而是因为人多会有优势。从人群中脱颖而出并不总是一件好事，因为落单的人往往容易受到捕食者的攻击。类似的需要存在于小学里的孩子中、对时尚或小玩意儿敏感的青少年中，或者拥有房屋、汽车、家庭的中产阶级中，以及拥有游艇的上层阶级中。如果你在一个部落中，你必须被人们认可是部落的一部分，所以当羊群继续前行时，你不能落在后面。跟上大家是我们与生俱来的生存策略的一部分。但如果你无法跟上一个现代化的大城市的节奏，你可以随时换到其他部落。

当然，领导者的角色，即父亲或母亲的角色也很重要，他们的话就是法律：凭借自己的经验和与生俱来的保护后代的欲望，他们知道什么对你最好，至少在理论上是这样的。在家庭或部落背景下，这样做的目的和作用是明确的。值得注意的是，在一个社会更加复杂的城市或国家，我们仍然需要处于部落金字塔顶端的唯一决策者，尽管他们和平民之间还存在许多委员会和理事会。他可能是一位宪政君主、一位有限期的总统、一位民主选举产生的官员、一位得到民众拥护的领导人或一位神秘的权力掮客，但总要有一个人来领导这个部落——这是一个进化的决定因素。"领导者"的负责任程度是一个政治决定因素。在复杂的社会中，从理论上讲，分级管理的结构可以提供清晰有效的指挥链以完成任务，但它是否应该成为整个城市社会的默认机制呢？

兄弟帮

在人类进化的最初几百万年里，狩猎是古代群落的一个关键组成部分，我们仍然保留着支撑这类活动的必要的生理和心理属性、驱动力。这样的捕猎队通常（但不一定）由男性构成，他们准备依仗人多力量大，灵活对抗不可预测的生物，抵消对手可能拥有的优势。这种经常性的、要求严格的实践需要耐心、知识、力量、敏捷和快速的决策，更不能忘记团队合作。这可能是一种高风险、高能量、高肾上腺素的运动，有了经验，不论是个人危险还是为社群成功获取资源的风险，都可以降到最低。

人口越多，就需要争夺更多的领土和资源。被压抑的猎人内心的不甘可能会被用于发展军事团体。这种过程可见于以下例子。南美洲的雅诺马马人越来越依赖大蕉种植而非狩猎，于是这些男子发展起了对周边进行侵略的等级文化，结果是，和平时期和友好关系退化为赤裸裸的敌意。追踪和猎杀动物的天赋由此被用来对付人类同胞，以了结宿怨，掳掠女性（Chagnon, 1997, 185—206）。

也很容易看出，随着畜牧业和定居农耕的逐步发展，非动物食品产量随之增加，狩猎（作为一种基本生存战略）的需求逐渐减少。如果你已经在你的村庄附近聚集了大量的羊群或牛群，那么安排漫长而艰苦的狩猎远征似乎没有什么意义。但是，当人们不再需要打猎时，内心动力和欲望并没有完全消失。显然，如果他们的领土上出现任何不受欢迎的入侵者，这些猎人将成为理想的战士。事实上，随着古代社会发展，群落扩张为城镇，这些曾经的猎人将注意力从野生动物转移到不被欢迎的邻居，成了战士。为了保护不断发展的城市，继而保护不断扩大的国家，这些战士成了常备军。

城市化、奴隶和士兵

像城市这样的大型永久定居点似乎与狩猎采集者的世界背道而驰。城市化起源的考古学证据可以追溯到新石器时代，这一时期与农业和畜牧业的发展（所谓的农业革命）相关联，标志着更古老和流动性更大的觅食制度的灭亡。如第 3 章所述，这一进程在不同的时期、不同的大陆上独立发展。现在，通过利用这些新的更加密集的种植和畜牧法，从范围相对较小的土地收获的粮食可以养活更多的人口。然而，新的农业方法所要求的固定田地必须加以界定和捍卫，新群落所依赖的驯化的羊群和畜群也是如此。土地不再是一片开阔的景观，而变成了可供拥有的对象。拥有土地的人不愿与人共享，因为他们的生活完全依赖于此。对土地的高效利用促进了核心聚落的壮大，随着人口增长，人们需要更多的空间用于粮食生产，而不是发展杂乱的农场和村庄。

因此，在不知不觉中，城市活力的基础是在大约一万年前奠定的，这是一个漫长的过程，社会的一部分人参与了粮食的集中生产，产生的盈余养活了不需要耕种土地的其他人。而那些不需要自己生产粮食的人通过其他形式，比如成为工匠或商人，为群落做出贡献。

奴隶制：人类的驯化

图 8.2 人类的驯化：在文明史上，被俘的人们常常被当作奴隶或廉价劳动力

早在 1950 年，戈登·柴尔德（Gordon Childe）教授就考察了这类早期城镇可能拥有的 10 个特点，包括只有大量集中的人口才可能支撑和需要的手工艺人和各类专业工种的发展：

1. 人口的数量和密度应高于正常水平。

2. 种群分化。并不是所有的居民都种植自己的食物，这导致了专家的出现。

3. 向神灵或国王缴税。

4. 具有纪念意义的公共建筑。

5. 那些不生产食物的人有国王的支持。

6. 记账和实用科学。

7. 书写系统。

8. 象征艺术的发展。

9. 原材料贸易和进口。

10. 家族以外的专业工匠。

上述中至少缺少两个元素：战士阶级和奴隶阶级。值得回顾的是，新石器时代晚期的城市革命所带来的一些重大社会变化至今仍能引起共鸣。首先，大型社会集团发展成为城市和帝国，需要驯化动物和作物以产生不断扩大的人口所需的农业盈余。而且，这些不断扩大的人口在社会上的分层程度也越来越高：城市或帝国越大，阶层分化就越大，不可避免地导致了典型的上层阶级和典型的下层阶级。底层的发展让人想起新石器时代牛羊的命运，曾经自由的动物的日常生活和命运突然被那些强迫它们劳动的人完全控制。这一发展过程处于社会分层发展的最底端，可以被总结为"人类的驯化"，即被剥夺了权力的奴隶或劳动阶级的建立，他们的生活进程由他人的需要决定。这不仅是非洲人被运往美洲从事蔗糖或棉花种植的残酷景象，其可耻的历史要长久得多。

世界上最早的城市或"文明"的运转离不开奴隶：罗马帝国乃至民主制的雅典都依赖奴隶保持运转。即使是在中世纪的英格兰，从1066年征服者威廉时代开始，封建制度的景象就是王权及男爵、主教和骑士拥有所有土地，毫无权力的农民在这些土地上劳作，其生命和生计都受制于他们的领主。但由于命运的奇特安排，中世纪晚期的城镇提供了一条摆脱这一残忍制度的道路。对于那些不在土地上工作，但从事贸易或手工艺的人来说，至少在理论上可以部分摆脱封建制度的核心规则的束缚。他们可以自食其力，就像狩猎采集者以前那样，只不过现在他们成了工匠或商人。因此，尽管古代的城市化可能是极端社会分层的催化剂，但至少对一些人来说，它也提供了返璞归真或不被驯化的机会。

从猎人到战士

柴尔德教授关于早期城镇特点的清单中,没有提到的另一个因素是战士的核心作用。不断增长的人口不仅需要保护自己的土地不被周边社群掠夺,而且还必须在人口增长的同时扩大领土。为了生存和扩张,这些新的城市化社区需要战士,没有战士,边界就可能被击破,聚居地会被洗劫一空,珍贵的牲畜会被掳走,人口会被杀害或奴役。猎人变成的战士不仅保卫了这片领土,而且还使根据需要扩大领土边界成为可能。这就是不再需要打猎的人们对内心召唤的回应。对一些人来说,战士是英雄;但对大多数人来说,他们似乎只是暴徒和无序的代表。

人类历史的大部分都被这些不再狩猎的猎手的鲜血所破坏。但没有他们我们会怎么样?古代伟大的城市化文明的扩张都需要战士乃至军队来完成。这些战士被组合在一起,组成了埃及、巴比伦、波斯、希腊、印度、罗马、迦太基和中国的军队。在一个边界多变的好战世界里,所有这些伟大文明的成功都取决于军事力量,也取决于其农业资源。他们创造的艺术、文化、政治制度和繁荣都建立在拥有一支强大军队的基础上,军队对根深蒂固的狩猎传统和追随部落领袖的需求做出回应——这就是帝国的进化决定因素。

▌天生的杀手?猎人、战士和军队

> 没有军队赢得战争,任何古代文明都不可能发展壮大——只有在强大的军事实力之上,它们才能繁荣发展。在这些时代,

肉搏战需要无情、无畏、训练有素的杀手。因此，每一个帝国的发展在很大程度上都归功于人类的狩猎心理。旧石器时代狩猎队伍的基本工作理念——一小群紧密团结的兄弟——留存下来，成为城市革命的核心和催化剂。它仍然是最现代化的军队中步兵部队的基本组成部分。

罗马军队最基本的单位就是"小队"（conurbenium），八人一支小队，要分担同样的困苦，包括强制行军和集体战斗，共用食物和帐篷、营房。十个小队组成一个百人队（century），六个百人队组成大队（cohort），十个大队组成军团（legion）。不久前，英国军队也组建了八人小队，每个队由一名下士领导。三个小队组成一个排，由一名中尉及中士领导，三个排组成一个连，由一名上尉领导，以此类推。

最近，许多其他国家也使用了类似的系统，这似乎是步兵军队指挥和协调的一种常用而有效的手段。虽然一些共产主义国家有过废除这种序列制度的试验，如苏联红军（1918—1935）、阿尔巴尼亚人民军（1966—1991），但所有这些国家都明显感到有必要重新建立旧的、递升的等级制度，以提高作战效率。

这表明，由知名人士领导的基本的狩猎团体作为一种强大的心理和社会力量，在人类的潜意识中得以留存。它在一百万年前是有效的实体，今天也仍然有效。由此可以看出，尽管人类在两次世界大战中取得了重大的技术进步，有着惊人的作战规模，但大多数现代步兵军队的基础仍然依赖于古代狩猎团体根深蒂固的心理来实现目标。

使旧石器时代的猎人能够追踪并杀死动物以获取食物的思维模式（左上）后来被部落战士用在部落间的土地和资源战斗中（右上）。这样的战士队伍被改造成规模更大的军队，能够发起越来越大的战争（下图）

多部落城镇

不仅以旧石器时代狩猎队的核心结构为基础建立的现代步兵部队的结构是最好最有效的，而且按照古代部落社会的原则建立起来的当代城镇的社会结构，经过适用于 21 世纪的重新配置，也会是最有凝聚力的。毕竟，这是我们情感上所习惯的。大城市的居民仍然以较小的部落规模为单位来思考。比如，一些最受欢迎的电视剧讲述的就是现代"部落"的生活，只是这些"部落"现在存在于特定的街道、广场、村庄或机构中。人类大脑还是更容易对这种封闭式的"部落"产生强烈认同——这是一种自然的反应，而且剧中的角色越多，观众便越无法代入。同样的情况在城市生活中也是显而易见的，不管这是好是坏：比如学校的班级规模，或者在上班高峰期赶路，且不论我们是在一家小的家族企业上班，还是在缺乏人情味的呼叫中心工作；就连我们的部落大脑能容纳的朋友数量，似乎也被限制在150人左右（Dunbar，2014）。

因此，有凝聚力的城市社会不应被视为单一的实体，而应更多地被看作是逐渐结合在一起的一系列小团体。正如我们的大型现代军队是由小型"猎队"组成的有组织的联合体一样，现代城镇也最好被看作是由"部落"组成的有组织的联合体，这些部落组成了一系列有时相互重叠的实体。我们可以通过早期的伦敦更清楚地了解这一过程是如何发展的。12—16世纪，伦敦人口增加到近20万人，人数庞大，成为该国最大的城市，也是欧洲最大的城市之一。它的凝聚力有多大？如此庞大的城市人口在精神上和管理上是如何组织起来的？

最后这些问题的答案是，城市被细分为多个单元，我们可以称之为"部落"，因为它们在社会和心理上的表现也正是如此。自旧石器时代以来发生的重大文化进步是，伦敦人现在可以高兴地同时对好几个部落产生认同感，因为城市化要求他们采取多元化的方法结成部族，完成多项任务，或者至少形成多部落联合，他们正是通过变得多部落化以适应不断扩大的城镇。

中世纪的伦敦人也是多部落化的，也就是说，他们同时属于许多部落。其中最重要的部落就是教区：16世纪末，伦敦有大约111个教区教堂。每个伦敦人都向他们当地的教堂支付什一税，作为回报，教区牧师将为他们举行洗礼、婚礼和葬礼,并每周为他们主持弥撒。这些非常明显的部落领地的边界是明确划定的,每个人都知道自己属于哪个教区,而部落或教区边界只有在公共的年度仪式中才会被打破(Wheatley, 1956, 434—438; Brooke and Keir, 1975, 123—148)。每个教区本身就是一个独立的居民区,因此,城市由一系列连续的"村庄"组成,它们最初是逐步自发形成的小单位。除了名字之外,这些都是旧石器时代部落的中世纪版本。在这个更加虔诚的时代,教堂建筑将在城镇的建筑中成为引人注目的景观,其大小和装饰则间接反映了支持它的人们的愿望。

教区城市

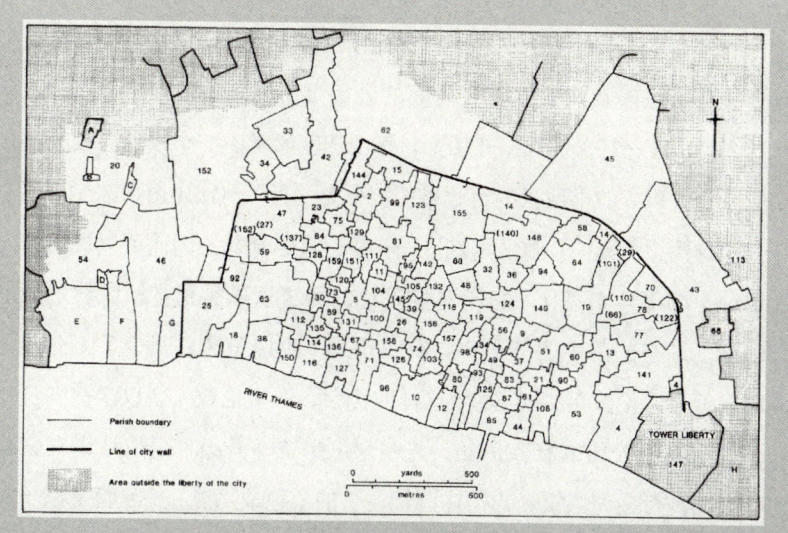

城市中心最早的教堂(教区通常较小)可能是在10世纪末或11世纪末建立的。
来源:Keene and Harding 1985, pp.xvi-xix;
http://www.british-history.ac.uk/london-record-soc/vol22/xvi-xix.

像所有的古代城镇一样,中世纪的伦敦是一个多部落的聚居地。在社会意义上,它并不是一个大部落,而是一系列完全不同的社区,每个人都认同自己所在的社区。伦敦人同时所属的不同部落可以按他们的社会阶层(在这个等级社会里,由财富和着装规范来定义)、职业和居住地来划分。最主要的部落决定因素之一是教区:该市被划分为100多个明确界定的以该区教堂为中心的社区。如上图所示,中世纪的伦敦是一系列毗连的部落式"村庄"。这样一种对大定居点的基本部落划分,使它在心理上让人更容易理解,因而在行政上也易管理。最初的教区主要围绕100—150个家庭的社会单元组成,这一数据正好呼应了未开化的狩猎采集者的思维模式。

每个伦敦市民都认同的第二个城市部落是选区,一共25个,在地理上也有明确的界定。这个部落的成员在动乱期间承担了军事义务,也涉及司法和行政方面的公民事务(Brooke and Keir, 1975, 151—153, 162—170)。每个选区通常由一个以上的教区组成,伦敦以外的郡或县的行政单位被称为"百"(hundred)。

这两个部落——教区和选区——都有实际领域,因此可以被当作地理上的部落来讨论。接下来要讨论的两个领域是精神领域和虚拟领域。这些部落中的第一个与职业有关,也许是通过某个手工业或贸易行会,伦敦至少有80个这样的协会。许多伦敦人会以学徒的身份加入某家公司或家族企业,并在余生中奋斗升级。可以认为在某些方面,行会充当了一点"庄园领主"的角色或功能——尽管是以一种没有土地的形式——通过大厅、制服、法院和保管人一起发挥作用。虽然手工艺和行业协会成员经常生活和工作在很近的地方——正如五金巷(Ironmonger Lane)、面包街(Bread Street)和酒窖(Vintry)等街道名称所暗示的那样,但在城市景观中并没有为这些专业群体正式划定的长期固定界限。尽管如此,这些部落都占据了明确的观念上的领土,内部有强大的、互相支持的兄弟般的成员关系。

就其居住的领土而言,构成第四组的部落也是文化上的,而不是地理上的。这些部落构成了伦敦市的社会阶层:伦敦内部有明显的等级制度,豪宅、更朴素的宅院和出租公寓反映了这一点。服饰、物质文化的选择以及所使用的语言(无论是法语、拉丁语还是盎格鲁-撒克逊语)都反映出每个人所属的社会阶层——或者至少是他们被认为所属的社会阶层。

在所有这些不同的部落单位中,正如你位于特定教区或选区的房子是固定和有限的,其中一些特定的部落领土也是如此。然而,在你的"虚拟"部落,也就是阶级或所选择的职业中,某些变动是可能的(无论是主动的还是被动的)。因此,同一条街上可能有来自不同部落的不同成员。公民这种独特但不固定的部落化倾向,将客观人口分解成人类思想更容易融入的小规模社会单位。这提升了社会凝聚力,至少是一种有利于提升社会凝聚力的制度。至于这些团体之间的交流,每个部落都有自己的"领袖"或代言人,无论是教区牧师、市议员、公司主管、市长还是国王。因此,从人类学角度讲,中世纪晚期的城镇由一系列毗连的教区部落组成,每个部落都有自己的领土或社区,而且在这之上,至少叠加了三个其他非相互排斥的部落的成员身份。因此,在中世纪城市中,复杂的多部落城市社会的旧石器时代根源是显而易见的。

城市与行会

中世纪和都铎王朝时期的伦敦,另一个主要的部落决定因素是职业,包括体力劳动者、仆人、船工、牧师等。为了更好地监管伦敦城的商业和手工业,成立了行会或同业公会,通常由一名区长领导,以监督工匠师傅和学徒。1515年,前48个部落——或尊敬的公会——是以下列优先顺序建立的:绸缎商人(综合贸易商)、杂货商(香料商人)、纺织品商(羊毛商和布商)、鱼贩、金匠(金银商人)、皮匠(毛皮商人)、裁缝、缝纫用品商(丝绸和天鹅绒等制衣商)、制盐者(盐和化学品的贸易商)、五金商、酿酒商、制衣工人、烘干工、葡萄酒商、皮革销售商、白锡商(锡器和金属制造商)、理发师(包括外科医生和牙医)、刀剪商(刀、剑和器具制造商)、面包师、蜡烛商(蜡烛台制造商)、牛脂蜡烛商(牛脂蜡烛制造商)、盔甲制造者和黄铜匠(盔甲制造商和黄铜工人)、腰带制造商(皮带和腰带制造商)、屠夫、马具商、木工、鞋匠(高级皮革工人和鞋匠)、油漆工、制革匠(皮革修饰工和制革工人)、泥瓦匠(石匠)、水管工、客栈老板(酒馆老板)、浇筑工(金属铸工和熔炼工)、家禽贩、厨师、修桶匠(桶和木桶制造者)、瓷砖工人和砖瓦工、制造弓箭者(长弓制造者)、造箭者、铁匠、接合匠和安装匠(木材工匠)、织工、羊毛商人、公证人(法庭抄写员)、水果商、泥水匠、出版商和刺绣工。

第九章　狩猎采集者 vs 足球购物者

任何社会都不是由个人组成的,而是这些个人彼此发生的联系和关系的总和。

——卡尔·马克思(1818—1883)

21 世纪的多部落制

今日的这个已经城市化的、人口过剩的世界，在心理上距旧石器时代社会有多远呢？足球、购物和我们祖先的过去有什么关系？前一章通过介绍阶级的形成和随着古代城镇生活发展而产生的不同工种，描绘了人类建立在狩猎采集者部落制基础上的社会发展轨迹。现在，我们来看看这项研究对我们 21 世纪城市生活的影响。我们将指出狩猎和采集心理的现代表现，其中一些更能被社会所接受。但首先，我们将描绘出更大的图景。这里提出的论点是，一个现代城镇，无论大小，如果要作为一个有凝聚力、包容性的实体发挥作用，需要一个与中世纪的伦敦类似的多部落制社会结构。真正的问题是，如何将这一架构从 5 万人等比扩展到 500 万—1000 万人，同时也要将关键要素纳入其中。

尽管特定的位置可能很重要，但这种多层次、多元化、基于部落的系统似乎主要是关于身份认同的，我们现在称这些系统为"社区"或"街区"。这些概念如何被嵌入新社区、郊区甚至新城镇的设计和布局中呢？有趣的是，1929 年由美国人克拉伦斯·佩里（Clarence Perry）、1945 年由里斯勋爵（Lord Reith）的新市镇委员会提出的新"街区单位"，还有帕特里克·阿伯克龙比（Patrick Abercrombie）1944 年在饱受战争蹂躏的伦敦东区规划的 11 个新居民区，核心都是一所小学的学区。这是一个由 6000 多人组成的单位，其中的所有儿童连主要道路都不用穿过就能到达学校（Harwood and Power, 2001, 142）。因此，这些新的俗世"部落"接替了曾经由城市基督教教区承担的地理上的角色。然而，孩子们毕业后，并不是所有的居民都会再同学校有交集，所以这座中心建筑不再像中世纪的教堂那样成为部落关注的焦点。尽管如此，在 21 世纪，许多城市居民更多地对他们所处的各种文化性部落产生认同（无论是同事、信仰团体、球迷俱乐部或其他），而不是他们目前居住地的邮政编码。

邓巴教授在"社会大脑假说"中讨论了人类社会的部落形成的自然规律，这个假说是对大脑大小（新大脑皮层）和进化的社会相互作用的研究结果（Dunbar, 1998）。他提出，人类的"自然"群体规模约为 150 人，是大多数社会性较强的猿的 3 倍，这是音乐和后来的语言被用于社交的结果。这一数字似乎不仅反映在小型狩猎采集社会的典型规模上，而且还反映在"当代社会的个人社交网络以及 Facebook（脸书）页面的朋友列表中最常出现的数字"上（Dunbar, 2014, 109）。他接着提出，我们的社会网络可以是同心圆的结构，位于中心的 150 个人定义了我们的关键双边关系，包括义务和互惠关系。再往外，500 人的外圈可能包括了所有我们称为熟人的人（我们熟悉，但义务较少），而最外圈的 1500 人代表所有我们可以叫出名字的人，无论是不是朋友（Dunbar, 2014, 11, 图2）。

可以说，在城市中的社会互动和认识比这要复杂一些。事实上，随着社会结构日益复杂，促进社会发展所需的语言也变得越来越复杂。在大城市里，我们必须同时成为不止一个部落的成员，因此对于我们必须认同的一些更有影响力的社会团体（部落）来说，每个团体都可能有自己的 150 人中心和随之而来的半影区。换句话说，我们所在的可能是四个、五个或有更多重叠（但更小）的圆形部落，而并非只有一个核心和不断扩大的外环。因此，现代社会群体规模的进化决定因素已经在文化上得到调整和发展，以使我们能够应付城市人口。然而，这种模块化的新的精神结构（多部落制）仍然建立在那些古代狩猎采集群体有效规模的基础上。有了这一革命性的概念，企业、学校、政府机构、呼叫中心等最有效的组织方式的影响，还需要进一步的详细研究。E.F. 舒马赫（E. F. Schumacher）在《小就是美》（*Small Is Beautiful*, 1973）中提出，要发挥最大的效果，大公司和类似的组织需要像一系列相关子群体，或进化决定因素术语中的"部落"一样运转。

但是现代城市社会的复杂性并不仅仅是多部落的，也越来越是多层次的。有我们自愿认同的部落，也有因为其他人的认同而让我们被动加入其中的部落。我们所属的职业部落可以，而且确实会随着时间的推移而改变，但可能会有残余的忠诚；尽管我们可能并不想如此，但我们会在与年龄有关的部落之间流动，最终上升为老年公民。有些部落与财产或收入有关，两者都可以而且确实会随着时间的推移而改变，但并不总是朝着正确的方向发展。我们的文化、政治和宗教关系也可能发生变化，也许就是当我们的居住地、工作、年龄或环境发生改变时。因此，现代城市社会是以一种最复杂和不断变化的方式构成的；它不是最合乎逻辑的系统，因为虽然我们的社会大脑肯定能够适应新的挑战，但默认的仍然是旧石器时代部落规模化的思维模式。这对政客和城镇规划者使用和误用的"社区"和"街区"概念产生了影响，因为这些概念通常指向邮政编码，而不是其他人口所处的微妙和复杂的多部落社会环境。

现代城市中的狩猎采集者

那些在人力资源部门工作的人每天可以查看许多简历，他们就会意识到基本的狩猎型和采集型人群仍然存在于现代城市中。第一个应聘者是一个公认的擅长团队合作的人，能在需要的时候主动工作，接受挑战，并对运动有强烈的热爱（包括极限运动）。第二个人乐于担当负责的值得信赖的支持角色，有高度组织性，高度重视细节，并喜欢散步和园艺。那些支撑狩猎和采集的旧石器时代的动力和必要条件并没有消失，但随着时间的推移，它们被重新导向了替代活动，其中最明显的是足球和购物。

回到中世纪的伦敦，没多少市民会有时间跑到灌木篱墙附近，查看新芽在哪里，以及哪些水果、坚果或根已经成熟，因为这可能需要每天组团出去。周边农村的农产品被带到他们面前，因此伦敦人可以在继续保留集体活动这种重要社交行为的同时，直接在商场里"采集"，而不必再去野外；毕竟，在旧石器时代，收获自然既是为了寻找食物，也是为了教育和社会联系。因此，这些商场成为重要的社会焦点。对一些人来说，购物现在更多的是为了时尚而不是食物。但即便如此，打着最现代、最文雅的零售疗法的幌子，食物采集者的色彩和季节性词汇，比如秋季系列（the autumn collection）依然挥之不去。只是我们把"成熟"换成了"潮流"，把可能致命的"过熟"换成了"过时"。建立粮食库以应对困难时期的需求仍然与我们同在，这体现在普遍的收集欲中，且似乎仍然存在于男性和女性、成人和儿童之中，反映在从火车车次表到初版产品、亲笔签名、鞋子、手提包、军械库、上等葡萄酒、纪念品、足球节目、珠宝、CD、领带、明信片、瓶子和雕像等各种事物中。这是一个普遍的习惯，随着深度冷冻和24小时超市的发明应该已经被解决了，但这种驱动力如此强大，以至于我们把精力和重点从食品转移到了耐用品和各种形式的收藏品上。

做收藏家并不会被视为是一种反社会行为，但在现代社会，同样的心理过程或原始欲望可能产生一些不受欢迎的表现，例如盗窃癖和强迫性囤积。盗窃癖是一种精神疾病，涉及一种无法控制的拿走东西的冲动，但与普通盗窃的不同之处在于，这些物品不是为了个人用途或其内在货币价值而被盗的。虽然此类盗窃有时与药物滥用有关，但并不涉及敌对或报复，也不是对妄想或幻想的反应。一些患有盗窃癖的人也表现出类似于强迫症患者的囤积症状，盗窃癖在女性中比男性更常见。

值得注意的是，盗窃癖的特征是完全不能克服或遏制的拿走东西的冲动，在盗窃之前不断升级的压力感，以及当盗窃本身发生时的满足感、成就感或释放感。有些人可能认识到了这种行为模式与零售疗法并无不同，但用"购买"取代了"盗窃"。精神分析学家认为，盗窃癖是一个人试图"针对实际或预期损失获得象征性补偿"（Cupchik and Atcheson, 1983, 350）；然而，有人提出，就像强迫性囤积一样，这是一种曾经占主导地位的力量的一种变形，这种力量驱使狩猎采集者每天收集足够的水果、浆果、蔬菜或坚果，每天只为了生存。对我们每个人来说，现在可能是21世纪，但对我们旧石器时代的基因组来说，不一定是这样。

举另一个例子：强迫性囤积，或囤积障碍，其特点是过度收集大量物品，塞满家中，且没有能力或不愿意丢弃任何物品。最糟糕的情况是，强迫性囤积可导致火灾、啮齿动物或蟑螂泛滥以及其他对健康和安全的危害。这种病症似乎变得越来越普遍，据估计，其流行率接近4%，但男性的发病率高于女性（Samuels et al., 2008）。这种情况通常出现在儿童时期，症状随着年龄的增长而恶化。囤积行为通常很严重，因为囤积者没有意识到这是一个问题，而认为是完全自然的事情。在旧石器时代，囤积实际上就是非常自然的。

理解这种反社会行为深层的理由并不是要为这些行为开脱,而是要帮助提供合理的反应和可能的治疗方法,或者建议试试厌恶疗法或其他有效的替代行为。

暴力就在我们的骨子里

1986年,一群出于好意的科学家签署了关于暴力问题的塞维利亚声明。它指出,战争或其他暴力行为不是我们的天性所固有的。然而,那些研究人类进化的人可能会认为,成为一名高效的猎人的能力仍然存在于我们的基因中,而这种可遗传的属性仍然可能导致暴力和高度反社会的行为。当然,这并不是不可避免的。真正的问题是,在我们的现代环境中,这种性格是如何被利用或滥用的,因为很少有真正的必要去为了生存而杀人,至少在城镇中或在最近几十年里是这样的。

人类向被猎食的动物施加暴力的历史由来已久,相比之下,人类群体之间的冲突曾被认为是一种新状况。人们广泛认为这是农业革命的直接后果,因为农业革命要求划定固定领土,并建立"永久"定居点。鉴于以前土地是开放的,没有专有边界,新的政权将要求新的农场和定居点受到保护,不受"外人"的影响。在这种情况下,随着人口的增加和对粮食需求的增加,因土地所有权和资源而起的冲突最终将不可避免。

令人遗憾的是,有证据表明,人类之间的暴力行为的历史比肯尼亚图尔卡纳地区纳塔如克遗址显示的还要长。这个遗址距今约

10000年，远在农业革命到达非洲大陆的这一地区之前。最近的研究显示，遗骸中的21名成人和6名儿童都遭到暴力杀害。其中两名成年男性的头骨和咽喉中有石弹尖端，而其他骨骼则显示出由棍棒或木柄武器造成的头、颈、肋骨、手和膝盖的损伤。这些武器带有锋利的石刃，造成深深的割伤。两个人，包括一名当时已经怀孕的年轻女性，遗骸没有发现损伤，但他们手的位置表明可能是被绑着的。这些尸体都未被掩埋，而是被抛在一个曾经很浅，现在已经干涸很久的湖里。这个地区在当时是肥沃的，提供了大量的鱼、野味和植物性食品。这里有大象、河马、犀牛、长颈鹿、斑马、野猪、水牛、羚羊、瞪羚、灵长类、蹄兔、蛇、海龟和鳄鱼的化石，还有狮子、鬣狗和野狗。与周围地区相比，淡水湖及其开阔的湖岸线提供了这片区域内最好和猎物最丰富的狩猎场所。考古学家玛塔·米拉索·拉尔（Marta Mirazón Lahr）博士及同事于2016年指出，正是这个特定地点丰富的资源导致了纳塔如克狩猎采集组织的灭亡。杀戮场是否代表着新的群体潜入已建立的群落领土，或者已建立的群落是否被咄咄逼人的外来者解散，目前尚不确定；但我们清楚的是，这样一个资源丰富的地方被认为是值得为之战斗的，于是猎人们就成了被猎杀的对象。

追踪和杀死野生动物的能力，与杀死人类入侵者所需的技能和思维模式相同，如果他们威胁到自己的生存的话。但仅仅拥有施暴的能力并不能成为施加不必要暴力的借口，因为今天，这种不文明的驱动力可以轻易和建设性地被引导向更容易被社会接受的城市活动。

宁录[1]变种

图 9.1 这会改变吗？古希腊战争中的肉搏战（左），和平时期的拳击运动员（右）

回到狩猎精神及其与城市化的持续关系：最初，伦敦中世纪的市民保留了在米德尔塞克斯、赫特福德、肯特和奇尔特恩等周边林地狩猎的权利。12 世纪末，这种消遣通常会有狗或鸟，如灰背隼或老鹰，并为用餐提供娱乐（Wheatley, 1956, 509）。不同层次的体育运动也发展为狩猎和军事力量的替代品，包括跳跃、摔跤、射箭、标枪和投掷石块或带盾搏斗。正如当时的评论员威廉·菲茨斯特芬（William Fitzstephen）在 1170 年所说："青年是渴望荣誉和胜利的一代，因此年轻人参与假的战斗，以便在真正的战斗中表现得更勇敢。"（Wheatley, 1956, 509：伊顿公学运动场动工前写的几句话。）

我们还了解到，在圣神降临周，"晚餐后，（中世纪）城市的所有年轻人都到田野里去参加著名的足球比赛。学者根据学派分队，商人则根据各自的手工艺专长分队。年纪大的人、参赛运动员的父亲们和有钱的公民骑马来看比赛……看到如此敏捷的身手，他们的

---

1. 据《圣经》记载，宁录是以打猎为生的英勇的猎人。

热情似乎也被激发"（Wheatley, 1956, 507）。伦敦的各种部落身份以这种方式显示出来，公民每天进行锻炼，并将其精湛的狩猎能力转化为社会上可以接受的"身体暴力"。

现代城市社会如何利用这些深层动力是一个复杂的问题。在城市生活中，狩猎心理以各种形式重新出现，不仅仅是服兵役。对许多人来说，某些类型的电脑游戏为他们的狩猎和杀戮欲望提供了出口，尽管这类游戏或多或少是理性的，而且就环境而言，与广阔的非洲大草原相去甚远。提供这种久坐不动的狩猎替代品是一项大生意（根据BBC的数据，《使命召唤》2012年在英国售出了270万份），需要相当多的技术和创意支持，能让不同年龄（和性别）的青少年全神贯注于此几个小时。在现实生活奇怪的扭曲场中，存在一个电子体育联盟（ESL），400万玩家在虚拟空间中漫游，相互竞争，回应古老的进化需求，即在舒适的室内坐着进行猎杀。

狩猎最明显的现代替代品是积极的运动，因为它是体力消耗、团队合作和肾上腺素的结合，还带着个人和社会奖励的愿景。由不同的机构在不同的时间发展出来的许多团队运动，利用了类似于古代狩猎团体的组合方式。就连规模较大的15人橄榄球队中也包含一支8人小分队，相当明显地被称为"团"（pack）。而足球，无论是在当地的酒吧队、教区比赛还是英超联赛，都有部落和领土的概念不断贯穿其中。这类运动的深层根源并不难看出，令人惊讶的是，这种团队性需求是如此持久，且每一代人都迫切要得到满足。我们还没有改掉假装打猎的习惯。狩猎心理在现代的表现形式中，还有一些在社会上不那么有感染力。在西方，许多人把钓鱼作为一种娱乐活动，而不是一种生存策略。从征服者威廉开始，英国国王和他的骑士们就将狩猎视为特权，建立大片的猎场或森林作为专属狩猎场。对他们来说，战士和猎人是一回事。至于下层阶级，他们不被称为猎人，而是偷猎者，并会因此受到相应惩罚。有趣的是，在英国，狩猎和社会精英之间的关系仍然很牢固（美国则并非如此）。狩猎已经变成猎松鸡和猎狐的集体活动，一些人把古老的本能需求越来越仪式化，这也引来了另一些人的嘲笑。狩猎思维的另一个特点是对挑战和风险的需求。例如，对一些人来说，这种需求可以被引导到极限运动中，而对于另一些人来说，这可能涉及赌博和碰运气。这两种方式都不合常理，但选择狩猎野生动物而不是采摘水果也是这样。

犯罪学

很明显，不管是从房子里偷还是从车里偷，窃贼都使用了古代猎人的常用技巧。有时，"杀人"是事先计划和仔细监视的结果，有时是机会主义行为的结果。加州大学洛杉矶分校（UCLA）教授杰弗里·布兰廷汉姆（Jeffrey Brantingham）对一些地区的狩猎采集者进行了研究，并将其用于与洛杉矶警察局一起分析犯罪模式。他精准地指出："罪犯本质上是狩猎采集者，他们会寻找犯罪的机会；狩猎采集者选择角马或者羚羊，与犯罪分子盘算是选择本田还是雷克萨斯的方法是相同的。"（Wolpert, 2010; Shorta et al., 2010）。这两种活动都有潜在的高风险，会同样引起肾上腺素分泌，并可能使人上瘾。

同样，城市街头帮派基本上是现代狩猎团体的一种变形，且与特定区域有着强大的感情和依附。因此，不仅要从当今社会的角度来看待帮派文化，还要认识到其更深层次的根源，才能对这种暴力循环实施有效的监管。2013 年，《伦敦晚报》竞选新闻方向的编辑大卫·科恩（David Cohen）开始发表关于伦敦黑帮及其周围城市暴力气氛的开创性报道。例如，他报道说，一项研究从 18000 名得到过儿童公司慈善机构帮助、最易受伤害的儿童中选出了 100 多名展开调查，结果得出了一些严酷的结论。这项研究由夏洛特·塞西尔（Charlotte Cecil）在伦敦大学学院进行，由埃西·维丁（Essi Viding）教授和伊蒙·麦考利（Eamon McCory）博士指导。据报道，几乎一半的儿童在自己的社区目睹过刺伤或枪击，其中 25% 目睹了谋杀，20% 自己也曾遭射击或刺伤。此外，这一群体比一般的伦敦儿童更有可能经历过身体虐待或性虐待（Cecil et al., 2014）。不断增加的暴力循环，其根源是显而易见的。

这枚定时炸弹已经开始爆炸：从 2005 年到 2014 年，伦敦发生了 185 起青少年谋杀事件，其中 128 起是刺杀事件（Kinsella, 2011）。根据伦敦警察厅的数据，在这个庞大的首都里至少有 250 个帮派，其中 54 个被认为是最活跃的，要对首都三分之二的与帮派有关的犯罪负责。一个由 1000 名专职警官组成的特别小组正在通过执法和预防相结合的方式，认真处理这一问题。正如一位政府部门的医生所说：严厉打击犯罪，严厉消除犯罪根源。至少在降低暴力犯罪率方面，最初的结果令人鼓舞。

但是，尽管"瓦解"黑帮有很强的政治必要性，支撑它们的进化的社会根源也值得考虑。学界对帮派文化进行了一些详细的研究，包括马尔科姆·克莱因（Malcolm Klein）的《美国街头帮派》（*The American Street Gang*, 1995）和《欧洲帮派悖论》（*Eurogang Paradox*, Klein 等人著, 2001）。增加警察人数、采用更加柔和的以社区为基础的方法、零容忍政策、严控刀枪、心理辅导、新兵训练营和就业培训只是试图应对这一社会问题的一些方法，但往往没有协同建立有长期效果的方法。

体育科学

在关于帮派的研究著作中，最能说明问题的一句话是："大多数青年加入帮派不是为了犯罪，而是为了满足身份、地位、兴奋感、归属感和虚假保护感的个人和社会需求。"（Klein et al., 2001, 330）前四个需求都可以通过任何形式的团队运动来满足，比如体育就是一种可以有效帮助重整猎人思维的典型方式。例如，康普顿是洛杉矶一个臭名昭著的黑帮出没的郊区，但拥有一支成立于 1995 年的板球队。根据该俱乐部的网站，这支队伍是为了利用板球运动的教化特质，来与贫困和犯罪做斗争而成立的。进化人类学家会声称，这与板球本身无关，而是满足了男性的团队感这一基本需求，从而提高自尊感，使人充分参与到体力要求高但令人兴奋的集体活动中。运动可以作为狩猎（及帮派文化）的一种社会意义上的积极替代品，1986 年美国兴起的午夜篮球运动（Hartmann and Depro, 2006）有力地证明了这一点。澳大利亚也一样，自 2007 年以来，一直在开展类似活动。这些活动提供的是有组织的运动、教育和个人发展、纪律、社会包容和自尊感的提升（而不是充斥着犯罪、毒品、暴力和其他社会问题的生活）。在伦敦，这种团队运动则是足球，特别值得一提的是 Kickz 项目。阿森纳的社区团队在伊斯灵顿、哈克尼和卡姆登的市中心学校开展工作，旨在鼓励更多的人参与体育运动，运动除了能提供更健康的生活方式以外，还可以提供积极的个人发展，更广泛的目标还包括增强社会凝聚力，以及降低犯罪率和药物滥用率。他们与伦敦警察厅在埃尔索恩庄园合作的项目始于 2006 年,此前一年,据报道,该地区发生了约 2529 起青年犯罪事件。到 2009 年,这一数字下降到 867 人,下降了 66%(Laurus, 2010)。无法确切地证明减少的人数中有多大比例可直接归功于 Kickz 计划本身,但所有相关人员都能看出这是一个关键因素。托特纳姆拳击学院、吉姆·阿姆斯特朗的拉布纳姆划船俱乐部都有类似的效果,不管是作为趣闻,还是统计学上的验证。正如一位坚定的参与者在被问及皮划艇是否让他远离帮派时所说,"这让他们远离了我"(Cohen, 2016)。

虽然这类计划的社会成功完全可以从结果中得到充分证明,但其有效性的根本原因尚未得到充分理解。更好地了解社会行为的进化决定因素,提供了一个超越当前文化和社会复杂性的视角。这将有助于确保新的倡议得到有效贯彻,为公共政策必要的配套改革提供明确的方向。犯罪学、体育科学、社会工作者、警察厅和伦敦青年都将从中受益。值得注意的是,阿森纳在社区团队中正在试验一种新的方法来对付帮派成员:他们不是试图解散帮派,而是试图将其纳入整个组织,接受他们为"我们的帮派"中的一员,然后鼓励他们把精力集中在反社会色彩更少的活动上。如果这种开明的方法被证明有效,那么它将说明,顺应自然,与我们古老的本能需求合作,可能是有好处的。

再扩展一下关于狩猎、侵略、暴力和体育之间的进化联系的讨论:如果体育可以在城市中发挥有益作用,那它是否也能在全球背景下发挥一定的作用?第一次世界大战(以下简称一战)期间,西线的圣诞节休战已经成为传奇:互相对立的德国和英国步兵师的前线部队一边唱着节日颂歌,一边谨慎地在战壕之间的无人地带会面。人们带回死去的战友的尸体,交换了纪念品,更有名的是,还踢了一场足球比赛。战争的胜负真的能通过竞技场决定吗?军方高层并不这么认为,他们对这种联谊会不屑一顾,孜孜不倦地想把它消灭掉。但是,如果一场短暂的球赛可以把前线一小部分的杀戮推迟一天,一场正式的锦标赛又会带来什么呢?对我这一代人来说,直到1966年7月杰夫·赫斯特(Geoff Hurst)在温布利连续得分,以4:2战胜德国队之后,才认为二战真的结束了。有趣的是,当苏联边裁被问到为什么将有争议的第三球判给英格兰时,据说他咕哝着"斯大林格勒",而英国球迷随后开始唱起"两次世界大战和一座世界杯"。体育和战争那时(现在也是)在集体潜意识中被紧密联系在一起。

事实上,战争与没有举办或抵制奥林匹克运动会的年份之间存在着明显的联系,例如1916年的一战、1940年和1944年的二战、1956年的苏伊士运河战争和匈牙利革命、1980年的阿富汗战争。因此,如果你来自火星,可能会认为奥运会(还有世界杯)是国际侵略的替代品,你可以选择世界大战,也可以选择世界杯,但两者无法兼得。参与竞技运动的需要满足了支撑猎人/战士精神的基本进化动力。如果有更多的国际体育运动,是否会因此减少国际战争呢?或者,我们是否会看到宣布休战,让比赛开始?在有生之年,我对此表示怀疑,但它也可能只是为恢复国际联盟提供理由。

最后,还是回到伦敦的问题上,充分利用2012年和2016年奥运会所遗留的契机,这一点无须再次强调。"体育投资"的政治动机确实存在,但在大幅提高社会各阶层的体育活动水平和全社会的凝聚力方面,这一方案的长期效果如何仍有待观察。比如,一群发胖已久的英国人集体坐在沙发上看着国家队在2020年东京奥运会上赢得更多的金牌,这会被认为是一种成功吗?当然,真正的行动必须从每所学校开始,比如阿森纳的社区团队开创的项目。但是,除非附近有运动场和体育设施，除非存在某种鼓励使用这些设施的文化，否则使个人、社会和健康充分受益的目标可能根本无法实现。提供可供团队、家庭和个人进行体育活动的场所，将我们再次带回城市规划问题上来。城市规模越大，人们就越需要方便可达的运动场、游泳池、大型公园、自行车道以及安全无车的行人专用道。这种符合进化规律的基础设施会帮助推广积极的生活方式，同时提升社会凝聚力。

第十章　音乐与文字

达尔文称,创作和欣赏(音乐)的力量早在语言的力量出现之前就存在于人类之中。也许这就是为什么我们如此微妙地受到音乐的影响。在那些朦胧的世纪里,当世界还处在童年的时候,我们的灵魂中就有模糊的记忆。

——阿瑟·柯南·道尔(1859—1930)

论歌

图 10.1 古代和现代的赞美诗：音乐在过去发挥了重要的社会作用，正如这张中世纪的图片所示（上左），这种现象非常普遍（上右）。在格拉斯顿伯里音乐节上，音乐仍然有力量来团结并感动我们

动物王国充满了音乐的声音：哪怕在市中心，我们都能听到鸽子在春天里咕咕叫，画眉发出刺耳的警戒呼号，狗吠叫着保卫自己的领地，猫满足地发出呼噜声。因此，简单的声音可以传达最强烈的信息，毫不含糊。我们似乎都对某种形式的音乐有着共同的理解。心理生物学家哈里·威切尔（Harry Witchel）认为，音乐的关键作用之一是根据我们不同的社会身份建立人类的领地（Witchel, 2011）。

有关音乐在整个动物王国的交配游戏中的作用，研究由来已久。例如，查尔斯·达尔文指出，青蛙和蟾蜍等两栖动物"拥有在繁殖时节经常使用的声带"。在繁殖时节，雄龟会叫，鳄鱼会吼。然后他继续讨论了雌性和雄性哺乳动物，尤其是灵长类动物的发声区别（Darwin, 1871, 633—634）。

至于现代人类，在承认"音乐"的文化多样性的前提下，其普遍性则显然证明了这种表达有着更深刻的共同起源（Blacking, 1973; Wallin et al., 2000）。我们可能很久以前就开始唱歌了，音乐是我们旧石器时代遗产的重要组成部分。任何古代社会的运行都需要个人之间、个人与家庭之间、工作团体与整个部落之间进行交流。有人提出，在漫长的进化过程中，当我们获得了说话的能力时，才意味着我们成了真正的人类。但最近的研究表明，在我们能够交谈之前，就必须学会唱歌，因此是音乐使我们成了人类。

语言，无论是书面的、口语的，以电子邮件还是短信的形式，都已成为人类交际的基石。如果没有这种相对较新、可以传播详细信息的能力（甚至是琐碎的流言蜚语），"文明"不可能得到发展或扩张。虽然宠物似乎能听懂我们说的每一句话，鹦鹉也能准确地模仿我们教的话，但我们高度复杂的语言交流系统是智人为自己发明的，它是旧石器时代不断发展的人类大脑的智慧结晶（或起源？）。但是，在一个没有文字的世界里，我们最早的祖先的生活是怎样的呢？早期的狩猎采集者在可以清晰对话前是用什么系统来交流的？新旧系统之间的关系是什么？一旦语言得到普及和发展，这些前语言系统会怎样呢？史前的交流系统似乎是多种多样的，包括笑声或恐吓、肢体语言和眼神接触、手语和手势、情感的外在表现以及有节奏或旋律的交流。所有这些要素在过去都可以单独或协同使用，现在仍然如此。

50万年前，我们似乎仍在依赖肢体语言和手语，因为缺乏更好的工具——音乐。正是这些不无相关的系统提供了通信、信息和更多内容。我们的肢体语言非常丰富，尽管动物王国中的很多动物也有类似的系统。微笑、皱眉、眼神接触、挥手、握拳头、握手、我需要一个拥抱、脸红、哭——其目的都是发送或接收信息，无论是出于自愿还是非自愿。我们不仅擅长做手势，还可以模仿或复制我们所看到的东西，从而发展出了复杂的手语。尽管我们的词汇量在不断扩大，但从未丧失启动上述联系和交流的能力。事实上，我们正在向古老的系统添加新的"语词"，如丘吉尔的"V"手势、"给我打电话"，以及国际通用的"结账"手势。至于在日常言语中使用的实际词汇，我们往往会在说出这些词语时伴随对应的肢体语言，以强调传递的信息。同样，如果我们选择用英语与婴儿或宠物交流，尽管说的内容在传播过程中会失去意义，但这种行为背后的意义却不会消失。

当然，音乐和肢体语言之间有很强的联系：舞蹈、鼓掌、吟唱和许多儿童游戏都将这两种系统结合。受到两足行走和重复动作的节奏刺激，行军曲和劳动号子也是如此（这有多古老？）。不过，音乐与语言这种更复杂的社会和个人交流方式之间的关系是什么呢？长期以来，人们一直认为"语言造就人"，这是人类与自然界其他生物不同的地方。詹姆斯·伯内特（James Burnett，蒙博杜勋爵）在1773—1792年发表论文，率先提出"语言的起源和发展"这一概念，比达尔文还早了一个世纪。

布莱克斯托克（Blackstock）博士提出："人类的第一语言是音乐，我们的想法在通过清晰的声音表达之前，就能通过变化音调的强弱和高低来传达。"（Darwin, 1871, 639）查尔斯·达尔文对此表示同意，并进一步表示："我们有充分的理由认为有声语言是人类获得的最新技艺之一，当然也是最高的技艺之一。但创造音符和节奏的本能在低级动物中也有所发展，如果我们承认人类的音乐是从激情演讲中的音调发展而来的，就完全违背了进化论的原则。我们必须假定演讲的韵律和节奏是脱胎自先前发展起来的音乐。由此我们可知，音乐、舞蹈、歌曲和诗歌都是非常古老的艺术。我们可以更进一步认为乐音是语言发展的基础之一。"（Darwin, 1871, 638—639）

在其后的150年中，人们不断努力证实达尔文的这一观点，尼古拉斯·班南（Nicholas Bannan）的一项研究对这些努力进行了总结，并列举了一些探索路径（2012a）。这项研究结合了人类进化、语言学、生物语言学、社会和认知心理学、音乐学、动物行为和神经科学等多学科内容。虽然平克（Pinker）在《心智探奇》（*How the Mind Works*, 1997）一书中声称，没有发现音乐在人类进化中的合理用途或作用，但几乎所有研究过这一概念的人都认为，音乐可能在性选择、群体凝聚力和信息传递方面发挥了关键作用（Foley, 2012, 50）。

考古学家已经发现了至少有 35000 年历史的乐器（Bannan, 2012b, 14），因此音乐的历史可能比这要久远得多，也比我们说话的历史要久远得多。黑猩猩和人类最后的共同祖先生活在六七百万年前，而黑猩猩及其后代似乎都不会唱歌；因此，音乐性一定是人类特有的后天获得的属性。事实上，考虑到音乐在所有现代人类群体中的普遍性，它必须具有坚实的遗传基础，至少 20 万年前就应该存在（Foley, 2012, 35—49）。

关于唱歌和说话的关系以及音乐是否早于语言出现的争论仍在继续，但越来越多的证据支持"是"。例如，罗宾·邓巴（Robin Dunbar）教授（2012）等进化心理学家认为，音乐在语言的发展中确实起到了核心作用，因为它似乎已经取代了相互梳毛，成为进化中的人类灵长类动物联络感情的主要机制。有人认为，"语言"至少经历了三个阶段。第一个阶段以肢体语言为代表，其中包括灵长类动物细心拣除跳蚤和抚平同伴皮毛的装扮过程。谁被允许打扮谁支配着复杂的个人和社会关系。大约 50 万年前，梳毛的一些社会功能可能已经被第二阶段的发展所取代——无言的声音交流或"合唱"（虽然他没有解释跳蚤受到了什么影响）。

决定音乐的进化因素

在解剖学上，语言第二阶段的发展很好地反映了人类胸椎的急剧扩张，以及舌下神经的增大：这些进化将分别改善对呼吸和舌头的控制，从而极大地促进发声（Dunbar, 2012, 208—209）。然而，由于现代智人的到来，FOXP2 基因似乎直到 20 万年前才出现，而 FOXP2 基因被认为是有完整语法的语言进化的关键。由于歌唱需要和言语一样对声音拥有控制能力,因此可以认为,歌唱形式的主导地位可能达 30 万年,之后,支持我们进行无词歌唱的生理属性,才促使我们念出没有音乐伴奏的词语(Dunbar,2012,209—210)。

玛格丽特·克莱格(Margaret Clegg)也站在人类声道进化的角度,认为我们说话的能力"是从现有的解剖结构和能力发展而来的。人类说话的方式是偶然产生的,而不是自然设计的产物。支持我们发声的声道结构是偶然形成的,而不是一开始就有的"(Clegg,2012,73—74)。综上所述,可以认为唱歌(或合唱)是早期人类的首选交流方式,历史比语言长得多,长到我们有足够的时间在这一领域发展出更复杂的技能和成熟的技术。2004 年,在雷丁举行的一次大型会议讨论了以上和其他独到的见解,这些见解出版后,成为探索音乐、语言和人类进化发展的主要著作(Bannan,2012a)。

次年,考古学家史蒂文·米森(Steven Mithen)提出,"我们只有先承认音乐在我们物种的进化史中是被编入人类基因组的,才能解释人类制作和听音乐的现象"(Mithen,2005,1)。他的书《唱歌的尼安德特人》(*The Singing Neanderthals*)讨论了以上情况发生的方式、时间和原因。他阐述了"音乐"与我们今天所知的语言之间微妙的相互关系,然后阐述了史蒂文·布朗(2000)提出的两种系统的共同根源——"乐语"(musilanguage),以及艾莉森·雷(2000a,2000b,2002)提出的共同的原始语言。米森为前语言-子语言拟定了术语"Hmmmmm"(Mithan,2005,172),这是整体的(holistic)、操纵性的(manipulative)、多模态的(multi-modal)、音乐性的(musical)和拟态的(mimetic)首字母的缩写。这份融合了肢体语言和音乐的清单包含了许多必要的组成部分,在其中,声音和动作可以结合起来以传达不同层次的信息。他接着指出，这种音乐原始语言（Hmmmmm）在社交关系不复杂、小规模狩猎采集社会中发挥了足够有效的作用。但是，经济和社会等级更复杂、规模更大的文明的发展需要更便利的可以交换更复杂的信息的能力。因此，音乐形式是我们社会交往的初始手段，这一点我们现在似乎已经达成了共识。然而，米森提出，随着社会变得更加复杂，音乐原始语言被语法"语言"（现在无所不能的书面语或口语）取代。他认为，音乐随之沦为一种文化副业，成了一种娱乐形式，或宗教和情感表达的工具。

音乐的力量

但文字真的能取代音乐吗？可以说，语言等复杂特质的相对现代化的发展，应该被看作是对人类军械库的补充，而并非直接替代旧武器。在充满蹦蹦跳跳和鼓掌的游戏中，看到、听到孩子们将音乐、节奏和诗歌（通常是打油诗）混在一起是一件趣事，至少几十年前是这样的。这样的活动很难跟"诗"扯上关系，仅剩下了"歌"，但确实是欢乐的社会交流形式。这些词如果并非意味深长，就只是带有特定目的的声音。现代语言仍然是传达详细信息的最合理的方式，但我们并没有丧失适应和利用遥远的前城市生活中更古老的音乐和原始肢体语言的能力。

事实上，为什么政客们发现传统的修辞韵律比背诵统计数字在沟通上更有效呢？为什么广告商使用广告语，而电影制作者用音乐来推销他们的作品？为什么足球界的人会唱赞美诗，国家需要赞美诗，宗教需要颂歌，情人有"专属歌曲"，而长途旅行的人沉迷于iPod呢？所有的人都仍然在使用50万年前的原始语言——交流不仅仅关乎确凿的事实。

因此，音乐可以做很多事情，扮演很多角色。每一种流派都提供了一个明确的部落身份，明确地勾勒出其成员的共同立场。对于那些独自生活的人来说，音乐提供了陪伴；音乐具有保存回忆的独特能力；对于那些喜欢集体唱歌，在管弦乐队、乐队或团体中演奏或跳舞（严格意义上的或其他的）的人来说，音乐是一种最具戏剧性的社会催化剂。事实上，音乐作为一种古老而高效的传播者的潜能仍然在临床实践中得到运用。例如，自2008年以来，"关键变革"（Key Changes）计划在伊斯灵顿实行，每年为伦敦市内约300名精神病医院的病人举办音乐活动。受过训练的治疗师和专业音乐家为患有严重精神疾病（包括精神病、精神分裂症、躁郁症和人格障碍）的青年人和成年人提供音乐互动和康复服务。对于那些口语交流较弱、难以与他人交往的人来说，各种形式的音乐提供了一种更深层次的交流方式，有助于帮助他们重返更广阔的社会。音乐疗法也被有效用于治疗自闭症儿童，而残疾人舞蹈课被证明很有益处。此外，英国备受赞誉的歌手艾梅丽·桑德（Emeli Sandé）也相信音乐会推动社会变革。她参与了Key4Life计划，慰问监狱，以激励囚犯从犯罪生涯转入音乐行业（Watts, 2016）。

音乐在所有形式的有节奏和旋律的交流中如此普遍，并且能产生如此多的影响，这足以证明它的古老性。音乐必然有深刻的、本能的根源，肯定比城市化的历史更久远，也显然比正式的语言更古老，更可能比人类本身更古老。有了这样的谱系，它应该成为符合进化规律的城市生活热烈欢迎的一部分（尽管有些人在风笛问题上持保留态度）。

良好感应

甘美兰打击乐[1]可以证实音乐对短期和长期积极行为的引导作用。许多英国监狱都在慈善机构"良好共振"（Good Vibrations）的努力帮助下进行音乐训练。自 2003 年以来，共有超过 53 所安全机构的 3600 人参加了这些活动，这些机构包括伦敦的布里克斯顿、霍洛威、本顿维尔和旺兹沃思，以及全国各地的其他机构，如布罗德穆尔、达特穆尔、加斯顿、兰普顿和维克菲尔德。这种印度尼西亚风格的音乐容易入门，不需要经验或读谱。重要的是，这是一项不需要指挥的公共活动，在其中，每个人的贡献都同样重要，因为每个人都必须相互配合（Digard et al., 2007）。

以下引语摘自 Good Vibrations 网站：

> 对那些曾经生活在虐待、压迫之下或缺乏机会的人来说，每个人的意见都受到重视的经历具有很大的疗愈力。越来越多的小组成员开始自主地控制自己的行为，而不需要小组成员的提示。

据记录，这些活动提高了参与者的信心、倾听和沟通技巧、容忍度、（与工作人员和其他参与者的）社会互动、自我表达水平，以及应对压力和监狱生活的能力。对许多人来说，这些变化是长期的。音乐根深蒂固的力量体现在最后这段引文中：

---

1. Gamelan percussion，流行于印度尼西亚，以锣、鼓等打击乐器为主。

参与者共同创作的甘美兰音乐对他们来说承载了他们不能用语言表达，甚至还没有意识到的意义。一位参与者分享自己感受到了音乐与自己灵魂的交流，并以一种无法描述的方式让自己平静下来。其他与会者表达了类似的看法——他们感受到了一种和平与互通的感觉，但他们无法通过言语来准确表达这种感觉。

在把音乐的进化功能看作是一种前语言交际、互动和控制的手段时，这些都是很有启发性的陈述。音乐并不总是社会生活中一种可选的文化补充：它是增强部落凝聚力和推动社会发展的主要催化剂，我们后来的文字文明正是由此发展而来。音乐本身仍然是一股强大的力量，是一种比单纯的语言更深刻、更常见的传播方式。

第十一章　绿色宜人

在生存的考验和激情中,花园是多么美丽。

——本杰明·迪斯雷利(1804—1881)

为了对自然的热爱

在城市化和技术不断发展的 21 世纪,为什么以园艺和野生动物为主题的节目仍然是小屏幕(或不是很小)上广受欢迎的家庭娱乐?室内植物、公园、宠物和露台之间有什么联系?答案是,它们都是我们与生俱来那种对自然的需要在现代社会的表现。"自然"是一个有趣的名词,我们用它来定义人工环境之外的世界。但是,我们的城镇应该在多大程度上是"不自然的"(unnatural)或"非自然的"(non-natural),我们是否应该认为人类已经进化到不再仅仅是动物的程度了?也许我们需要对"人性"(human nature)做出新的定义。

本书考察的许多决定健康的进化因素,可能与生理和心理的某些方面有关,而这些方面至少在 300 万年前就已经存在于我们祖先的家庭中了。但它们可能还有更久远的起源,因为我们也继承了人类进化前的遗产——在那个时期,我们毫无疑问仍然是动物王国忠实的一员。这些遗产之一就是我们热爱自然的天性,即人类与生命世界之间那些本能的、生理上的联系,就如爱德华·O. 威尔逊(Edward O. Wilson)在对这一主题的开创性研究中所讨论的那样(Wilson, 1984)。这些联系似乎把我们带回到了人类的直接祖先上,回到六七百万年前,人类血统与黑猩猩和倭黑猩猩(黑猩猩属)还未产生遗传差异的时候,回到了与原康修尔猿的共存时期。这种类人猿生活在 2000 多万年前的中新世时期,以水果和植物为食。对他们来说,自然不是哲学上的抽象概念,而是生活的基本事实。处在现代城市和城市生活方式中的我们,对自然世界的原始反应可能已经变得麻木,但肯定没有完全消失。我们对自然的热爱不仅存在于头脑中,还存在于血液和 DNA 里。在这一章中,我们将看到有研究表明,抑制我们与生俱来的自然天性会带来心理和生理问题,而更开放地拥抱自然会直接提升城市福祉。

逃往乡村

贫困的农村人渴望在城市中生活,城市里有金色的人行道、向上层流动的机会和新的面孔。相比之下,地位低下的城市工人则渴望有一间乡间小屋、新鲜空气和快要被遗忘的家乡的青草。城镇越大,这种需求就越强烈。工业革命时期迅速扩张的城镇拥挤不堪、污染严重,居民都渴望新鲜空气和广阔的沼泽与森林,渴望"逃离巨大的城市"。但是,自由进出农村并不是一种公共权利,而是需要努力争取的目标。1932 年,本尼·罗斯曼(Benny Rothman)曾在德比郡峰区组织了一次大规模的非法进入活动,因为这一地区的大地主们在此施加了出入限制。这一行动激发了公众的想象力:它是(继二战后)促使英国在 1951 年设立峰区、湖区、斯诺登尼亚和达特穆尔首批四个国家公园的催化剂之一。

这种想法不仅限于英国,还具有国际性,比如美国于 1872 年设立了黄石国家公园;1879 年,澳大利亚在悉尼郊外设立了国家公园;1885 年,加拿大在落基山脉设立了国家公园;1887 年,新西兰在汤加里罗设立了国家公园;1903 年,拉丁美洲第一个国家公园设立于波多黎各;1909 年,瑞典在欧洲首先建立国家公园;到 1926 年时,非洲已有两个国家公园(维龙加和克鲁格)。现今,全世界大约有 7000 个国家公园,其中最大的在格陵兰岛。

所有这些地区都是可以被称为"自然"或"半自然"景观的大

片土地，虽然至少在英国，这些土地已经经过人类世世代代的改造。国家公园不是原始的荒野，但如此广阔的开放空间是针对拥挤城市生活的一个受欢迎的解决办法。为了保护野生动物和促进人类的娱乐和享受，它们被从现代重建中分离出来。20 世纪，城市化进程加快，回归乡村也是同样的情况，到 2010 年，英国已经建立了大约 15 个这样的公园。如此广阔的景观和农场风景为城市居民提供了迷人的绿地景观，并欢迎着他们的到来。马修·怀特（Mathew White）教授的团队最近进行的一项研究表明，居住在"蓝色空间"——海边、河流、湖泊和运河——也有益身心，这一点大家应该有共识。一项根据英国人口普查数据所做的固定样本追踪调查显示，居住在沿海地区的个人总体健康状况有显著改善，且心理健康问题程度较轻（White et al., 2013a，97—103）。尽管我们的城镇有丰富的娱乐活动和各种娱乐场所，但我们仍然需要亲近古老的风景。也许，就像燕子或鲑鱼决心回到出生地一样，现代智人仍然向往他们的伊甸园。英国荒野基金会（Wilderness Foundation UK）就是带着这样的愿景，由探险家劳伦斯·范·德·波斯特爵士（Sir Laurens van der Post）和自然资源保护主义者伊恩·普莱耶博士（Dr Ian Player）在 1974 年创立的。该组织与美国野生基金会和南非荒野基金会合作密切，是荒野网络的创始成员。但他们不仅保护环境，同样也关心让城市人口以更原始的形式重新融入自然世界，并探索这种关系对精神和社会的疗愈性。有心理问题的年轻人通过荒野计划中的社会互动，极大地增强了自信心，减少了抑郁，提高了个人责任感。

对于那些虽然是人造但同样迷人的风景，1907 年的《国家信托法》会代表国家，确保这些"美丽或具有历史价值"的英式景观和建筑能被永远保存下去。国家信托组织的三位创始人是罗伯特·亨特爵士、哈德威克·罗恩斯利教士和奥克塔维亚·希尔。希尔女士还因为提出了社会住房计划而被伦敦铭记（到1874年，这一计划为伦敦城约3000名有需要的穷人提供了体面的住房）。她还努力保护城市绿地，也就是她所说的"露天起居室"。她发起的活动让伦敦人至今都可以享受沃克斯豪尔公园和议会山的乐趣，而这两个地方都不会受城市的侵占。她主张，城镇、自然和社会应当相互关联，所以得到了那些主张从人类进化的角度发展城镇规划的人的衷心赞同——当然她既不知道也不需要这些特定的术语。

图11.1 树木和城市景观：用当地木材建造的木结构建筑

绿色城市：温和的再野生化

我们古老的基因组的需求和当代城市文化的对立，在许多方面都是对长期存在的先天/后天争论的根本性修正。在城市规划方面，这也与同样长期存在的城镇与乡村对立的问题相呼应——这两点也曾被看作矛盾的两方。人类想要在城市设计领域取得重要进展，就需要更清楚地理解以绿色（或至少是绿化）城镇为代表的肥沃的中间地带为什么如此值得赞扬。这样的城市并不是一种妥协，而是本身就有可取之处的实体。我们不是在要求复制自然，让景观重新荒野化，来模拟原野或田园，而是需要一种更微妙的妥协。想要建立一个与自然有积极联系的现代城市居住区，首先要深刻理解我们为什么会有亲近自然的需要。这种需要是关键的进化决定因素，不仅有利于我们的身体和心理健康，也有利于免疫系统的有效运作。本章就将讨论这三个与城市福祉密切相关的问题，以及如何将自然世界引入人工干预最大的环境——现代城市。这是一项关于城市绿地及其更年轻、更温和的版本——城市绿化空间——的研究，我会主要以伦敦为例，在需要时再引入世界其他地区。

  我们的心理和身体健康的一个关键的进化决定因素，是我们如何对自然世界做出反应，并参与其中。自然不是一种惰性存在，而是一种我们必须与之互动的力量，不管是作为个体还是城市建筑的一部分，自然都包括天气、季节、植物、动物等。人类并不是唯一放弃了狩猎祖先所需的广阔天地，转向城市生活方式的物种。比如，我们城市的新邻居狐狸、海鸥和喜鹊也是如此。我们曾经与食肉动物搏斗，现在园丁用他们的智慧对付野草、蛞蝓和蜗牛。我们喜欢知更鸟和画眉，也经常喂鸭子，当然，那些负责保养市政大厦的人对鸽子就不那么仁慈了。我们为蝙蝠制造箱子，为鸟类放置坚果，但给老鼠下毒。树木不断生长——它们的根可以破坏房屋，枝条可以阻挡、毁坏轻型公共汽车。住在河边或海边是个很有吸引力的选择，但前提是洪水不会涨得太高或风暴不会袭击海岸。一个现代化的城镇离不开自然：与自然共生是一条双行道。

健康与花园城市

诺曼·麦克法迪恩（Norman Macfadyen）博士（1877—1959）是新莱奇沃斯花园城市（赫特福德郡）的第一位卫生官员，也是这一城市运动的热情且杰出的推动者。在1938年首次出版的充满激情和同情心的小册子《健康与花园城市》中，他提供了在前五年收集的数据，将曼彻斯特特定贫民窟清理区的健康问题与新的花园卫星城镇威森肖进行了比较。

表 11.1 从贫民窟到花园城市

项目	曼彻斯特	威森肖
每 1000 名新生儿中的婴儿死亡率	120	60
每 1000 人死于结核病	1.04	0.72
每 1000 人死于麻疹	0.35	0.05
每 1000 人死于流感	0.41	0.25
每 1000 人死于支气管炎	1.56	0.11
每 1000 人死于肺炎	2.21	0.61

来源：Macfadyen，2013[1938]

绿化城市：布达佩斯市中心的公园

面对上面这些数字，不可否认的是，绿化更好的定居点似乎提供了更好的环境，而环境对各自人口的整体日常健康的影响是显而易见的。那么，这是因为新市镇的绿化、更好的住房标准，还是更好的卫生系统呢？

- 如果是绿化，那么关键因素是树木、公园、花园，还是绿色植物的数量、绿地的大小和范围？
- 绿化带相对于市内的开阔绿化区来说，有多重要？
- 绿化带作为促进健康的有效推动者，最少需要多宽？
- 为了将曼彻斯特贫民区转变为更健康的居住区，也就是麦克法迪恩所列上表右侧栏中死亡率较低的地区，城市当局需要将人口与城市绿地的比例最低控制在多少？

我们的祖先依赖大自然为生,因此本能地对其密切关注,他们的生活就是生(或死)在广阔的户外。即使在今天,作为理性的城市居民,我们还是没有摆脱对自然世界的基本反应。举个例子,一个人口稠密的城镇里如果有一个公园,就会变得更容易接受;吸引我们的不只是没有建筑物和交通噪声的空旷空间的大小,还有草木本身。这样的想法并不新奇,弗雷德里克·劳·奥姆斯特德设计的纽约中央公园和豪斯曼男爵设计的巴黎林荫大道背后就有这样的想法。它也是埃比尼泽·霍华德爵士在1898年发起的花园城市运动的基础。霍华德倡导社会秩序良好的城镇规划,应把公园、开放空间和林荫街道包含进来,作为工业区和住宅区的间隔,并建立以绿化带为核心的定居点(Howard, 1902)。霍华德声称他的灵感来自爱德华·贝拉米(Edward Bellamy, 1888)的乌托邦小说《回顾》。然而,事后看来,在更深层的层面上,这一构想可以被看作是一个基于广泛的旧石器时代原则的城镇规划,证实了"部落"或街区单位有必要与肥沃的土地保持牢固、明显的关系。

自霍华德的论文发表以来,城市规划的理论、概念和实践都发生了很大变化。许多人会争论,大城市负担不起花园城市中的标准花园房所需的空间:现代城市的面积分配以更高的人口密度为出发点。然而,在今天的城市规划师的作品中,一个值得注意的特点是对城市绿地的高度重视。尽管以霍华德的远见卓识为基础的新"花园城市"的普遍性和实用性受到质疑,但建设一个中等密度的绿化城镇正成为城市规划的核心需求。本章及下一章就讨论、阐述了"绿色城市"这一概念。一个城镇需要多少绿色,绿化应该采取什么形式:一个大的中央公园还是许多小块的绿色区域?但在回答这个问题前,我们首先必须提出对城市绿地和城市福祉有所需求的证据,而这会引出第二个更深层次的问题：为什么城市绿地对我们有益？

公园生活

塔式大楼与城市绿地

一项在立陶宛考纳斯市进行的研究，探讨了心脏病的发病率、人们的家离公园有多远以及对绿地的利用之间的关系。该研究的结论是，更多地修建城市公园对人的心血管可以产生显著的益处。2006—2008年，这项对5112名年龄在45—72岁的人进行的随机抽样调查显示，抽样人群中有83人死于心血管疾病，364人死于非致命性心血管疾病，而这些人在研究开始时没有心血管疾病和中风问题（Tamosiunas et al., 2014）。调查及其后续研究发现：

- 居住地距绿地600米以上的人患非致命性和致命性心血管疾病的风险增加［危险比率（HR）=1.36］。

- 与居住地离绿地 350 米或更近的人相比,不去公园的人和居住地距绿地 350 米以上的人患非致命性心血管疾病的风险增加(HR=1.66)。
- 与居住在距离公园 350 米或以下的人相比,住在离公园最远的地方的男性患非致命性和致命性心血管疾病的风险更高(HR=1.51)。
- 与居住地距离公园不到 350 米的公园使用者相比,住在离公园 350 米或更远的女性患非致命性心血管疾病的风险显著增加(HR=2.78)。
- 公园使用者的心血管患病率显著低于非公园使用者。
- 公园使用者的糖尿病患病率明显低于非公园使用者。

绿化城市:生理和心理景观

根据十多年前发表的一项研究(Sundquist et al., 2004)来看,城镇对我们的健康不利,或至少可以说,城市化会导致精神疾病和抑郁症的发病率上升。很多学者认为这些问题出现的部分原因可能是"脱离了人类进化时所处和自身最适应的自然环境"(White et al., 2013b, 1),埃克塞特大学的马修·怀特教授就是其中之一。他提到了一些研究,例如荷兰的一项研究显示,与居住在离公园更近的城市地区的人相比,居住在绿地较少的城市地区的人,抑郁和焦虑程度更高(Maas et al., 2009)。他的研究则深入地探讨了这个问题。他利用英国住户小组调查(1991—2008)记录的 10000 人的数据,揭示了城市绿地与幸福和精神痛苦的关系。与城市绿地的距离是根据英国公用土地利用数据库（GLUD）收集的信息计算的，而所有样本中的人都生活在城市地区。对这一大样本的分析表明，在拥有更多绿地的城市地区，个人有着更大的幸福感。相反，那些生活在绿色较少地区的人精神痛苦水平明显更高，生活满意度更低。他的结论是，通过"增加城市环境中的绿地数量"，可以获得显著的总体健康效益（White et al., 2013a, 8; 2013b）。但这一结论是否反映了以下问题：更富裕、更健康的人生活在更富裕、更环保的地区？收入而非绿地是产生这一结果的主要原因？

伦敦最近的一个例子似乎支持了这种解释。绿化程度最好和最繁荣的行政区是里士满，位于城市的西南部，横跨绿树成荫的泰晤士河两岸。2012年，这里的失业率为4%，女性预期寿命为86岁，男性为81.5岁。而哈姆雷特塔是伦敦市内一个绿化情况很差、人口更多的行政区，失业率为13.4%，人口预期寿命要比前者低4—5年。他们一生中"健康的"（也就是说，没有慢性疾病）时间有多少年？计算出来的数字更令人沮丧（当然，除非你住在伦敦西南部）。在里士满，女性和男子可以保持"健康"的状况超过70年，而对城市东区的女性和男性来说，其健康寿命的差距有近20年（ONS, 2013a）。

绿化差和绿化好的市区之健康方面的社会不平等

表 11.2 同一座城，不同的世界

伦敦里士满区 （失业率 4%）	预期寿命
男性	81.5 岁（其中 70.3 年为健康）
女性	86 岁（其中 72.1 年为健康）
伦敦哈姆雷特塔区 （失业率 13.4%）	预期寿命
男性	76.7 岁（其中 55.6 年为健康）
女性	81.9 岁（其中 54.1 年为健康）

来源：英国国家统计局（ONS），2013a，表 2

雄鹿派对：里士满的皇家公园是伦敦最大的公园，占地超过 955 公顷，面积如此之大，以至于成片的休耕地上有成群的马和鹿自在地游荡。相比之下，整个哈姆雷特塔三个最大的公园加在一起也只有 120 公顷

但是，这种可悲的情况在多大程度上与提供（或不提供）城市绿地直接相关？又有多大程度可以归咎于社会和经济地位以及与地域有关的生活方式？苏格兰两所大学的学者专门针对这个问题进行了研究，并令人信服地表明，靠近绿地，而不仅仅是收入，会对健康产生重大的有益影响。理查德·米切尔（Richard Mitchell）和弗兰克·波帕姆（Frank Popham）的研究从英国 40813236 名低于退休年龄的人的记录中，选择了一个庞大的数据库，然后将选定的城市样本按收入等级（其中包括最贫困的人群）归类，并将其与城市绿地的距离联系起来；接着，他们又按各种疾病和死亡年龄对这些群体进行分类。结果表明，不管收入如何，所有群体中，接近绿地与对抗各种死亡原因和循环系统疾病之间都有显著的正相关联系。换句话说，无论收入多少，住在公园附近似乎对健康都有好处；相反，你和城市绿地的接触越少，就越可能不健康，不管薪水如何。他们的结论是，城市"提升健康的环境可能是减少健康不平等的关键"（Mitchell and Popham, 2008, 1658）。看来，城市生活健康与否，真正的差别不是有医疗系统的保障或财富的分配相对公平，而在于公园的多少。

第十二章　中央公园

好的事情会发生在人与山相遇时,而非人们在街上拥挤时。

——威廉·布莱克(1757—1827)

城市绿地：微生物学上的必需品

对于我们未步入文明的祖先来说，生活在野外开阔的天地是正常的，而我们所在的现代生活中，至少也需要哪怕一点点这种常态。绿色是有益的，正如前一章的研究表明：生活在"自然"环境中有利于长期健康，包括更长的寿命、更少的心血管疾病和精神问题。但为什么会这样？答案在于本书中讨论的最具颠覆性的研究——伦敦大学学院微生物学家格雷厄姆·鲁克教授及其同事进行的一项非凡研究。他从多个角度看待这一问题，还考虑到了观看绿地和在绿地上行走通常会产生的心理影响。这些行为对大脑血流量、血压和唾液皮质醇的影响是可以测量的（Rook, 2013），情绪的改善也可通过移动脑电图看出（Aspinall et al., 2013）。

对绿色和蓝色空间的积极回应，有一种进化性解释是，这是古老的基因在提醒人们留意肥沃和舒适的栖息地，它们是人类狩猎采集者曾经（而且显然至今仍然）受到吸引的景观类型（Frumkin, 2001）。这可能颇有道理，不过很难被证实。而且更重要的是，通过公园散步（至少在大白天）所获得的可测量的、令人愉快但短暂的体验，与短期的心理提升以及利用这一点促进长期健康之间，似乎并没有直接关系。

或者原因是靠近城市绿地更有利于进行经常性锻炼？如果是的话，是不是体育活动有益于健康，而不是公园？毕竟，你可以定期在体育馆里锻炼，而不是在漆黑的12月早晨在户外锻炼。巴顿和普雷蒂（2010）的研究表明，不论持续时间、强度、地点、性别、年龄或健康状况，在公园或其他绿地锻炼后，情绪和自信都会有明显的改善。这对支持公园的人来说是一个令人鼓舞的结果：绿色运动在短期内产生了直接和明显的积极效果。但这种精神上的好处到底有多深，持续时间真正有多长，我们还不清楚。对于下一代高密度城市的设计者来说，这是一个重要的问题，因为他们几乎没有多余的空间。如果要为居民提供一个健康的环境，未来的新城镇应该设立更多室内体育馆，还是较大的公园？以及两者各占多少比例才能实现成本效益最优呢？

马槽圣婴

图12.1 城市绿地：这必不可少，也不仅仅是为了社会和健康利益

鲁克教授对上面的问题提供了答案和解释，而且比景观欣赏的理由更深入——无论出于何种动机——同时集中关注了我们幸福的关键组成部分。除了密切关注我们的营养和活动习惯外，保持良好的

健康状况，还需要一个有效的免疫系统。但城市化进程本身是否会损害我们的身体抵御感染和疾病的能力呢？早在1820年，约翰·罗斯托克（John Rostock）医生就讨论过花粉热的原因和可能的治疗方法。据观察，农民（但更重要的是他们的孩子）从未患过这种疾病。事实上，这被视为是一种贵族病："毫无疑问，此病如果不是专门折磨上层社会，也至少是折磨受教育阶层。"（Blackley, 1873, 7）在试图解释这种社会状况时，最初被提出的是，受过训练的头脑的实际运作方式，使人更容易患上花粉症（Blackley, 1873, 161—162）。虽然这可以被归类为健康的社会决定因素的早期例子，但正如鲁克教授所认为的，其根源更深（Rook, 2012）。此病与患者的收入关系不大，主要是在最早、最具成长性的几个星期里，他们的后代得到了干净、封闭的抚养环境——远离农场。流行病学研究现已表明，与生活在远离农村的环境中的儿童相比，暴露在农场和农业环境中的儿童，在儿童时期更好地具备了预防哮喘和过敏症的能力（von Mutius and Vercelli, 2010）。

正是通过与植物和动物的直接接触，我们获得了在皮肤和肠道中生存和茁壮成长的大型生物、微生物和肠道菌群。这些微生物群并不是我们与生俱来的：它们都来自我们出生后与外部环境、土壤、植物、动物、空气或与其他人的接触。数百万年来，它们一直入侵，居住在人类和它们的前辈身上，最重要的是，在人类免疫系统的调节中扮演了共同进化的角色。有些微生物是良性的，另一些是潜在有害的，但如果要从它们那里受益，就必须容忍它们。这些微小的生物共同为我们提供生态系统服务：没有它们，我们患上过敏、自身免疫和炎症性肠病的概率，就会大大增加。同样的情况也出现在其他生物身上，英国最近对小猪的研究表明了这一点。在一项实验中，来自同一窝的猪崽分成两组，一组留在农场，另一组在卫生的隔离室中饲养。结果表明，与被隔离的那组相比，在农场饲养的猪在黏膜免疫系统的调节成分和对食物蛋白的免疫反应方面，有更积极的发展（Lewis et al., 2012）。看来，对那些在马槽出生的人来说，这对他们的长期健康有相当大的好处。

谈到出生，剖腹产的利弊经常出现在新闻中，进化微生物区似乎可以为这场辩论提供新的素材。哈佛大学公共卫生学院的营养流行病学家袁长征及其团队研究了 22068 人的记录，其中 22% 的人是剖腹产（Yuan et al., 2016）。通过这种方法分娩的儿童患肥胖症（9—12 岁）的风险似乎增加了 30%。更能说明问题的是，在有兄弟姐妹的 12903 人中，剖腹产出生的人，比顺产出生的兄弟姐妹更胖的可能性高出 64%。这有力地表明，母亲产道中的微生物区——例如更多的双歧杆菌和更少的葡萄球菌——似乎能使婴儿长期受益，前提是婴儿通过产道出生并在途中吸收了微生物群。这是我们健康的一个真正非同寻常的进化决定因素，也是支持"自然分娩"的有力论据，当然，这么做的前提是不存在其他更复杂的健康问题。

另外，我们已知，延长母乳喂养可减少儿童感染的频率，并降低儿童超重的风险，虽然其根本机制尚不清楚。不过，据 2015 年对芬兰北部 225 名儿童进行的一项研究表明，母乳喂养的长期代谢益处是通过母体肠道的微生物群传递的（Korpela et al., 2016）。当然，这项研究还表明，对这些儿童使用抗生素，似乎会削弱延长母乳喂养带来的积极作用。

免疫学与共同进化

借用鲁克一篇重要报告的引言（Rook et al., 2014）：在作为狩猎采集者生活的几千年中，我们的免疫系统逐渐与我们一起进化。它需要至少三个来源的投入，这些来源有时统称为"老朋友"。首先是由母亲和其他家庭成员传播给我们的共生微生物群；然后是来自自然环境的生物体，作用是丰富和调节这些共生微生物群；最后是旧的感染，它们可能会在小的、孤立的狩猎采集群体中以相对无害的方式持续存在。我们的身体学会了容忍这样的有机体，它们与我们共同进化，在我们免疫系统的发育和调节中发挥作用。

相比之下，"人群感染"（如儿童病毒感染），则是在集约化农业和畜牧业的发展支撑起更大的社区，并导致城市化之后才发展起来的。与"老朋友"不同的是，这些人群感染并没有进化出免疫调节作用，因为宿主或被杀死，或获得完全免疫，因此这些感染不能在离散的狩猎采集群体中生存或发展。尽管西方现代的生活方式以及相关的医疗实践几乎根除了许多"旧"感染，但免疫调节紊乱已经明显增多。在当今更接近临床的世界里，我们的免疫系统的输入已经变得更依赖于微生物群和自然环境。然而，居住在城镇减少了我们亲近自然环境的机会，同时增加了我们接触缺乏免疫调节作用的人群感染的机会（Rook et al., 2014）。因此，对于那些出生在高收入国家城镇的人来说，许多人似乎将面临慢性炎症性疾病增加的风险，而这在一定程度上就是由免疫系统未能做出适当反应导致的。城市儿童的免疫系统只接触了极少的微生物群，所以无法"学会"识别、区分有益的菌株或有害的病原体。因此，"学得差"的免疫系统会对它错判为对身体有攻击性的东西做出不适当的反应，进而导致自身免疫性疾病，如多发性硬化症。或者比如，对无害过敏原的错误识别可能引发花粉热等过敏性疾病，而肠道中的过敏原可能导致溃疡性结肠炎或克罗恩病（Rook, 2013, 18363）。

这项研究提供了以下问题的主要原因：为什么城镇（或者更正确地说，在城市环境中减少与自然的接触）可能会对我们的身体健康有害？因为我们仍然需要只有动物、植物、树木和土壤才能带给我们的微生物。在一个用混凝土浇筑、充斥着带空调的建筑的城市里长大，对你的免疫系统毫无益处。另外，住在靠近城市绿地、园林的地方，多在户外走动，与宠物一起长大，可以确保你吸收足够多的微生物，以帮助你形成强大的免疫系统。鲁克特别提到了宠物，"有狗的家庭，灰尘中的微生物群比没有宠物的家庭要丰富得多，也更多样化"，或至少比那些宠物完全家养的家庭要好一些。他接着评论说，人类（特别是儿童）接触狗等动物"似乎是一种防止变应性致敏和过敏性疾病的保护"（Rook, 2013, 18364）。他认为，自从狗被驯化以来，人类就已经开始与犬类的微生物群共同进化，或者时间甚至可能更早。

人类最好的朋友

驯服和驯化灰狼（*Canis lupus*）似乎开始于数万年前。DNA研究表明，狗大约在10万年前就开始从其谱系中分离出来，但与早期人类相关的狼骨骼化石甚至早于这个时期（Derr, 2011）。研究表明，在出生21天内被带走的狼崽可以被人类饲养和驯服——这与罗穆卢斯和雷穆斯的传奇故事完全背道而驰。一些捡拾食物的狼很可能乐意在人类狩猎营地附近过着半野生的生活：它们能得到人类剩下的肉和骨头,而作为回报,它们可以充当警犬,甚至是没有任何重大基因变化的猎犬。现在伦敦、布里斯托尔和许多其他城市常见的城市狐狸,就是这一共生过程第一阶段的例子。2008年,在19世纪末从比利时戈耶洞挖掘出的材料中,研究人员发现了31700年前的狗的化石,这是一种力量强大的大型动物,吃驯鹿、麝牛和马(Germonpré et al., 2009)。

然而,随着新石器时代畜牧业的兴起,未驯化的狼或强大的猎狗可能就不那么有用了。原因则可能是在这个阶段,人们开始专门培养不同类型的狗,如用于放牧(而不是狩猎)牛羊的牧羊犬。这些新品种随后被用于对付狼群,以保护畜群和羊群。因此,看起来,人类与狼和狗生活在一起的时间(以及与之相关的丰富的微生物群)比人在城镇生活的时间要长得多。

图12.2 人类最好的朋友:可以说是第一种被人类"驯化"的野生动物

微生物群与心理应激

鲁克教授的关键工作比研究各种身体疾病更深入，因为他还证明了，如果我们城市化的身体不能有效地应对炎症，可能会催生负面的精神后果。这是因为帮助我们的免疫系统对抗炎症的有机体和过程，也会调节大脑的发育、认知和情绪。因此，如果在我们遭受心理压力折磨时，免疫系统无法完全起作用，我们的负面影响将会放大。精神疾病和慢性炎症性疾病——健康的另一个进化决定因素——之间的这一关键联系，需要免疫学家、流行病学家、神经学家和精神病学家进行详细研究。"伊甸园协议"建议的一种解决办法是扩大城市绿化、饲养宠物和一起同它们定期去花园、政府配发菜园[1]和公园。这种方式如果开始得足够早，大自然仍可以帮助改善我们的免疫系统。

土壤中的微生物还有其他重要用途：它们很可能是下一代抗生素的来源，医疗行业将使用这些抗生素来治疗、控制感染。自20世纪40年代以来，青霉素和链霉素等抗生素的使用，为大多数感染提供了有效的治疗方法。然而，随着它们的广泛使用和过度使用，人体对这些化合物的抗药性日益增强，而且事实已经证明，我们也不可能生产出具有适当强度的合成抗生素来取代或替代它们。马萨诸塞州波士顿东北科学学院的金姆·刘易斯（Kim Lewis）教授及其团队进行试验，在土壤中培育健壮的自然有机体，从中开发出一种名为泰斯巴汀（teixobactin）的"新"抗生素（Ling et al., 2015）。显然，有生机的土壤是帮助我们保持身心健康和对抗感染

---

1. Allotment，英国政府专为喜欢种菜的人开发的份田，一般在城镇里较僻静的地方。

的关键因素,因此,我们的城市应该尽可能多地袒露土地。

这就引出了留给未来城市规划师的一系列新问题。首先,应该在我们的城镇种植(或允许种植)哪些特定的植物、灌木和树木,以吸引能够提供最大健康益处的更好的微生物群?其次,人均占树率应该是多少?一棵橡树会比六棵桦树更适合我们吗?鲁克建议,如果城市人口确实必须寻求自然环境,"以提供适当的空气微生物群,那么多个广泛分布的高微生物质量的小型城市绿地可能足以替代大型中央公园"(Rook, 2013, 18367)。他接着评论了流行的时尚:屋顶花园、城市墙壁上的垂直花园以及专门为鸟类、蜜蜂和昆虫栖息而设计的城市绿地,还有那些储蓄雨水,以防止暴雨期间排水系统崩溃的设施。所有这些地方无意但极受欢迎的次要功能,将增加城市微生物群的种类和总量。因此,即使没有空间来建设一个新的大公园,街道甚至房屋也可以(而且应该)用树木、花盆箱或花坛来绿化。

绿化城市:亲生命性、生物多样性和积极的相互作用

在提出绿化对于城市福祉有利的证据后,下一步便是考虑更"自然"的城市环境的一些地形实用性。今天,有许多不同类型的城市绿地(当然还有蓝色空间)供(或可供)城市居民使用。这个范围很广,而且清楚反映了"城市"和"乡村"、"自然"和"人工"、"绿化空间"和"被绿化空间"之间划分的人为性。尽管很多建筑是用混凝土、砖瓦和玻璃建造的,但在许多英国城镇中,树木、花园、公园和开放空间的数量相当可观,而且似乎还在增加。接下来的讨论将从人类进化的角度审视城市绿地,重点关注与自然接触(或亲生命性）密切相关的问题、体育活动和社会互动的必要性，以及不能忘记的一点——对生物多样性的促进（包括那些拯救生命的微生物群）。

城市绿地、被绿化的空间与体育活动

在与肥胖及其相关的健康危害做斗争时，定期锻炼的重要性怎么强调也不过分。例如，对于那些从事久坐不动的职场人来说，步行、跑步或骑自行车穿过公园或安静、有吸引力的绿色街道，将对健康产生深远的益处。把这种锻炼作为休闲活动很好，但将这种行为部分或完全融入日常通勤中会更好。然而，这显然取决于时间、住址、工作地点，以及街区的绿化程度和交通状况。人们普遍认为，繁忙的城镇不能完全让位于开放的公园，但至少可以提高部分街区的绿化程度，并设立专门的步行区或改善交通状况。城市的街景越宜人，就越有助于促进人类的正常运动。至关重要的是，在设计通往学校的道路时应充分考虑到这一点，因为如果儿童养成每天步行上学的习惯，那么能从中获得的长期好处是非常可观的。

多运动既锻炼了身体，也增加了社会活动，但这需要城市规划者用运动场和球场来提供支持。虽然往往最令人难忘的事情是那些跳起射门得分的比赛（而且比分最好是10∶9），但人们也需要更衣室和管理人员等配置来培养和鼓励长期运动的习惯。除了可能给个人健康带来好处之外（如第9章所示），推广正规的、有组织的体育活动还具有非常重要的社会优势。除了正规足球场，其他方式的户外运动也可以。荒野地带（Wild Zones）是一种"新"形式的公共空间，提供了与自然环境直接互动的机会，因此不同于正式的花

园、公园或运动场。它们是在大自然中冒险、创造和玩耍的地方，成年人和儿童可以在那里玩泥巴、玩水，或者用天然材料创作雕塑，或用树枝、树叶和岩石建造房屋、洞穴和避难所。它们通常在较大的公园或自然保护区的周边，或可能随着时间的推移，建立在后工业用地上。对于现代城市里的儿童而言，这些区域可以提供一个简单的窗口，让他们进入前城市化半旧石器时代的世界，解决他们的"大自然缺失症"。让儿童（暂时）回归自然，会让年轻的希斯克利夫（Heathcliff）和凯茜（Cathy）[1]产生共鸣，也会让从未获得过健康和安全、与满是战争疮痍的伦敦一起成长的那一代人产生共鸣。

与自然合作：参与式城市绿地

与健康的进化决定因素相关的协议的主要原则，包括与自然接触（包括积累对我们的免疫系统至关重要的微生物群）、身体活动（特别是在户外）、提供积极和有挑战性的机会，以及通过关注街区来培养社区意识。而所有这些问题都可以由城市农场很好地处理，例如，现在有15个城市农场在大伦敦地区开展业务。最近这种做法得到显著发展的一个关键支撑点是，一个特定项目最初往往是由有决心的社区团体，而不是履行法定义务的地方当局推动的。因此，有时这类计划的持久性和可持续性存在严重问题。尽管如此，城市农场所提供的有形和无形的好处，已经得到了很好的证明，为继续维持甚至扩展这类计划提供了充分的理由。

伦敦第一代城市农场是大约40年前在卡姆登的肯特镇建立的。

---

1. 两人都是小说《呼啸山庄》中的人物。

现在要重点关注的是这些农场的分布，因为到目前为止，它们有点过度集中在城市中心区。卡姆登、伊斯灵顿、哈克尼、纽汉、南华克和朗伯斯现在都各有一个农场，哈姆雷特塔至少有三个。在核心城区，只有两个行政区还没有自己的城市农场：刘易舍姆，这里明显需要一个；伦敦区，即伦敦金融城也一样。尽管"城市"一词被用来修饰这些农场，但单个行政区实在是太小、太拥挤了，连转身的空间都没有，更别说给牛挤奶了。19个更"绿色"的周边行政区的社区，似乎不太需要采取这样的举措，但也有6个这样的城市农场。

很多家庭会定期去这些地方，度过令人兴奋、往往充满惊喜的一天，它们也为居住在远离开阔乡村的孩子提供了有吸引力和价值的"露天教室"。大多数城市农场也证明，与动物和植物一起工作会对社会产生有益的影响。大多数农场提供实习岗位，许多农场还开设课程，为那些自闭症患者、有学习或行为问题的人、无家可归者、年轻罪犯和失业者提供服务。这些服务都属于"关爱农场"（Care Farming）的一部分（Hassink and van Dijk, 2006）。这类服务在荷兰、挪威、美国和澳大利亚等国有悠久的历史（Velde et al., 2005），在英国开展的时间虽然相对较短，但正在迅速扩张，全国目前至少有76个这样的农场（Sempik and Aldridge, 2006）。

城市农场的独特环境常常会触动那些很少从城市社会收获善意的人。人们能通过与自然接触、亲身实践的体力活动、积极的社会互动，以及接触更多样化的微生物群，来重新找到自己。社会服务组织、监狱、青年犯罪小组、社区毒品小组、教育当局、学生收容处和行为支持组织，都可以将服务对象介绍到农场。

当然，这种积极的园艺疗法不一定只能在城市农场进行，只要有合适的土地，就可以像沃金厄姆一家医院那样（Gladwell,

2007），与任何可能受益的人一起开展此类活动，甚至有资料证明，这种方式对虐待受害者也是有效的（Linden and Grut, 2002）。相关的益处包括：改善身心健康和自尊感，增强自信、独立、个人责任感和社会技能，增强对他人的信任，养成工作习惯。但到底起作用的是使个人摆脱与问题相关的环境，还是农场本身（包括提供服务的工作人员、活动机制和植物），仍然存在一些争论。按理来说，我们会建议将这两者积极结合。而且，动物远比人类友好，例如对所有人都很友好的设得兰矮种马。动物会无条件地给予和接受爱，当然，我们每天都要喂养和照顾它们才行（Ewing et al., 2007; Hine et al., 2008）。

在设有宠物角或儿童动物园的公园里，我们也可以看见动物。虽然这些地方无法像城市农场那样，但也确实为儿童和成人提供了观察动物和鸟类并与之互动的机会。这些地方可以在伦敦的许多角落找到。例如，霍尔本的科伦公园、巴特西公园、水晶宫、森林山的霍尼曼花园、查尔顿的马里恩·威尔逊公园和布伦特的女王公园。摄政公园里也有一个大型动物园，尽管门票比城市农场高得多。伦敦野生动物信托基金提供资金，支持了一些自然保护区，包括国王十字车站的金利街自然公园、斯托克纽因顿的东水库社区花园、佩卡姆的野生动物园艺中心、西德纳姆山林、特威克纳姆的鹤公园小岛和奇西克的根拿士贝利三角区。

伦敦第一家"猫咪咖啡馆"于2014年在肖迪奇的贝斯纳尔格林路开业，是伦敦动物园的新朋友。在这里，无法在城市公寓饲养宠物的人，可以抚摸来自不同救援中心的猫，并与之交流。这一概念起源于1998年的中国台湾，在东京发展起来，随后蔓延到亚洲其他地区和欧洲。日本还有兔子甚至山羊咖啡馆。它们的持续成功似乎反映了高密度城市人口对与动物世界直接接触的明确需求。野生动物类电视节目之所以很受欢迎，是因为亲生命性是人类的一种深层需求，但这一章证明了，即使是城市内部的居民，也可以通过各种方式更直接地与我们的生物同伴接触。

大地的果实

图 12.3　参与式城市绿地：与自然合作

房地产经纪人都很熟悉花园房屋的增长价值，那些为之付出时间和精力的居民也是（Richards, 2005）。但是，对于许多没有私人花园或城市绿地的市民，也有其他解决方案。英国份田运动的起源可以追溯到18世纪末，将农田和其他可能种植多种作物的土地租给当地劳动者。这种做法随着英国城市的工业化而扩大——工会欢迎这一举措，能使工人以较低的生活成本养活自己（尤其是在失业率不断上升的时期），而雇主则认为该措施有助于让他们的员工远离酒馆。然而在伦敦，这项运动却发展缓慢，因为闲置的土地稀缺且宝贵，而且城市中已经有了活跃的园艺传统。相比之下，在19世纪80年代和90年代的纽约和费城，城市荒地则被交给当地人种植粮食，并促成了约瑟夫·费尔斯（Joseph Fels）在1907年创建空地耕种协会——闲置的土地被有空闲的人很好地利用了。在大西洋另一边，伦敦的进展仍然非常缓慢，到1914年也只配发了140块地。但这一切都随着一战引发的粮食短缺而发生了改变。到1916年，伦敦协会的800名"地主"一共耕种了50英亩土地，随着同年《土地耕种法》通过，这一数字有所增加。首先获得土地的往往是当地的行政区，而不是伦敦郡议会，但到一战结束时，份田运动影响扩大，证明了其价值。1929年5月，《国家份田杂志》第一期在伦敦出版。到这时，地方当局已经可以通过协议、租用或强制购买的方式获得土地。

然而，伦敦城市空间的竞争压力还是存在，例如，为了建更多住房，威尔斯登的3000名份田所有者失去了他们的小块土地。在二战期间，随着粮食也采用了配给制，份田运动戏剧性地卷土重来，在"为胜利掘土"（Dig for Victory）运动中发挥了主导作用，涵盖了全国范围内一百多万块土地。根据迈克尔·威尔（Michael Wale）在大伦敦份田论坛上的报告（Wale，2004），英国的份田量随着配给制的结束而下降，到2004年降至约25万块。但花园和份田在食品生产中的重要性，现在又得到了更广泛的认可：这不仅仅是一项节约成本的措施，还关系到产品和生活质量。伦敦的份田广泛分布在30个区，只有伦敦金融城、肯辛顿、切尔西以及威斯敏斯特没有。根据大伦敦管理局的网站，份田的好处包括：可提供新鲜水果和廉价蔬菜，因此人们的饮食更健康；有机种植，因而减少了与农药的接触；提供在新鲜空气中锻炼的绝佳机会。同时它还具有教育意义，颇具挑战性又有回报的经历，可以减轻压力（欢迎蜗牛侵扰），并提供了与志同道合的人相处的机会，增加人们的幸福感。简而言之，这是一项符合"个人健康行为准则"（见第 15 章）中与健康进化决定因素有关的许多关键点的活动。

不过，令人担忧的是，在 1996—2006 年的十年中，伦敦的份田数量出现了下降。地点由 769 个减少至 737 个，实际份田数由 22319 块减少至 20786 块，按百分比计算，减幅接近 7%。根据彼得·休姆（Peter Hulme）的报告，这意味着总共损失了 87 英亩份田，相当于 54 个足球场那么大（London Assembly Environment Committee, 2006）；遗憾的是，占用这些宝贵土地的目的并不是体育运动。伦敦的一些行政区似乎有一份长达 40 年的份田候补名单。然而，历史可能又在重演：根据英国环境、食品和农村事务部在 2012 年进行的一项家庭粮食调查，全国家庭种植的水果和蔬菜的百分比已从 2008 年的不到 3% 大幅上升到 2011 年的 5%。现在养鸡的人越来越多，而家养鸡蛋的产量翻了一番，从 3% 增加到近 6%（DEFRA, 2012）。

尽管份田的黄金时代可能已经结束，但许多伦敦人仍然有机会种植一些至少他们自己吃的东西。传统的份田面积可达 250 平方米：对于伦敦这样一个人口稠密城市中的个人食品生产者来说，地块的面积相当可观。更好地利用空间的方式，或许可以在发展社区花园和社区园艺的活动中找到。这是一项以住宅区为基础展开的活动，由当地居民一起（至少在理论上）——而不是单独的个人——维护和利用社区里小块的土地。比如，大乐透就曾资助了为期三年的空地项目，在伦敦市中心的卡姆登、哈克尼和伊斯灵顿行政区的住宅区建立了大约 20 个社区粮食种植空间。哈克尼的桑福德庄园也很典型。83 岁的居民艾琳·莱温顿曾向伦敦环境再生慈善组织"地基工程"寻求帮助，希望将一块空旷的混凝土地区改造成一个有 40 个栽培位的社区花园。东伦敦商业联盟则组织了一支由企业志愿者组成的团队，与伦敦金融城的公司英杰华和年利达以及内政部的员工一起，帮助清理、建造和开发花园。堆肥由伦敦垃圾处免费提供，从埃德蒙顿的生态公园运来。完成后，居民们可以直接去这个新的花园劳作。这种强烈的城市倡议或许会得到已故的约翰·西摩（John Seymour）的认可，他在 1976 年撰写了经典的《自给自足全书》（*The Complete Book of Self-Supply*）。西摩曾经在非洲工作，在那里认识了丛林工人，并学到了一些狩猎采集的生活方式（后来他和我父亲一起被派到阿比西尼亚，加入非洲皇家步枪队）。他可能并不认为伦敦的这些种植者完全实现了自给自足；然而，这些做法不仅提供了新鲜的水果和蔬菜，而且还提供了户外活动和社交的机会，有可能还会让我们接触更多的微生物。

绿色城市

未来符合进化规律的城镇的一个基本属性，应该是其绿化设施：不仅包括公园，还有两旁是树木或花盆箱的绿色街道、社区花园、城市农场和步行专区，以及带有室内植物的房屋和办公室。由此带来的身心健康的改善及更有效的免疫系统，将物超所值。事实上，有关 2014 年提出的自然和福利法案的大量实证研究，也支持这样的观点，即我们的旧石器时代基因组仍然需要与自然世界密切接触，尤其是当我们身处城市时。或许，绿色城市并不是埃比尼泽·霍华德爵士设计力推的花园城市，而是在高密度的生活需求和符合进化规律的城市环境之间的一种更实际的妥协。

第十三章　旧城镇

最伟大和最令人钦佩的智慧是规划和美化城市与人类社区所需的智慧。

——苏格拉底（公元前 469—前 399 年）

非自然栖息地

在过去的糟糕日子里,动物园不过是"动物俘虏的劳改所":动物们从自然栖息地中被逮捕,紧紧地锁在笼子里,远送他乡。不出所料,它们都患有严重的心理障碍和生理问题,且很少能在这样的外部世界中成功繁殖。事实上,据亚特兰大动物园的海莉·墨菲(Hayley Murphy)的说法,45% 被圈养的灵长类动物可能患有心脏病,而仍生活在野外的灵长类动物患病率只有 4%。

今天,在动物园和野生公园里的动物的福祉,得到了更好的理解和满足,人们至少在试图模拟它们失去的生活环境。这种模拟越接近它们的"自然"栖息地,动物就越健康。考虑到我们也是灵长类动物,那我们能从中学到什么吗?毕竟,大约 34 亿人(占世界人口的 50%)已经实现城市化,生活在"混凝土动物园"里,但城镇不是我们的自然栖息地:在过去几百万年的大部分时间里,我们和直系祖先是狩猎采集者,以小型部落社会的形式生活在土地上,与自然密切合作。

在现代城市设计中,提高对旧石器时代基因组的理解,应该扮演什么样的角色?新技术和创新工程是我们城市未来的唯一推动力,还是说对健康和人类生物学的进化决定因素的研究,也发挥同样重要的作用?这本书不仅想要确定我们作为狩猎采集者的过去的关键要素如何在 21 世纪的生活中表现出来,还要关注如何在今天应用这些知识。本章中,我们将考虑如何站在更适合狩猎采集者的生理和心理的角度,重新配置我们的城市、城市景观和建筑,由此使我们的城市福利得到改善,国民健康服务的成本降低。就像在动物园里一样,城市环境越好地模拟我们的"自然"栖息地,我们这些城市动物就会越健康。

本章将从历史的角度看待这一路径,回顾以往的城市规划实验,并以伦敦为例，说明与城市福利有关的更广泛的趋势。有一些近代哲学思想和运动与进化决定因素的城市设计理念密切相关。其中包括埃比尼泽·霍华德爵士的"花园城市"、1984 年起源于多伦多的"健康城市运动"和 20 世纪 70 年代发展起来的"新城市主义"。从表面上看，其他一些"城市主义"也应该是相关的。其中一种是景观城市主义。它被一些人看作是对衰退中的后工业城市的一种重组，被另一些人视为大规模整合住房、城市基础设施和绿地的手段，还有一些人，则将其视为多阶段、多用途城市公园的发展。它似乎与生态城市主义密切相关，生态城市主义本身就是意识形态驱动的绿色城市主义和可持续城市主义学派的变异。建筑师米格尔·鲁亚诺（Miguel Ruano）在 1998 年出版的《生态城市主义》（*Eco-Urbanism*）一书中，将这个概念定义为"在和谐和平衡的建筑环境中发展多层面的可持续人类社区"。不出所料，基础广泛的城市规划进化决定因素的概念，就像蜈蚣一样，在许多营地都站住了脚。

城市进化

图 13.1 乡村住宅：用来自当地的林地材料建造——伦敦大学学院考古学院实验基地

我们今天所生活的城镇，其概念在过去几个世纪中已经发生了变化，不仅其中建筑物的形式、功能和类型变了，支撑其规划、设计及其后续发展的思想也有变化。对一些市政当局来说，国防可能是主要推动力，对另一些人来说，则是商业活动。随着时间的推移，人们对公共卫生和城市福利的关心起起落落。其中一些趋势将在本章后段进行总结，以便为我们讨论城市规划需求的进化决定因素提供深层背景。

城市并不总像今天看起来那样没有人情味、四分五裂、功能失调。其中一个关键问题是规模，因为一个拥有 25 万人的城镇所面临的挑战，可以说比一个拥有 500 万或更多人口的城市更容易解决。回顾城镇的历史发展情况，找出可从中吸取积极和消极教训的早期规划的要素，对未来城市建设将具有指导意义。

城市主义在世界一些地方有着悠久的历史。例如，土耳其的考古发掘成果表明，恰塔霍裕克（ÇatalhöYük）的新石器时代定居点可追溯到公元前 7500—前 5700 年。位于伊拉克幼发拉底河肥沃山谷中的乌鲁克（Uruk），其起源可以追溯到公元前 5000 年，在公元前 3000 年时规模达到最大，当时人口可能超过 5 万人。大约公元前 2600 年，巴基斯坦的莫亨佐达罗（Mohenjo Daro）也被认为有类似的规模，而古希腊的地中海城邦则最晚在公元前第一个千年发展起来。

因此，在世界某些地区，人类试图适应城市生活已有近 1 万年之久。在英国，有持续居住行为的城镇历史相对较短，没有一个城镇的历史可以声称超过 1500 年。但即便如此，在这一时期，我们的城市居住区在形式、功能和结构方面也发生了重大变化，只不过，这些都是积极的进展吗？它们在社会上、经济上和心理上有多大程度是符合目的的？规划中有哪些重要的元素表示这是一个合适、健康的解决方案，以及在这些发展中的城镇规划中，我们事后清楚地发现哪些事件或元素是进化的死胡同或不想要的突变？在什么阶段，一个城镇会被认为太大了？或者说，对相当一部分居民来说，这个城镇已经变得低效、易导致肥胖、不健康了？从这些历史教训中，我们需要提炼出一种符合进化规律的方法，不仅可适用于今后的新城镇规划，而且也适用于当前城市的结构调整，并且还要证明这种改变是有益的。

健康是第一要务

图 13.2　经过规划的城镇：曾经的罗马

公元前 1 世纪，罗马建筑师马库斯·维特鲁威·波利奥意识到，城镇不仅仅是街道和建筑的随机集合，定居点的环境、布局和位置都很重要，因为对所有城市来说，"健康第一"[Morgan, 1960 (1914), 20]。在选择新城镇的地点时，人们会先对当地牛的肝脏进行检查，确定它们是否正常，以证明当地的水是好的、牧场是富饶的。但是，如果牛的内脏有病，那么人们就会寻找一个新的地点。对反刍动物几乎没有好处的供水，对人类也没有用[Morgan, 1960 (1914), 20]。设防的城镇应该建在高地上，气候温和，"附近没有沼泽"，既不会有雾气，也不会有霜冻[Morgan, 1960(1914), 17]。街道和小巷的布局应适当顺从盛行风，因为"冷风令人不快，热风令人筋疲力尽，潮湿的风不利于健康"，所以，建筑物的角应该迎风，以破坏其力量[Morgan, 1960(1914), 24—27]。由此看来，一些健康的进化决定因素，似乎得到了这位古典建筑师的认真对待，即使只是下意识地。

盎格鲁–撒克逊新城

在中世纪早期的英格兰，早期罗马政府的垮台见证了第一代英国城镇的衰落。入侵的"野蛮人"盎格鲁–撒克逊人积极地向岛上引入新的语言、宗教、部落军事文化、经济和税收制度。到了7世纪，好战的撒克逊人也开始发展一种新的城镇概念——几乎与城市化古典世界毫无关联的定居点。它们最初是独立部落地区不设防的贸易中心，被称为"wics"，如伊普斯威奇（萨福克）、汉姆维克（南安普敦，汉普郡）、福德维奇（福德维奇，肯特郡）、约维克（约克）和隆登威克（奥德维奇，伦敦）。

9世纪，英国遭受丹麦掠夺者的进一步袭击和入侵，声势惊人，这是城市化下一次重大发展的催化剂——新一代设防城镇的建立就是为了给陷入困境的英国人提供更好的安全保障。市镇税收表（Burghal Hidage）是一份列有当时这些城市中心的名称、地点和规模大小的清单，一直被保存到了今天（Hill, 1969, 84—92）。其文本已经经过详细研究，考古学家调查了许多新城镇的情况（Baker and Brookes, 2013），因此我们现在对盎格鲁-撒克逊人的城镇生活有了更清晰的了解。这样的定居点是在传说中的威塞克斯国王阿尔弗雷德大帝时期发展起来的。他认为城镇应该融合三大要素——防御性、经济性和宗教性，从而容纳战斗、工作和祈祷的人。虽然在功能和建筑类型的连续变化中有很大的重叠，但这种特殊的撒克逊定居点的成功，可以通过它在当今英国许多主要城镇地理上的留存来衡量一番。

例如，10 世纪伦敦的地形对讨论城市规划的进化决定因素具有相当大的意义。该定居点利用了 3 世纪初建造的古砖墙来保卫罗马朗蒂尼亚姆（Roman Londinium，拉丁语，伦敦古名）。工匠和商人最初的紧凑型定居点核心长度不到 1 公里，宽度约 350 米，因此只占可保护的墙内面积的四分之一（Milne, 1990）。在定居点核心的西部和出城的西门之间，是圣保罗大教堂的辖区；在定居区的北部（在齐普赛街以外）和东部（在比林斯盖兹以外），墙内有大量的城市绿地。这些地方可以通宵放牧牲畜，被用作牲畜市场和市场花园，而且在危机时期还可用作地区民兵的临时集结点，或容纳来自周围农村的难民（Milne, 2002, 120—127）。围墙之外紧挨着的是市民自己耕种的农田，因此，在埃比尼泽·霍华德爵士发表"花园城市"概念的 1000 年前，伦敦就已经建立了自己的基本粮食生产"绿化带"。对盎格鲁-撒克逊人来说，城市绿地远不止是景观美化，对城镇的运转及其居民的生活和生计也至关重要。

大规模重建

如果没有明确集中的城市规划政策和指导方针,即使最初规划得最清晰的城镇,也会迎来规划之外的持续增长,容纳无法消化的人口水平。正如豪斯曼男爵(Baron Haussmann)的"新巴黎"(New Paris)所示,尽管人们可以将全新的计划直接强加于老旧的现存城镇,但问题和成本远比在新地点规划新城镇复杂得多。通常,重建已经超出最初计划形式的老镇的机会,只会在一场重大灾难之后出现,比如 2010 年智利地震和海啸袭击后的康塞普西翁,或者二战之后的东京。从古代到现在,火确实是许多城镇的灾祸。伦敦无疑就是这种情况,这座城市经历了许多火灾,因而也经历了许多这样的重建。两次臭名昭著的创伤分别是 1666 年的大火和 20 世纪 40 年代的大轰炸。两次灾难之后,新的城镇从旧的灰烬中诞生。将 17 世纪末的城市规划与其前身相比较,我们可以从中学到很多东西:那些被保留的特征和那些被草率丢弃的特征一样有趣,从而显示出了一些被认为过时或形成障碍的元素。1667—1670 年,街道规划基本被保留,但街道本身扩大;街区布局、房产所有权和教区结构的整体模式被保留,但是有 30 多个较小的教区被邻近的较大教堂合并;此外,当局还实施了严格的统一建筑条例——全面禁止木结构的房屋。

令人惊讶的是,由于克里斯托弗·雷恩爵士(Sir Christopher Wren)等建筑师最初提出的不切实际但雄心勃勃的计划没有得到实施,所以一些人便将新伦敦的规划视为了一次被浪费的机会(COL, 1944, 11)。事实上,不止尼古拉斯·佩夫斯纳(Nikolaus Pevsner)一人认为,通过的规划"狭隘、混乱、中世纪色彩浓厚……

几乎什么都没有做"(Pevsner, 1973, 63)。但是，读过雷德韦（T. F. Reddaway）对 1667—1711 年的实际成就进行的详细描述，许多人都会改变自己的看法。他的书于 1940 年出版，正好是他描述的城市再次被大火摧毁的时候。他在书中表明，大火后的伦敦重建是一次胜利（这肯定会得到新城市主义者的认可）。

重建工作进行得很快，因为在不到 10 年的时间里，城市的大部分地区就开始运转了，新教堂和公共建筑的工程也已经正式开工。有着优雅的正面红砖阶梯和白色波特兰石的教堂，取代了狭窄和过度拥挤的中世纪规划。这些教堂有着独特的塔楼，和在统一的天际线上冒出的尖塔，为伦敦城附近的教区提供了有吸引力的焦点；而圣保罗大教堂的大圆顶一建成，就成了伦敦城天际线的焦点。因此，这是一座非常现代的城市，模仿了更广泛的欧洲的建筑风格，还代表着一种文化——在这种文化中，最高的建筑是教堂。最后的重建结果是 1707 年由格雷沙姆学院的物理学教授约翰·伍德沃德（John Woodward）记录下来的。伍德沃德在给同事、负责新计划的六名委员之一克里斯托弗·雷恩爵士的一封信中，用以下几句话描述了"伟大的重建"："成千上万的房子……以这样的方式建造，不仅使它们更方便……在设计和建筑上甚至优于其他地方的宫殿……然后，通过扩大（拓宽）街道，把大量干净的水输送到所有地区，修筑公共下水道和其他类似的设施，更方便了空气的自由流通，使空气更甜美、清洁、健康，它不仅是世界上最好的城市，也是最健康的城市。"（Reddaway, 1940, 300）

这种健康的新城市被引入英国，其规模之大，在英国是前所未见的，而如今人们所熟悉的街景，就是砖砌的、直接面向街道的那种露台。1667 年《伦敦重建法》公布了关于建造这些统一露台的严格规定（Milne, 1986, 116—119）：旁街或小巷上的建筑物为两层，那些位于显眼街道或俯瞰泰晤士河的建筑物为三层，那些面对高街和主要街道的可能是"最大的"（即四层楼）。这座城市的社会阶层结构，不仅通过建筑风格体现了出来，而且还意味着建筑的高度与街道的宽度成正比。因此，所有的大道，无论多么狭窄，都不会被过大的建筑物遮蔽，被过大的阴影阻挡自然光。在引入人造煤气和电灯之前，这样的考虑是很重要的。

对现代城市规划者来说，这里有一个教训：二战前，在许多狭窄的城市小巷里，高大的办公大楼经常在窗户外放置镜子，试图提高光线水平。今天有多少城市街道只在中午才能看到阳光直射（如果有的话）？这正是狭窄的街道和楼层过多的建筑错误配置的直接后果。

17世纪末伦敦的规划中最明显的一点是，最高的建筑仍然是教堂（在今天则是银行）。比较伦敦大火之后城市的遗迹与20世纪后期伦敦大轰炸事件之后的重建，也很有说服力。1667年《伦敦重建法》颁布300多年后，那时城市景观中幸存的元素现在仍可看到，而后者的关键元素（如帕特诺斯特广场、巴克勒斯伯里房、海沃克）在之后50年内均遭到了拆除和替换。

在17世纪末的伦敦，任何基于实用主义原则的城镇都应该为其幸运的公民提供"健康"，但遗憾的是，并非所有定居点最初都是以这样的远见建造的。到了19世纪初，很多新的英国工业城镇的建设显然也没有征求过克里斯托弗·雷恩爵士的意见，没有人宰杀过牛（加以检验），以确定这些地方是否健康。在过度拥挤的市中心贫民窟中，不断上升的死亡率不可能永远被忽视。艾德温·查德威克（Edwin Chadwick）爵士这样的人便对这些情况十分担心，他们认为，问题主要出在贫民窟缺乏良好的通风，至少最初是这样的（Lewis，1952；Herbert，1999，434—437）。鉴于受影响最严重的地区往往是隔间过多的房屋或有固定窗户的高楼大厦，只能俯瞰潮湿、黑暗的封闭庭院，导致腐臭的空气很难流通，因此污秽的空气成了明显的靶子。这是对维特鲁威2000年前的评论的有趣回应，他曾讨论过盛行风、建筑朝向和公共健康（见上文）。

因此，最初的解决办法是重建铺设良好、排水良好且通风的开放街道，改造狭窄的庭院和死胡同，因为在这些地方，充斥着病菌和恶臭的空气可能滋生各种疾病（Herbert，1999，435）。17世纪70年代和80年代在历史名城伦敦开创的这种更整齐的城市景观，使交通、新鲜空气和社会交往更流通便捷。此外，这项计划也促进了铺设下水道和提供管道供水的实用性。通过这种方式，19世纪的城市规划者有意识地接受了"健康是街道景观的首要要求"，城市设计、公共健康和市政当局现在或多或少地有了更加一致的意见。二战前，关于伦敦健康的城市规划还有一件有趣的"后记"：乔治·斯科特·威廉姆森和妻子英尼斯·霍普·皮尔斯在贫困的佩克汉姆地区建立了先驱者健康中心，这是一个富有远见的发展项目。这座现代派建筑于1935年开放，为当地社区组织和参加一系列体育和社会活动提供了设施，每周仅需1先令，里面还建有一个自然照明的室内游泳池。这座建筑的所有窗户都可以打开，让新鲜空气流通，而软木地板鼓励人们赤脚锻炼。据每年的监测显示，所有参与者的健康情况都在改善。具有讽刺意味的是，这一有远见的实验精神并不完全符合新成立的国家健康服务机构的精神，因此该中心最终于1950年关闭（Pearse and Crocker，1943；Duncan，1985）。

城市愿景

至少在一定程度上,与城市设计的进化决定因素类似的一些城市规划哲学是:

园林城市

埃比尼泽·霍华德爵士于 1898 年发起的花园城市运动,将社会、心理和更广泛的环境问题引入了健康城市规划的概念之中。霍华德倡导社会秩序良好的城镇规划,包括公园、开放空间和绿树成荫的大道。他将工业区与住宅区隔开,建造前后都有花园的房屋,并用绿化带包围定居点核心地带 [Howard, 1902(1898)]。

这是对家庭和邻里友好的城市规划,也满足了人类的基本需要,即与肥沃土地保持牢固和直接的关系。这场运动在莱奇沃思和韦尔文两地成果显著,经过一些修改,在二战后英国各地的"新城"建设中也结出了硕果。这一概念还被其他地方所采用,或至少部分采用,例如美国、加拿大、澳大利亚、阿根廷、以色列和不丹。由于城市绿地和与自然的接触是关键的进化决定因素,所以人们也很容易理解为什么花园城市运动的要素在今天仍然有意义。

新城市主义

新城市主义于 20 世纪 70 年代在北美发展起来,并于 1993 年正式确立。这是对城市衰落的一种反应,是针对汽车依赖文化出现的回应。汽车依赖文化与城市的无序扩张相关，使居民区与人们购物或工作的地区越来越分离。新城市主义的核心是更传统的多功能街区设计的原则。舒适行走对于上学的儿童来说是关键问题，也是进入商店、社区中心和当地游乐场的关键问题。根据其章程，新街区"应该在功能和人口上实现多样化；社区应该为行人和交通运输，以及汽车而设计；城市和城镇应该由实际存在的大众可及的公共空间和社区机构来塑造；城市场所应该由建筑和景观设计来构建，这些建筑和景观设计应该体现当地的历史、气候、生态和建筑特色（新城市主义大会，日期未知）"。

促进人类运动、限制汽车使用、由建筑和规划地形定义的社区概念的发展，以及提供公共空间和城市绿地，都是与城市规划的进化决定因素直接相关的要素。

健康城市

健康城市运动是从1984年在多伦多举行的一次会议上发展起来的。大会宪章于1986年在渥太华发布，之后世界卫生组织在里斯本举行了大型专题讨论会，并发起了欧洲健康城市计划（Tsouros, 1990; Hancock, 1993）。到2003年，时间虽然距离其成立还不到20年，但已有29个国家的1300个城市签署了"公约"（Rydin et al., 2012）。这个计划基于这样的假设："城市优势"（城市生活的经济、社会和健康效益大于农村贫困人口所承受的不利条件）确实存在，但有效解决健

> 康不平等问题的积极方案也要得到实施。它承认，由于城市是一个复杂的系统，要取得这种积极的健康成果取决于各种要素的相互作用。该宪章与"伊甸园协议"直接或间接相关的一些主要特点包括：稳定的生态系统；保障所有人的基本需求（水、食品、住房、安全、工作）；清洁、安全、高质量的环境，包括充足和负担得起的住房；多样化、重要和创新的经济；以及公众对有关生命、健康和福利的事务的参与。
>
> 积极的城市规划，其影响是公认的。但更重要的是，人们需要一种与所列健康特征相适应和增强的城市设计，从而为居民带来可量化的"高度积极健康状况和低疾病状况"。本章关注的正是这样一种改善健康的城市设计特征，如建筑标准、建筑环境和体育活动，以及与公共交通政策的重要关系（Rydin et al., 2012, 13—18）。

花园城市和花园郊区

笔直统一的街道和无边无际的砖阶，无论多么干净，都提供了一种有些枯燥的外观，并不是每个人都喜欢。而埃比尼泽·霍华德爵士的花园城市运动，则将社区和环境等问题纳入其中，使所有形式的城市绿地都占据了中心舞台。虽然最初对新的建设感到担忧，但许多老城镇还是采纳了霍华德的花园城市思想背后的一些原则，将其应用于新的外围郊区的发展。这些花园郊区通常有在宽敞地块上建立的半独立式房屋、弯弯曲曲的街道和绿树成荫的小路。雷蒙德·昂温（Raymond Unwin, 1863—1940）是一位杰出的建筑师和城市规划师。他受到了工艺美术运动的影响，也受与他同时代的著名城市规划师和社会学家帕特里克·格迪斯（Patrick Geddes）以及霍华德爵士的影响。昂温在英国的各个中心以及伦敦的一些新的花园郊区、汉普斯特德（1905年）和伊灵的布伦坦（1907年）都工作过。他还在提高工人阶级住房标准方面做了大量努力，并在一战刚结束后发表的颇具影响力的都铎·沃尔特斯委员会报告（以及"让英雄安居"运动）中发挥了主导作用。该报告名为《1919年住房法》，倡导基于"花园城市报告"中建议的住房标准和密度。因此，他对许多战时住宅的形式产生了相当大的影响，并从1929年起担任大伦敦地区规划委员会的技术顾问。因此，城市绿地和随之而来的与自然的接触，是20世纪城镇规划者议程上常见的议题。

美丽新世界

但现代主义者对城市景观的看法相当不同：花园城市现在被认为太浪费宝贵空间，因为其土地使用率不高。霍华德最初的花园城市概念，是在汽车普及之前引入、为32000人的理想人口设计的，也就是说，这样的城市会有10000—15000所房屋。对于21世纪后期及以后所需的城市化规模而言，这一数量太少了。现代主义者建议，在清洁、现代化、设备完善的楼宇内兴建密度较高的房屋，可同时解决社会和居住需要：交通、行人、工作场所和住宅区如能分隔，便可更有效地运作。二战之后，又发生了太多恐怖事件，太多城市又惨遭重创，但这也为城市规划者提供了机会，可以在设计战后城市的过程中尝试这些新的社会、结构和建筑理念。因此，当一些城镇被重建为被摧毁的城镇的复制品时，一些城镇被规划成了花园城市概念的修订版，还有一些城镇则采用了更激进的现代方法。

二战期间，伦敦大轰炸摧毁了伦敦市中心的50000多所房屋、大量办公室、仓库和工厂，使大片土地空置。因此，伦敦议会和伦敦金融城得到了特别的机会，可以带着远见重新规划和重建，设法纠正过去两个世纪中城市和工业随意迅猛发展的影响。1944年大伦敦计划由帕特里克·阿伯克龙比（1879—1957）为伦敦郡议会制定，涉及人口增长、住房、就业和工业、娱乐、交通这五个相互关联的主要议题。他对这些问题进行了深入和详细的审议，并把一系列同心圆环一起规划入大都市区和其他地区：这是真正的区域规模的规划。在一度过于拥挤的"内城圈"内，住宅和工业的发展将受到限制，"郊区圈"将住宅和轻工业结合在一起，而"绿化带"的发展将让位于公园和休闲空间。卫星城镇将在绿化带以外的地方得到发展，以容纳过度拥挤的核心地带那些因遭遇轰炸而无家可归的人口，他们将被重新安置在绿化的新城镇中，并享有更好的住房标准。

由此，在伦敦内外创建的社区，将可占据这种支持街区概念的城市建筑。所有新学校的学区范围将在安全和合理的步行距离内，轻工业和商店分散在整个地区，并由公共交通把每个社区连接起来。1944年，一些最偏远的行政区每1000名居民拥有0.1英亩绿地；而阿伯克龙比认为，每1000名居民应该拥有4英亩的绿地。至少我们的愿景和梦想是这样的。与许多其他目标一样，最后这个目标并没有在总体规划的最初阶段实现：考虑到巨大的雄心壮志以及有限的资源和可用时间，这样一个宏伟的计划连启动都是值得注意的。

该计划中的另一项内容与私家车有关。1910年，英国道路上的私家车不足15万辆，但到1940年，这一数字在短短30年内增长了

20倍，达到300多万辆。拥堵和交通事故同时增加，但道路网几乎没有改变。因此，阿伯克龙比按照美国模式，规划了一系列横跨大伦敦的主干道和环形道路，以改善交通循环。他对伦敦古城，即这个大都市的中心，也提出了类似的解决办法：建议在城市北缘和沿河岸向南修建主要公路（COL, 1944, 19—24）。这些高速公路的目的是将交通从城市中心转移到两端，但最终的解决方案实际上受到了很大的修改。

在这段时期及之后的数十年，汽车所带来的挑战见证了道路的兴建或扩宽，目的是缓解拥堵，改善交通循环——而不是限制汽车的使用和控制污染。车是王者，必须得到安顿。而交通拥堵费、步行或增加自行车使用率等概念没有得到重视。在伦敦城，行人与高架道路上的交通车辆分离，而居民区与办公室分离，办公室对外界漠不关心，形同堡垒。新的商业场所将成为一排密集的钢架建筑，中间点缀一系列令人遗憾的矮小和多余的教堂，其中有几座只是被拆除的塔楼或框架，半是荒唐，半是纪念过时的过往。事后看来，事情可能会有所不同。但即便如此，面对大片的爆炸现场，以及恢复工作的需要，拥抱新的常态和进步，仍被视为一种乐观的选择。在一个紧缩和实行配给制的时代，现代主义对进步的理解比事后诸葛亮要好得多。

第十四章　城市再生

我们塑造建筑，然后建筑塑造我们。

——温斯顿·丘吉尔爵士（1874—1965）

城市设计中符合进化规律的方法

如果现代建筑行业邀请狩猎采集部落来讨论城市规划设计,后者可能会带来什么革命性的想法呢?部落怎样才能把最人工的环境改造成更自然、更正常的环境呢?据我所知,我们并没有向这种主意多的焦点小组征询过意见,但就未来而言,我们必须检讨城市规划的主要进化决定因素。它们包括:新鲜空气、淡水和新鲜食物的需要,促进人的运动/活动水平的需要,在个人和社会层面促进积极健康行为的需要,以及与自然接触的需要。这些特征必须在许多层面上加以处理,比如在街道、住宅建筑和公共领域的设计中,在公共交通系统和私家车的提供和住宿方面,以及在有关城市绿地的政策和规定中。

其中一些因素经常出现在城市规划者的辩论中(见上章),说明了其重要性。即使其中的进化原理没有得到充分的赞同或理解,将它们包括在内的必要性也似乎是不言而喻的。而这些因素被忽视或排除在外时,对当代城市福祉的影响总是负面的。这个信息看起来很简单,但如果想设计一个健康的城市,就必须规划一个最适合我们旧石器时代基因组的城市。在大多数情况下,工具已经有了,只待我们好好使用。

图 14.1 城市的绿色和蓝色空间:哥本哈根的夏天

城市规划的进化决定因素

推动城市化在全球扩张的动力之一就是不可阻挡的人口增长。我们不能阻止新城镇的发展，也不能阻止旧城镇的扩张，我们能做的就是找出使下一代的城镇更好的办法，使它们更符合进化规律的原则。人们普遍认为，"成功"的城市居住区必须有经济基础，无论是重工业、服务业、制造业、商业、旅游业，还是上述产业的结合。但它们也必须为居民提供健康和安全的环境——城市建筑设计关注的应该不仅仅是谁能建造最高的塔。如果要使这些居住点被认为是"健康的"，就必须解决诸如人类社会互动、公共交通、可步行性和绿地等问题。这种以人为本的设计应考虑到城市规划的以下六个进化决定因素：

1. 新鲜空气
2. 淡水
3. 新鲜食物（见第四章和第五章）
4. 人类运动/活动水平（见第六章和第七章）
5. 社会行为的进化决定因素（见第八章和第九章）
6. 与自然接触（见第十一章和第十二章）

这些决定因素在许多方面都会对城市规划和城市福祉产生影响——忽视它们会带来消极影响，接受它们则会带来积极影响：

1. 街道设计（1、4、5、6）
2. 不同的公共交通系统（1、4、5、6）
3. 私家车的角色（考虑到1、4）
4. 公共领域的设计（1、2、4、5、6）
5. 住宅建筑设计和比例（1、2、4、5、6）
6. 公共建筑和工作场所设计（1、2、3、4、5、6）
7. 城市绿色和蓝色空间的提供（1、2、3、4、5、6）

新鲜的空气，新鲜的水，新鲜的食物

那些选择采用 1986 年《健康城市渥太华宪章》（Healthy Cities Ottawa Charter）的城镇都有一个关键特点：要提供新鲜的水（现在常常被认为理所当然），并解决污水和下水的清理问题。排水系统如果管理或维护不当，将导致重大且广泛的健康问题。人类生来并不适应如此大规模和高密度的生活环境——疾病太容易传播，水太容易被污染。据估计，全球有 26 亿人（主要在亚洲和非洲），无法享受到基础卫生设施带来的健康惠益。2010 年，WHO/UNICEF（世界卫生组织/联合国儿童基金会）就这一主题发表的报告认为，获得清洁的饮用水和适当的卫生系统服务应被视为一项基本人权。这样一个关于健康的基本进化决定因素可能需要被写入法典的事实，生动地反映了人类已经在多大程度上偏离了旧石器时代的规范。

新鲜空气不是直接与大型城市联系在一起的，特别是那些拥有大型工业综合体和太多汽车的城市，或通过燃烧化石燃料提供能源的城市。在通过烧煤实现家庭供暖时，伦敦曾以"迷雾重重"的有毒烟雾而声名狼藉。1952 年 12 月笼罩这座城市的大雾霾更是史无前例，据说直接或间接造成了至少 12000 人的死亡。该事件还是 1956 年《清洁空气法》的催化剂——不过法案是由普通议员通过议案提出，而不是作为政府承诺的一部分。这项开创性的法案在只能燃烧无烟燃料的城市引入了"烟雾控制区"，开始了一场从固体燃料家庭取暖，转向更大程度依赖电力和天然气的重大运动。

我们的肺部并不是专为应付如此高水平的硫黄而设计的，也不能处理柴油汽车产生的交通废气。2015 年环境、食品及农村事务部发布的一份报告显示，过去 15 年来，柴油车排放的二氧化氮和微小柴油微粒在持续上升。该报告接着指出，在英国，29000 例过早死亡（即可避免和不必要的死亡）可能由这类排放造成。这一数字是 1952 年大雾霾造成的死亡人数的两倍多。柴油尾气还会增加心脏病、中风和哮喘发作的风险。最近的两项研究（其中一项由伦敦国王学院进行），则描绘了一幅更糟糕的画面。一份基于哈姆雷特塔和哈克尼研究成果的报告表明，空气污染是导致儿童肺部永久性发育迟缓的原因，而另一份报告显示，这种损害实际上始于生活在污染区的孕妇的子宫。柴油发动机排放的有毒颗粒和气体似乎是罪魁祸首（Leake, 2014）。然而，英国肺基金会称，令人担忧的 PM2.5 有害污染物（如 2016 年 3 月 10 日至 13 日伦敦雾霾事件中的有害污染物）的增加，历来与入院人数的增加以及老年人和病人因呼吸系统和心血管系统疾病而过早死亡有关。所以，我们可能还需要另一项普通议员的议案，来推动解决这些问题所需的各种立法措施获得通过。新鲜空气是健康的一个基本进化决定因素，但在伦敦的街道上，这场争取新鲜空气的战役还未取胜。

有关日常饮食的问题，第四章和第五章已经详细讨论过了。这里要讨论的与城市食品供应有关的问题是，我们大多数人都依赖大卖场供应的新鲜水果和蔬菜，但其中有多少是本地生产的呢？你是否最大限度地利用花园（如果有）至少种植了一些东西来作为食物？当地政府是否鼓励份田和社区园艺？你所在的地区有正规的农贸市场吗？员工食堂、地方议会办公室、学校或大学食堂的食物质量如何？你的员工是否只在走廊里有一台自动售货机，里面放着含糖饮料和巧克力棒？吃什么虽然主要是个人的选择，但雇主却可以通过提供的菜单、设施和社交空间，对其雇员的身心健康负起责任来（或不负责任）。

以人为本的城市规划

接下来的章节将讨论建筑环境的各个方面，还有城市规划本身如何需要将人的运动（而非汽车）放在核心位置，如何在建筑设计中反映健康和社会福祉的进化决定因素，以及应如何提供足够的绿地、绿化街道和绿化建筑。

花园城市还是绿化城镇？

在埃比尼泽·霍华德爵士的愿景发表一个多世纪后，城乡规划协会为地方当局发布了关于"创建今天的花园城市和郊区"的指导方针[MacFadyen, 2013 (1938)]。这份文件阐述了如何落实对社会、环境和建筑问题深刻、协调的思考，这些思考支撑了最初的花园城市概念，但在21世纪的背景下经过了重新设计。其中的基本原则包括一个以社区为核心的定居点，专门为促进健康和人的运动而设计；一个协调的、方便的交通系统；宽敞的绿地，居民可以自己种植食物 [MacFadyen, 2013 (1938), 5]。这囊括了许多符合进化规律的城市规划方法。

不过，人们的争论真正在于：是重新建立新的城镇，还是增加城市密度，或是对现有城镇进行重新配置？在毫无经验的情况下创建花园城市，本身就是一项挑战，涉及漫长的工期、复杂的土地购买和融资协议，还要在《国家规划政策框架》《2011年地方主义法》以及《英格兰住房战略》等的规定下开展工作。但是，在较小项目中达到的占用密度，适用于更大规模吗？郊区的布局越大、越宽阔，就越不适合步行。往前一个世纪，任何试图容纳不断增长的人口的政府，都会对带有前后花园的两层房产三思而行。我们必须做出妥协（例如，较小的后花园但较大的公园），把每个人都塞进健康的新城镇。

为了适应新的世界秩序，花园城市计划中的某些方面可能需要被压缩，但旧城镇呢？它们能变得更健康吗？如果可以，能否从这些"绿化城市"的改造中总结模式和方法，为未来花园城市的设计提供经验和启发？许多老城镇的部分区域已经陷入困境，需要更新。这一过程通常被称作"城市再生"，但常常只是私人出资修建几座高层公寓，外加底层商铺和可以俯瞰的象征性的公共绿地。因此，如果与此相关的再开发项目要产生持续且有意义的影响，而不仅仅是为了获得相对较快的经济回报，那我们就应该对"城市再生"这个词有更深刻和更诚实的理解。接下来，我们就要思考一下如何以健康和城市福祉的进化决定因素为基础，打造城市的景观和建筑。

这些城镇为步行而建

由人类为人类建造的古镇

"步行化"（pedestrianalization）一词是指城镇的一部分（甚至全部）被改造成无车区，有时被称为商业步行街，可以允许送货和急救车辆通过，但通过大幅度降低汽车使用率，或将其完全排除在外，使城市福祉最终得到显著改善。空气变好，交通事故减少，同时步行、骑自行车、积极的儿童游戏和社会交往增多。既然有这么多的好处，现代城镇似乎很难反对该政策。

但其实，步行区是最近才有的现象：鹿特丹的林班街经常被称为欧洲第一条专门建造的步行街，可追溯到1953年，而现代英格兰的第一个无车购物中心是1959年在斯蒂夫尼奇建造的。两者都是美丽新世界的一部分，是在二战可怕的城市破坏后重新规划的副产品。当然，许多城镇和街道都比这古老得多，可以追溯到汽车出现之前的几个世纪——历史悠久的城镇中心都是为行人（或为马、车、驴）而建的。因此，鹿特丹和斯蒂夫尼奇的做法，在一定程度上不应被视为在城市生活中开创性的新概念，它们只不过是回归到一种久经考验的、已有数百年甚至上千年历史的古老习惯。的确，许多古镇（如罗得岛上的林多斯）的街道太窄，不能开车，而水城威尼斯在21世纪对汽车的需求与上一个千年一样少。

在整个欧洲，往往是古老城镇的历史中心站在建立新步行区的前列，例如：

- 维也纳（奥地利）
- 安特卫普、布鲁塞尔、根特（比利时）
- 杜布罗夫尼克、斯普利特（克罗地亚）
- 哥本哈根（丹麦）

- 巴黎、蒙彼利埃、里昂、第戎（法国）
- 弗莱堡（德国）
- 雅典、罗得岛、塞萨洛尼基（希腊）
- 博洛尼亚、佛罗伦萨、米兰、罗马、锡耶纳、都灵（意大利）
- 克拉科夫（波兰）
- 奥比多斯（葡萄牙）
- 克里姆林宫/莫斯科（俄罗斯）
- 马拉加、塞维利亚、毕尔巴鄂、维多利亚（西班牙）
- 坎特伯雷的部分地区、剑桥、爱丁堡、林肯、牛津、约克（英国）

相比之下，在北美这个汽车之乡，步行街就不那么常见了。不过，在密歇根州的麦基诺岛，1896年颁布的禁止无马马车通行的法令仍然有效，而纽约的部分地区、波士顿、新奥尔良和迈阿密海滩也对这类机器施加了同样的限制。那么，未来新的城市中心是将为增加汽车的使用而设计，还是说人类运动将成为未来城市规划的核心？

积极的出行，积极的建筑

每天步行或骑自行车往返学校和家，或者至少在上班和回家的部分路程中这样做，是减轻体重、缓解健康问题的一个简单的解决办法。如果在全市范围内推广，它还可减少开车出行、交通拥挤、空气污染、二氧化碳和柴油排放、噪声和道路交通事故。

许多为改善城市步行能力而做出的规划和设计框架，现在已经到位,但是什么样的街道对行人有吸引力(或没有吸引力)呢?跟街道建设有关吗?比如,车流少、安静、有树或较宽的人行道会更好吗?如果地方当局决心使城镇变得更适合步行,那么就需要通过征询意见来解决上述问题,而征询结果将取决于询问的是哪一类人。对于往返于市中心的上班族来说,快速到达往往比风景或城市景观更重要,而对于荷兰的老年人来说,2010年发表的一项研究结果则给出了一些有趣的评论。研究要求288名55—80岁独立生活的荷兰老年人对25个街道元素做出评价,这些元素有好也有坏。引起负面评价的包括高层建筑或住宅密度,而道路沿线的树木、花园和公园、汽车站、商店、餐饮设施和方便出入市中心这些项目,都得到了正面的反馈。当然,他们的步行活动似乎有潜在的目的性,而不是纯粹为了锻炼,要不然,公园转一圈就足够了。但其中三个最关键的元素——街道的垃圾清理和整洁程度、风景价值和活动、街道上的其他居民——并不是都与城市规划者直接相关。因此,美感、个人安全和社交可能性,在最终的路线选择中也发挥着重要作用(Borst et al.,2008)。

把人类运动放在城市交通政策的核心,无疑是与进化协调一致的。起初,这只需要改变一下关键文件的措辞,因为这些文件把步行需求排在了私家车需求之后。而这是可以做到的,正如贾森·吉利兰(Jason Gilliland)的团队为加拿大安大略省总运输计划所做的修改一样,文字上的修改虽然简洁但影响深远(Gilliland et al.,2012,14—17)。不过,实施所需改革的费用,究竟应由运输署、规划方还是卫生署支付呢?当地运输计划需每五年进行一次审查,随着更多人选择积极的出行方式,投资比例便可以随之改变,以应对人的大量运动。

与我们活跃的狩猎采集祖先不同,许多现代的日常工作模式都需要长时间久坐。我们已知这会导致不活跃的生活方式，而这种生活方式反过来又可以成为心血管死亡率升高的一个重要潜伏因素。久坐的工作对我们的健康有害，我们身体不是为它而设计的。如果工作本身无法改变，那么我们就应该想办法提高通勤过程中的身体活动率。工作模式可以（也应该）得到改变，使生活更加活跃，而建筑设计也应该鼓励这种积极健康的行为。为了提高工作场所的活动水平，人们更多地注意使用楼梯，而不是电梯或自动扶梯；信息提示（以海报或其他标志的形式）可提醒人们使用楼梯会更有益于健康——这些似乎是鼓励使用楼梯的有效方法。它们可被设置在岔路处，使人们有意识地决定走哪条路。不过，单一的标志是否只会增加它旁边的楼梯的使用？信息是否会传递到步行者到达的下一个楼梯处？为此，一家购物中心用两个不同的楼梯/自动扶梯进行了这样的标志试验。这两个楼梯/自动扶梯在中庭两侧，相隔约25米。在两周的时间里，实验人员对大约7万名上行行人进行了监测。在第一处楼梯（有标志），楼梯使用率增加了161%，而在第二处楼梯，在没有提示的情况下，楼梯使用增加了143%。随后5个星期的监测期间记录到，即使在撤掉标志之后，楼梯的使用率仍然很高。这种相对温和的干预，似乎改变了人们的行为（Webb and Eves, 2007）。

对类似的信息引导计划的研究表明，在某些情况下，楼梯使用率会增加50%—129%，而在楼梯台阶上添加标志则更具说服力，使用率会增加127%—129%（Webb and Eves, 2006, 49）。奥利弗·韦伯（Oliver Webb）和弗兰克·伊夫斯（Frank Eves）也对信息的表达形式做了调查，将那些写着"免费锻炼"的标识与其他强调健康益处的标识（例如"保持健康"）进行了比较。那些暗示有回报或积极结果的标识，劝说效果似乎更好。如果此类信息附有来自可信来源(例如政府部门)的标识，也可能产生更大的影响(Webb and Eves, 2006, 53—54)，但这一点可能取决于所涉建筑和政府。不过，广告横幅虽有其用处，但让前台接待员在提供指示服务时，鼓励来访者忽略电梯，只使用楼梯(比如主动告知"上行有两个楼梯，第一个在右边")，会不会更好？

此外，这座建筑的设计是不是也可以发挥重要作用？首先，如果楼梯间照明不好、不干净、色彩不好，就不会吸引很多爬楼者；如果它看起来像禁区，不管上面有没有精心放置的口号，人们都真的会视之为"禁区"。事实上，在许多办公大楼中，电梯位于中央，在门前清晰可见，而楼梯间被藏在一边，除了一年一度的消防演习外，不会铺地毯，不会装饰，也基本上不会被使用。但在一座办公大楼里，如果宽阔的楼梯占据大厅的头等位置，洒满灯光的平台上满是座椅、艺术品和植物，工作人员应该更喜欢走楼梯(不需要鼓舞人心的信息)，只有在搬重物或有其他要求时才使用电梯。好的建筑设计可以为人做出正确的决定，阿列斯和莫里森(Allies and Morrison)等建筑师在把楼梯间作为内部办公空间的关键时就表明了这一点。

当然，这不仅仅是办公室的问题，公共建筑也可以是活跃的。例如，谷口吉生(Yoshio Taniguchi)重新设计的纽约现代艺术博物馆就有一道令人印象深刻、位置显眼的楼梯，以阻止电梯的过度使用。还有斯德哥尔摩的奥登普兰地铁站的著名楼梯，2009年，大众汽车的团队将它改造成了一套音乐钢琴键，事实证明，这些琴键在通勤者中非常受欢迎，66%的人更喜欢走它们，而不是自动扶梯。

可以看到风景的房间

显然,建筑的内部环境确实会影响学生的学习效率,但我们并不是生来就应该整天待在里面的。加州一个团队的研究表明,学校白天采光越好,出勤率就越高,考试成绩也提高得越多(从 5% 提高到 14%),而学习效率则可以提高 26%(Heschong Mahone Group, 1999)。所以,学校和相关的课程如果根据符合进化规律的原则,经过深思熟虑的重新设计,不但可以改善学习环境(Barrett et al., 2013),还可对学生的长期健康产生积极影响。

此外,当局曾就医院的设计进行研究。1984 年发表的一篇开创性论文显示,如果病人住在有窗户的房间内,且放有可提供适当的治疗性绿色景物,则康复所需的时间最高可缩短 8.5%。这项研究在宾夕法尼亚州进行,主要对 1972—1981 年经过普通胆囊切除手术后康复的病人的记录进行研究。他们住在两个房间里,除了窗户外的风景,各方面条件都相同。一个房间的视野所见是一排落叶乔木,另一个望出去则是一堵空白砖墙。然后,两边的患者记录按年龄、性别、吸烟/不吸烟、肥胖等因素分为 23 个对照组。结果发现,看得见树的患者平均住院时间不到 8 天,而只看得见墙壁的患者在医院里的平均时间几乎为 9 天。此外,能看到树木的人需要的止痛剂剂量更少,护理记录中的负面评论更少,术后轻微并发症的概率也略低。作者揶揄地说,这可能不是证明树木的景观特别有益,而是空白的墙壁特别令人压抑。无论是哪一种情况,很明显,有一个望出去可以看到风景的窗口,可以提供重大的治疗效益,因此医院应在设计阶段加以考虑(Ulrich, 1984, 420—421)。在这项成果的基础上,由崔俊浩(Joon-Ho Choi)领导的韩国仁川总医院的团队又证明,在窗户朝向阳光明媚的东南方向的病房里,病人的康复速度比那些窗户朝向西北方较阴暗的房间里的病人的康复速度快。在某些情况下,平均住院时间的差距为 16%—41%(Choi et al., 2012)。

看得见风景的房间的重要性,不仅仅是学校和医院的问题,发表在《环境心理学杂志》上的一项研究表明,办公室工作人员为了自身福祉也需要窗户。这项研究涉及三组共 30 名参与者,他们被要求到模拟的办公室环境中,在低压力的情况下执行各种任务。这三个"办公室"都不同:一个有可以看到绿色空间的窗户;一个有等离子屏幕,可以实时看到类似的高清场景;第三个只有一堵白墙。结果表明,在从低水平压力中恢复心率方面,有窗的人比其他恢复性更强,参与者看窗口的时间越长,心率下降得越快。因此,在这种情况下,通过等离子屏幕看到的世界并不比一堵空白墙更有好处,而有真实风景的窗户显然很重要(Kahn et al., 2008)。同样,2011 年俄勒冈大学一个大型行政中心进行的研究表明,10% 的缺勤工作人员是那些在没有窗外绿色风景的办公室工作的人(Elzeyadi, 2011)。说到大学,这里的建筑物往往建在宽敞的土地上,但学生和教职员又有多少时间参与到校内景观的打理、种植和保养活动中呢?这些都是可以促进身心健康、与自然接触、开展与学术无关但有高度教育性的社交活动的机会。

绿化建筑

当然,如果你的办公室不是在占地几英亩的翠绿的公园里,也有解决方案:增加室内植物。毕竟,作为狩猎采集者,我们是在植物的包围中长大的：一个闷热、贫瘠的室内环境肯定会因植物的增加而变得更具视觉吸引力、更受欢迎。不过，它们不应被视为纯粹的装饰，因为办公室的绿色植物会吸收二氧化碳，释放氧气，同时调节湿度，清除电气设备、清洗液和合成材料所产生的挥发性有机化合物和其他污染物。一个植物较多的办公室可以成功地治愈"病态建筑综合征"，同时丰富所有人都需要的微生物群种类。也有人提出，如果有选择的话，人们更喜欢在有植物的房间里工作。因为绿植降低了噪声和压力水平，可帮助人们集中注意力。此外，人们还认为，绿色办公室有助于减少旷工和帮助员工从精神疲劳中恢复。埃克塞特大学 2013 年在切尔西花展期间进行的一项研究表明，在工作场所及其周围的适当地点引入合适的植物，可使员工的生产力提高 38%，创造力提高 45%，幸福感提高 47%。学者与室内花园设计公司的创意总监伊恩·德拉蒙德（Ian Drummond）进行了密切合作；德拉蒙德热衷于"将生物融入办公室"，认为这对工作场所的健康有益。切尔西项目包括 90 个独立的实验和 350 名参与者，他们分别被安排在 4 个标准办公室布局中处理特定的任务。设计实验的大学心理学家克雷格·奈特（Craig Knight）博士通过观察结果"表明，在精心设计和个性化的办公环境中，植物可以通过提高员工的生产力和创造力来提高工作效率"（University of Exeter, 2013）。

上述问题和许多其他问题，都在世界绿色建筑委员会的《绿色建筑商业案例（2013）》中得到了讨论，这份报告至少在一定程度上反映了建筑设计的一种符合进化规律的路径。它认为，在全球 98 个不同国家建立环境可持续发展的建筑业是有道理的，并表明绿色的设计和建筑方法也可以通过降低能源和维护成本，以及减少用水来节省资金。目前，它正在进一步研究室内设计如何能够改善工人的福利，这是与健康团队进化决定因素的研究一致的议题（WGBC, 2013, 5）。

现代建筑可以被设计得既有吸引力又能提高工作效率，而旧建筑也可以重新配置，在保持其原有特色的前提下改善工作环境。读者可以从本书中得到的信息，总结起来就是，除了社会责任和保护的义务，站在建筑物里的工作人员所具有的旧石器时代基因的角度，对建筑进行内外设计，是有经济学上的道理的。不快乐或不健康的工人生产效率更低。

家园：设计符合进化规律的住宅

绿色的排屋城镇

据建议，六层左右、中等密度的多层排屋将成为未来城市的标准发展项目。人们可以住在一楼和二楼，从那里可进入一个普通的城市花园，而上层是带阳台且有一个、二个或三个卧室的多人居住的公寓；如果电梯失灵，可以通过楼梯进入，这种结构也不会给下面的街道投下太多阴影。除此之外，面向街道（为了更好的社会/部落互动）而非庄园建造的房屋（没有便利的疏散通道）也是一种可行方案。其他进化决定因素还包括方便的出入通道以及邻近街道的绿化。

绿化建筑

由于未来的城市中心将没有足够空间为大多数人口提供带前后

花园的独立别墅,大量的公园将成为新区域的主要特色,以增加生物多样性、微生物群以及户外活动和社会互动的机会。不过,新式排屋里的每间公寓,复式住宅或双层套间都应设有至少 1.5 米宽的露台,或有能够通往天井或屋顶露台的通道;一居室公寓的露台面积最少为 5 平方米,每多一间卧室,其面积应增加 1—2 平方米。如果可能,还应绿化屋顶或墙壁,并为室内植物和窗框提供充足的设施。

积极的建筑

住宅楼应设有宽阔、照明良好的楼梯(以及为有重物或行动不便的人士而设的电梯),并辟出安全的自行车停放地点,鼓励运动。

自然光

所有用于居住的房间,玻璃窗应至少占房间面积的 20%。起居、会客的房间/区域不应朝北,因为它们每天至少应能有部分时间接受阳光直射,所以宜朝东、南或西。

壁炉

平炉或壁炉曾经是家庭的中心,反映了火对古代社区的重要性。房地产经纪人在出售旧房时,总是会突出某些时期的特色,比如露天壁炉。集中供暖虽然效率更高,但很少具有同样的情感吸引力。如今,开放式厨房中的炊具或烤箱,已成为 21 世纪城市居民的火力替代品,潜意识地反映了其原始起源。

住宅建筑

简略评论了办公室、学校和医院之后，我们必须把注意力转向住宅建筑，以及它们在未来的城市发展中应该采取的形式。首先，假设在不久的将来，城市将是中等密度或高密度的布局，因此，对相当一部分城市居民来说，两层的半独立式房屋与前后花园的设计想法可能不太实际。很明显，未来的新城镇需要高密度的房屋，但这是否必然意味着要兴建高楼大厦呢？尽管也有一些值得注意的例外（比如伦敦金融城的巴比肯庄园，那里的公寓仍然以不断上涨的价格被抢购），但许多战后在英国建造的塔楼和多层住宅被证明并不受欢迎、不切实际，而且其布局往往助长了反社会行为。建筑、维护和服务费的高昂成本使这类建筑变得不够经济，尽管工程创新屡获殊荣；不过，这样的塔楼仍可继续作为办公室、顶层公寓、短期住宿或临时住所，只是不适合长期居住而已。

必须强调的一点是，永远不会有一种适合每个人的建筑风格，因为年轻家庭、大家庭、单身人士、夫妇、学生、短期合同工和领取养老金的人，需求和预算都不同。那么，从人类进化的角度来看，住宅的基本原则是什么？首先很明显的是，我们旧石器时代的基因仍然对房地产价格产生着影响。任何地产经纪人的估值均会考虑主要的基本因素，例如地点、公共交通便利性、面积、卧室数目、物业的一般情况，以及在有些情况下，未到期租约的期限。但是，人不能光靠面包过活，同一条街或街区的两处几乎相同的房产，有许多具体因素会（往往大大地）使一处的要价或预期的租金回报高于另一处。这些独特但有进化决定性的卖点包括：①朝向、窗户和景观；②便于出入花园、天井、阳台或露台。支撑这些卖点的心理学原理，在先前关于医院、学校和办公室的讨论中（Ulrich, 1984）已经做过说明。经济学上的原理很简单：能直接看到一条河、运河、一片湖泊或一座公园，可以让房子增值10%，而一座盛开鲜花的美丽花园，可以成为卖出一栋房子的决定性因素。理想情况下，居住空间应该有窗户，让阳光至少在一天的部分时间里直射房间。这些特点已被证明可增加我们的城市福祉，因此，我们愿意为这些特点支付溢价。但是，下一代城市的目标之一不就是如何将这些受欢迎的特征作为标准，纳入新的住宅开发项目吗？

对于大型住宅开发中的人性化问题，曾经有人提出，通过直观的数学测试，可以解决建筑物太高的问题。大多数人一看就知道，建筑物是否有1—4层楼高——他们不需要数窗户。然而，对于塔楼，你无法区分它是14层还是18层，除非你真的数一数窗户。虽然从25层的顶层公寓看到的景色可能令人叹为观止，但作为一般准则，对于密度较高的住宅而言，6层及以下的建筑可能更人性化。

多部落制建筑

我曾住过一套位于一楼的公寓，里面有个露台，大约4米宽、5米长，背靠公用城市绿地。来自许多不同"部落"的生物，会在白天和夜晚的不同时间造访它，我每天都会看到同样的游览队伍，当然，并不是所有的生物都能和睦相处（的确，死亡威胁司空见惯）。松鼠很早就到了，看看有没有落下的坚果；鸟儿整天来来去去，寻找种子或昆虫；猫在下午天气好的时候巡逻，晒太阳；狐狸在夜间经过，搜寻这些食腐动物所能找到的任何东西。换句话说，所有的生物都利用相同的小城市空间，有时相互容忍，有时相互回避。所有生物都认为这是"它们"领土的一部分，虽然根据土地登记处的记录，公寓在法律上属于我（尽管在财务上仍归一家抵押贷款公司所有）。对于"共享空间倡议"的发展而言，这似乎是一个有趣的类比，在这种情况下，路段不再清晰地分隔行人、骑自行车的人和汽车，所有团体都必须在尽可能少的事故情况下，共同沿着或穿过这条路线行进。所有的出行者都要用眼睛、耳朵和常识，而不是在交通灯和路标的指引下，在一片共同的土地上完成行程。

城镇里有许多不同视角的利益相关者，因此包含了许多部落（如第八章所述）。多样性肯定将成为未来大城市的常态。尽管考虑到各种不可避免的利益冲突，每个人可能都很难接受多样性的全部，但至少可以像哈克尼的露台或柴郡波因顿镇的共享空间项目那样，让经过的不同部落能意识到彼此的空间，并容忍彼此的不同需求。城市规模越大，就会有越多的部落——文化意义上的、地理学意义上的、专业意义及社会意义上的，等等。正如第九章提到的邓巴教授所说，大多数人在心理上只能应付大约150个朋友和亲戚，这个数字可以与最早的狩猎采集社会的规模联系在一起。在文化上，大多数城市居民是多部落的——他们同时属于几个不同的群体。我们可以对某个特定的社会阶层、近邻、同事或更广泛的专业联盟产生认同，可以是一支（通常只有一个）足球队的支持者，但同时和其他人享有共同的民族认同、信仰或政治信条。所有这些群体都是"部落"，我们的行为和性格实际上可能会随着身处不同的部落而改变。这种多部落现象，这种相对现代的文化改变，是社交互动复杂的城市生活取得成功（或不成功）的核心。

基于对狩猎采集者的过去最简单的诠释，我们建议，现代城镇应该被设计成一系列模块化、自给自足的社区（即部落），像围绕太阳的行星一样，围绕城市市政中心布局，这个系统与埃比尼泽·霍华德爵士建议的互联居住区网络没有什么不同。而且这种方法也呼应了新城市主义者建造和连接"传统街区"的方法。这些小单位当然符合家庭和当地学校学区的要求，而特定部落群体的需要也可以（而且常常）通过深思熟虑的城镇规划，在建筑学上得到满足。

但是，许多其他的城市部落（例如不需要随时进入小学的流动工人、学生或单身人士）经常发生冲突和不断变化的需求，往往不太容易被纳入城镇规划中。他们需要大小和类型更灵活多变的建筑。我们的多部落城市需要在建筑上实现多层次和多用途，这本身就是一个挑战。然而，如果卡车、汽车司机和行人能够共用一段道路，正如一些显著的例子所示，那我们就有希望建立起一个多部落的城市结构。

重塑城市：符合进化规律的改造

我们已经讨论了真正希望容纳我们旧石器时代基因组的城市的一系列特征，包括新鲜的空气和水、有大窗户和外部空间的中型住宅、活跃的办公楼、安静的绿色街道、同有效的公共交通系统相结合的自行车道和人行道网络、公园、体育设施、城市农场、份田和社区花园。这份长长的清单可以和伊丽莎白·罗德里格斯（Elizabeth Rodriguez）2015年从人类进化角度研究城市规划时，在《古老地方》（*Paleo Places*）一书中提出的"古老地方的特征"一起列出。这包括对草地的基本需求、开阔的水域、清晰的景色和存在食物的迹象。所有元素可以协同合作，提供一个有凝聚力的结构和社会半网络——这是建筑师克里斯托弗·亚历山大（Christopher Alexander,

1965)使用过的术语。一座城市进行这样一种符合进化规律的改造,会为其居民提供一个既能支撑又能积极促进他们福祉的系统。许多城市已经推广了其中的一些或大部分要素,但来自同一地方的规划当局、行政区或理事会内的不同办公室,为了对更高级别的交通、卫生或区域规划机构的要求做出反应,往往会推出不同的举措。我们只有更好地理解聪明的城市设计背后的生物学机制,才会得出更协调的方案,认识到符合进化的方法所具有的重要性和主要好处——建造适合人类居住的城市。城镇也许不是我们的天然栖息地,但我们可以将它们变成最理想的栖息地。

第十五章　启示录

进步也许曾经是不错的，但持续的时间太长了。

——奥格登·纳什（1902—1971）

野蛮复兴

图 15.1 高贵的野蛮人：这个部落打败了已经文明化的罗马军队

1877 年，刘易斯·摩根（Lewis Morgan）发表了人类七个进步阶段的模型，从低级野蛮期（Savagery，一种采集的文化）开始，度过中级和高级野蛮期（钓鱼、火和弓箭），发展到下级和中级的未开化期（Barbarism，陶器、植物和畜牧业），以及高级的未开化期（金属加工），直至文字发明，到达文明期（Civilisation）（Morgan, 1877, 9—19）。他的术语或许在政治上不正确，但可爱、尖锐地集中显示出我们现代思想中暗含的基本概念和价值判断：人类正在沿着一条注定的道路前进，变得越来越文明，因此史前史仅仅是我们最终成长之前的序幕、我们的婴儿期（Pluciennik, 2005）。不可否认，在过去的几千年里，社会发生了惊人的变化，但这是不可避免的吗？上帝决定了我们的命运吗？"进步"仅仅是"改变"的一个更乐观的说法，还是所有改变都是进步？

我们能够通过文明的"倒退"来清除城市化对我们身心健康的有害影响吗？有人认为文艺复兴是现代性的前奏，在重新发现地中海古典世界的古人智慧的基础上，学习和艺术获得重生。如果说21世纪城市化的复兴可以基于新的文艺复兴，即重新发现我们未开化的旧石器时代基因组——一种比亚里士多德更古老的强大遗产——是不是太离奇了？当然，伴随着最近的城市化，生活方式疾病患病率的上升让人害怕，而这个问题必须得到解决，因为城市永远在扩张，在可预见的未来，全球绝大多数人口将居住在城镇。如果我们要在为自己创造的人工环境中健康地生活（即正常生活），那么就必须改变一些事情。21世纪社会发展的真正进步似乎需要我们回归摩根的"低、中、高级野蛮时期"的模拟版本。

当前城市化进程中存在的不受欢迎的生理、心理和社会方面的问题，如果能通过下面描述的草案消除或至少得到控制，那么这肯定会被视为一种积极的适应。它将创造一个能够更好地应对现代性的城市基因库，从而最终达到进化的目的。

建设更好的动物园

我们已经看到，城镇不是我们的自然栖息地：从人类进化的角度来看，它是近期（过去的5000—10000年）才发展起来的一种定居点，而且仍在变化。事实上，现代城市是高度复杂的实体，会对强大的经济力量和政治因素做出反应，这些因素在地方、区域和全球范围内运行和相互作用，因此变化不可避免。相比之下，尽管智人从石器时代起就有了重大的文化发展，但生理和心理仍与100万年或更久之前生活在野外的时期没有什么不同。在真正的进化意义上，城市化的人类看起来就像离水的鱼。我们不是为了住在城镇里而生，但那是我们最终的归宿。2012 年，联合国经济和社会事务部预测了城市扩张的主要阶段，全球城市人口将在短短 40 年内翻一番，达到惊人的 63 亿人（UN-DESA，2012，1）。建筑集团 Terreform One 的米切尔·约阿希姆评论说，与其将当前时代描述为人类世，不如将其更准确地称为"资本世"（Capitalocene），因为我们的经济、文化和社会现在都是以城市为基础的（Anderson，2016）。

我们未来需要为增加的 30 亿人建造城镇和扩大城市，事实上，这正在发生着。但是，在新城镇的建筑下，在计划、挑战和建议的解决方案下，是那些必须在其中生活、工作和走来走去的人。除非下一代城市居住区首先被设计成健康的城市，并且以人为本（也就是说，遵循符合进化规律的路线），否则我们就是在真正的全球范围内制造我们自己的城市福祉危机，而这一危机可能会超出公共健康当局的控制范围。但只要我们愿意，西方生活方式疾病完全可以被设计排除在未来世界之外。

著名的动物学家和社会生物学家德斯蒙德·莫里斯（Desmond Morris）把人类的城市生活，比作关在动物园里的动物的生活：这对现代文明有好处，但也要付出代价，正如《人类动物园》（*The Human Zoo*）所描述的那样（Morris，1969）。对一些人来说，这个问题的解决办法是完全抛弃现代社会、技术和城镇，回到农村的自给自足制度。可很遗憾，在世界人口接近 80 亿的情况下，没有足够的空间让每个人都采取这一选择。本书中提出的方法是一种更实际的妥协：如果社会至少重新接纳部分被半遗忘的过去生活的基本概念，城市生活就能得到显著改善。如果我们能够通过接受而不是压制一系列与生俱来的进化属性，重新配置个人生活、城市景观和城市社会，那么城市生活和城里的生命就会得到实质性的改善。

为了应对未来贫民窟的重建，我们必须关注将生活在未来城市中的"裸猿"，并重新配置城市景观，使其至少有一种自然栖息地的味道。符合进化规律的城镇，可以将现代性的真正优势与进化遗产无法妥协的需求结合在一起。毕竟，城镇是人类创造的，也可以被人改变、修改或重组。它未来的形式——无论是短期的还是长期的——都掌握在我们手中。因此，我们可以选择不去建造更适合我们的生理习性和我们继承的旧石器时代基因组的城镇，不建造适应健康、社会行为的人类进化决定因素和我们对自然的必要"遗传反应"的城镇；或者，我们也可以有意识地决定建造一个更好的动物园。

伊甸园协议

生活方式的选择受复杂的文化、经济和社会影响。本书总结的研究纳入了有关生理、代谢和心理因素的研究，这些因素与营养、活动方式和社会相互作用有关。但从长远来看，并非所有这些选择都能带来个人或社会福祉。由流行病学家理查德·多尔爵士（Sir Richard Doll）在阿拉米达郡进行的研究表明，一系列生活方式因素会随着时间的推移，造成更高或更低的死亡风险，它们被称为"消极"或"积极"的健康行为。同样，健康计划的进化决定因素定义了"正常"的符合进化规律的行为，以及"异常"的非符合进化规律的行为。尽管现代医学在20世纪取得了重大成就，但它显然不能解决所有的健康问题，其资源也捉襟见肘，局限性日显。取得重大进展不能再仅仅是指根除了某种疾病，而是需要更好地了解影响健康的政治、经济、文化、社会和遗传决定因素。要改善一个国家的福祉，人类不仅要依靠医学的进步，还要依靠积极的文化和行为改变。本书描述的跨学科方案不仅是想通过确定和考察关键的生理、心理和社会决定因素，为这场辩论做出贡献，而且也希望提出一些可直接转化为改善城市福祉的政策和做法的建议。

在过去，公共健康官员和城镇规划者一起努力根除霍乱和伤寒等城市罪恶。正如不断扩张的健康城市运动所表明的那样，新一代城市的首要目标之一，必须是协调一致地努力改善城市福祉。健康方案的进化决定因素背后的概念，可以在这项工作中发挥重要作用，帮助重新调整政策和做法，以更好地适应我们的生理习性。相比起来，为继续维持一种对我们不利的生活方式而输掉战争，还不如与旧石器时代基因组合作，这样要划算得多。

尽管从表面上看，城市生活与狩猎采集者的世界格格不入，但这一城市悖论至少可以得到部分解决，而解决办法在于采用代理行为、环境和城市景观，模仿我们的头脑和身体有意识、无意识或潜意识需要的营养、日常活动、社会互动和与自然世界的接触等关键要素。这一与进化的过往共享的积极属性需要发展，而消极因素必须受到约束。这类应用所建议的做法结合起来后，就形成了一个适用于21世纪城市景观和城市生活方式的连贯协议。我们称之为"伊甸园协议"，即健康、社会行为和城市福祉的进化决定因素的简称。

我们已经在前面详细讨论了旧石器时代基因组如何仍然对我们的日常城市生活产生影响。如果我们以这种生理习性为基础来改善城市生活，那城市对我们福祉的影响可能是积极的，如果我们决定无视它，影响则可能是消极的。在"伊甸园协议"的旗帜下，我们可以制定一系列准则来推进这一概念（在"与进化一致"小节中已有概述）。不出所料，"个人协议"中的许多要素都出现在了全球公共卫生当局发布的健康生活指南中，但通常并没有站在旧石器时代的视角上。从加州的原始运动（Sissons, 2009）到欧洲的学者（Heylighten, 2010）的生活方式文献，以站在进化视角关注这类建议的情况似乎越来越多。但是本书的视野更广阔，并列出了实证研究以支撑某些案例，其目的不仅是为了重构我们的生活方式（一个很好的开始），还包括我们的建筑，甚至城市规划。

与进化一致

"伊甸园协议"包含了关于现代城市生活如何更好地适应我们的生理习性——我们未开化的基因——的建议（而不是法规），从而大大改善我们的福祉。这些列表显然有一些重叠之处：有些人可能想自己照着做，比如把骑自行车作为日常通勤方式（个人协议），但工作场所的鼓励和支持显然是有益的，例如有顶的自行车架（雇主协议）。另外，你所在城市的自行车专用道越多，不用再面对大卡车左转的局面，你就越有可能骑自行车（城市设计协议）。但先来的是鸡还是蛋，是自行车还是自行车专用道？

个人协议

这是大多数个人可以有或培养、控制的健康行为中的关键主题总结，大多数是基于 21 世纪的背景重新设计的狩猎采集者的生活方式。但这并不应该被看作是一种倒退，而是被视为回到了与我们的生理习性相一致的常态。该协议的前半部分着眼于"健康",也就是一种能让我们的生理机能正常地以符合进化规律的方式发挥作用的生活方式。如果我们一再或持续地沉溺于不正常的行为(即不符合进化规律),那么"不健康"最终会接踵而至。列表的后半部分着眼于与"幸福"相关的特征;"幸福"是一个21世纪的概念,在心理层面上符合进化规律原则,但也经过合法性和现代文化习俗的完善和平衡。它包括被挑战、承担风险和准备好强迫自己的需要——都是狩猎采集者在不确定的世界中要具备的基本属性。

- 饮食健康
- 只要有可能,部分或全程步行或骑自行车到学校/工作地/大学
- 尽可能使用楼梯,而不是电梯
- 限制吸烟和饮酒
- 积极参与家庭生活
- 通过体育、音乐、与自然的接触或一系列其他社会活动,积极参与所在社区的社会生活
- 在天气允许的情况下,尽可能待在户外,最好是在绿地或绿化过的街道上
- 在身体和精神上挑战自己
- 积极关心你所在的城镇,关心它的过去、现在和未来

不用强调,拥有正常的健康状态是增进福祉的一个重要因素,因此,这里所列的许多项目都可以进行有益的整合。例如,你可以和朋友或家人到一个以前没有去过的地方吃一顿健康的户外野餐。这就是很好的符合进化规律的一天,如果能步行上山就更好了(英国天气也可能进一步磨炼你的意志)。

有质量的生活:与家人和朋友一起在户外野餐

接下来的三小节将从上述"个人协议"的各个主题出发,审视雇主、学校和大学的责任,并对这些机构如何鼓励和促进其教职员工和学生的积极健康行为提出建议。这些清单并非详尽无遗,更有创意的雇主可以不断地完善它。

大学协议

循序渐进的学习:中世纪教育

- 确保餐厅提供健康、营养的食物和饮料
- 不鼓励销售不健康的食品／饮料（如添加糖的食品／饮料）
- 鼓励员工和学生采取积极的通勤方式
- 提供足够的自行车架、储物柜和淋浴间
- 鼓励所有有能力的人使用楼梯而不是电梯
- 不鼓励久坐不动的工作模式
- 确保尽可能多的课程中有实地考察／外部元素
- 确保学生坐着听讲座的时间不超过一个小时，得有休息时间
- 提供体育设施
- 促进和支持所有人的音乐、舞蹈和体育活动，不论程度如何
- 提供有吸引力的公共开放空间，适当的绿化和维护
- 鼓励学生参加校园园艺活动
- 在建筑物内任何合适的地方提供和养护植物
- 鼓励学生参与养护植物（至少在学期内）

中小学协议

班级表演

- 确保提供健康、有营养的食物和饮料
- 不鼓励在学校或附近出售不健康的食品/饮料（如添加糖的食品/饮料）
- 鼓励学生和教师步行/骑车上学
- 提供足够的自行车架和储物柜
- 鼓励所有有能力的人使用楼梯而不是电梯
- 不鼓励久坐不动的工作模式
- 确保所有班级每天至少有 25% 的时间在教室外活动
- 提供积极促进团队运动、个人运动和日常锻炼的设施
- 在每周课程中鼓励和支持所有人学习音乐和舞蹈
- 在建筑物内任何合适的地方提供和养护植物
- 鼓励学生参加园艺/照顾动植物
- 确保所有学生在学业上和身体上都受到挑战

雇主协议

工作生活

- 确保食堂提供健康、有营养的食物和饮料
- 不鼓励销售不健康的食品／饮料（如添加糖的食品／饮料）
- 鼓励积极的通勤方式
- 提供足够的自行车架、储物柜和淋浴间
- 鼓励所有有能力的人使用楼梯而不是电梯
- 为久坐不动的工作人员制定新的工作模式和办公室布局
- 在建筑物内任何合适的地方提供和养护植物
- 鼓励员工参与养护植物

最后一小节提出的方法可供地方当局和规划机构采纳，它们不但可以促进城市福祉，提供安全、健康、绿色的基础设施，还能提供良好的建筑和公共领域供应标准。这些方法是由健康城市运动和新城市主义者等独立发展起来的类似思想的混合体，并在21世纪的背景下对埃比尼泽·霍华德爵士关于花园城市的一些思想进行了修订。对健康的进化决定因素的考虑，则为这些倡议提供了综合的理论基础。

城市设计协议

前进的道路还是城市噩梦？

- 提供新鲜的水和健全的卫生系统
- 确保空气质量良好（例如限制或禁止使用柴油的车辆上路）
- 将人类运动置于交通政策和街道设计的核心（如交通减速措施、自行车专用道、行人专用区）
- 发展有助于限制汽车使用的综合公共交通系统
- 开发特定的自行车和行人通道
- 维护、扩展城市绿地
- 促进和发展参与性城市绿地（例如份田、社区花园、城市农场）
- 通过发展球场、体育设施等来促进体育运动
- 制订街道绿化计划
- 促进屋顶花园等的发展
- 限制高层住宅的发展（最多六层）
- 鼓励以街道为基础的社区，而不是封闭的庄园
- 确保住宅建筑有足够的自然光
- 确保所有住宅单元都能通往一些外部空间（花园、露台或阳台）

深度改变行为（AD/BC）

那么，这些协议如何才能得到更广泛的应用呢？首先，通过传播这些信息，我们希望旧石器时代基因组与 21 世纪的相关性能被更多人读到或听到，本书中讨论的协议能被积极采纳。出版只是最基本的第一步，我们还需要备用计划。这是一项全新的方案，目前仍在准备中，其总称为 AD/BC——"深度改变行为"的英文首字母缩

写。我们的狩猎采集心理并不仅仅建立在理性和逻辑的基础上，当涉及决策时，直觉和情感也会发挥作用。问一问任何一位参选的政治家，有多少选票是写宣言的人赢来的，又有多少是幕僚和形象顾问赢得的。仅通过讲道理是很难说服人们并改变他们的行为的。事情如果这么简单，就不会有与吸烟、肥胖相关的疾病或宗教偏见了。所以我们必须采取一系列办法，包括名人支持、新立法、成本效益、媒体宣传和城市规划倡议。

《行为改变的炼金术》(The Alchemy of Behavioural Change, NICE, 2007) 关注的就是社会和城市规划、财政措施、教育和激励、强迫和立法的复杂结合 (Michie et al., 2014): 首先确定要解决的每一项具体挑战的范围和规模，然后确定最能从变革中受益的目标群体，最后设计实现改造计划的手段。丹麦一项研究考察了饮食模式、人口统计和与健康有关的生活方式因素之间的关系 (Knudsen et al., 2014)。该小组根据2003—2008年对全国成年人调查收集的数据开展工作。这项研究确定了三种明确的人口饮食模式。

1. 快餐组：吃比萨、汉堡、薯片、米饭和意大利面、含糖软饮料和糖果，往往更年轻，更有可能吸烟。

2. 传统组：吃黑麦面包、白面包、奶酪、果酱、冷肉、碎肉、土豆和肉汁、蛋糕和饼干，通常是男性，而且通常年龄较大。

3. 健康意识组：以粗粮、水果、蔬菜、低脂奶制品、坚果、水和茶为主，文化程度较高。

像这样的基础研究对于确定未来营养教育的目标人群，即那些被认为健康风险最大的人至关重要。可以说，在丹麦，目标人群是第一组，因此可以针对他们使用成本和健康效益最佳的宣传策略。

英国的类似研究也显示出学龄儿童肥胖率的惊人上升，根据英国公共卫生组织的数据，2015年，2—15岁的学生中有近30%的人属于肥胖或超重。因此，国家卫生保健与卓越研究所建议，地方规划当局应考虑限制学校步行距离内的外卖和快餐店的规划许可。尼克·卡维尔（Nick Cavill）博士和哈里·拉特（Harry Rutter）教授于2013年在《英国公共健康》发表的一份报告，为这一问题提供了背景，并指明了地方当局应该如何采取适当行动，通过改进教育和城市本身来改变他们的行为。

符合进化规律的城市化

那么，如果为了生活在以符合进化规律的方式打造的有活跃建筑的城市里，而广泛采纳这些个人和机构协议，对新的城市人口会有什么影响呢？表15.1（表1.1的修订版）给出了可能的答案。第2列介绍了基塔瓦的未城市化群落最常见的死亡原因，第3列和第4列分别介绍了城市化和高度城市化人口中最常见的十大死亡原因。请注意其中的某种疾病或病症是如何在城市化过程中被控制的，以及它们在世界死亡原因排名中的位置又是如何被另一种疾病或病症所取代的。很明显，从现代医学研究和强有力的公共卫生计划中吸取的经验教训，被证明是有价值的，例如，第3列中婴儿死亡的原因便被消除了。这证明，只要有充分的政治意愿，在改善城市福祉方面，我们显然有可能取得重大进展。

表 15.1　世界新秩序

死亡原因	符合进化规律的非城市化	城市化中	不符合进化规律的城市化	符合进化规律的城市化
衰老	普遍	普遍	普遍	普遍
意外/凶杀	普遍			?
新生儿感染	普遍	第8		?
疟疾感染等	普遍	第9		?
早产/出生体重偏低	普遍	第10		?
痢疾	稀少或不存在	第3		?
艾滋病	稀少或不存在	第4		?
结核病	稀少或不存在	第7		?
冠心病	稀少或不存在	第2	第1	?
脑血管疾病	稀少或不存在	第5	第2	?
气管/支气管/肺癌	稀少或不存在		第3	?
下呼吸道感染	稀少或不存在	第1	第4	?
慢性阻塞性肺疾病	稀少或不存在	第6	第5	?
阿尔茨海默病	稀少或不存在		第6	?

续表

死亡原因	符合进化规律的非城市化	城市化中	不符合进化规律的城市化	符合进化规律的城市化
结肠/直肠癌	稀少或不存在		第7	?
糖尿病	稀少或不存在		第8	?
乳腺癌	稀少或不存在		第9	?
胃癌	稀少或不存在		第10	?

来源：Lindeberg（2010, 58—63, 102—103, 116—119, 134, 157—160）；
Ridsdale and Gallop（2010, 表4.1）

有人认为，随着城市化的发展，人们的平均寿命也在逐渐延长，因此，城市化社会中的十大"杀手"可以被视为一系列不可避免的老年疾病和病症。我们活得越久，就越有可能遭受其中某种疾病的折磨，并死于某种疾病。但也有另一种观点认为，假设我们能广泛采纳从狩猎采集者（或现代变形的狩猎采集者）日常生活的积极健康行为中总结的那些符合进化规律的经验教训，就可能会对死亡率和健康状况产生重大影响，比如消除或至少压制城市化那一列的主要死亡原因。也许只有"衰老"会成为21世纪城市未来最常见的死亡原因？

未来符合进化规律的城市，会不会将符合进化规律的非城市化群落的健康优势（避免罕见的死亡原因），与我们当代城市化社区的健康优势结合起来呢？

将个人健康行为与我们的生理习性更紧密地联系在一起，只是在发挥我们的优势，让生理机制、新陈代谢和免疫系统以最大的效率运作。但现代城市和文化也需要重新调整，以支持这些努力，这不仅涉及个人，还涉及市政当局、政府、商业、工业和农业。下面的例子展示的一系列个人和机构生活方式的变化，再加上符合进化规律的城市设计（即整合我们所有的伊甸园协议），可以帮助确保当前的主要死亡原因不会出现在未来世界的名单中（第4列）。

我们不会谴责或低估药物治疗或医学干预在治疗癌症方面取得的成功；同时，也要考察我们强大但未开化的基因可以在这场斗争中发挥的重要作用。美国的一项主要研究查阅了大约136000名成人的健康记录，将其分为两组，其中一组是由16531名女性和11731名男性组成的低风险人群，他们过着一种符合进化规律的生活：BMI指数保持在18.5—25（反映出"正常"的营养和活动制度），每周至少进行两个半小时的适度运动，不吸烟，男性每天饮酒不超过2杯，女性每天饮酒不超过1杯。其余73040名女性和34608名男性的情况不符合以上4点，因此被认定是高风险群体。两组之间癌症和主流癌症的整体发病率和死亡率有显著性差异，由此有人认为，只要改变生活方式，就可以预防某些癌症。当把范围扩展到整个美国人口时，这种差异究竟会显示出多么巨大的不同呢？如果广泛采用符合进化规律的生活方式，那么肺癌、肠癌、前列腺癌和乳腺癌的死亡率可能会分别降低80%、30%、21%和12%（Song and Giovannucci, 2016）。

随着许多国家的城市化程度越来越高，肥胖现象日渐普遍（Popkin et al., 2012）。现代城市生活见证了一系列生活方式疾病的大量增加，例如2型糖尿病。有人认为，我们的身体和新陈代谢曾经为了应对匮乏时期而产生了胰岛素，使多余的脂肪能被储存下来。今天，尽管我们的食物供应并非那么不稳定，未开化的基因仍然保存着这些脂肪，却不知道它们会对我们造成损害（Neel, 1962）。加州大学洛杉矶分校医学人类学教授大卫·纳皮尔（David Napier）正在研究全球糖尿病发病率，他估计到2040年，糖尿病患者将从4.15亿例上升至6.42亿例。他的结论是，导致糖尿病患病人数增多的不仅仅是不健康的饮食和久坐不动的行为，还有城市化过程。三分之二的糖尿病患者居住在城镇，随着中国和印度等国加快工业化进程，这一数字预计还将大幅增加。他在哥本哈根、休斯敦、墨西哥城、上海和天津对糖尿病患者进行研究，并正在拟定政策，以打破糖尿病与这种非自然城市化之间的联系（UCL, 2015）。当然，社会层面的问题也需要处理。乔纳森·威尔斯（Jonathan Wells）是伦敦大学学院儿童健康研究所人类学和儿科营养学教授，在《新陈代谢的贫民区》中，他讨论了为什么特定的社会群体比其他人更容易得肥胖、糖尿病、高血压和心血管疾病。他的开创性成果融合了生理、进化、营养、经济和社会观点，展示了挑战的复杂性和可能的解决方案（Wells, 2016）。除此之外，我们还必须继续讨论肥胖症和2型糖尿病不同治疗方法的优缺点，包括代谢手术（如胃部束带的缝合）（Rubino et al., 2016）、医药产品和行为干预，例如采用符合进化规律的营养和活动制度。关于后者，美国糖尿病协会在2016年1月发布的一份报告以强有力且一致的证据表明，通过对生活方式的干预和监督，可以延缓糖尿病前期恶化为2型糖尿病。此外，这些方法（如饮食、身体活动和行为疗法）在实际治疗中也被证明对控制超重和肥胖患者的2型糖尿病是有效的。减肥可按如下内容实现：每天减少摄入500—750千卡，或女性每天摄入1250—1500千卡，男性每天摄入1750—2000千卡，并根据个人体重进行调整（美国糖尿病协会，2016年）。对于一些患者来说，根据病情的严重程度，手术或药物治疗可能仍然是首选，但对许多人来说，现在有明确的证据表明，生活方式干预——恢复到更"正常"的饮食和活动制度——也提供了遏制或治愈疾病的可能性。

关于城市设计协议，本书的论点是：城市规划应该鼓励人类运动。如果街道、公园和建筑真正促进了积极的生活，那么仅仅在伦敦，据估计，就可以得到以下结果：4000多人不会过早死亡，乳腺癌患者减少800多人，结肠癌患者减少500多人，冠心病患者减少1500人，2型糖尿病患者减少45000多人（TFL, 2014, 75）。

为了健康，我们还需要进行一场旷日持久的斗争，那就是对在食品和饮料中添加糖的工业生产过程进行法律约束、监管和改变。诚然，我们吃什么的责任主要在个人。尽管如此，持续生产和推广大量摄入会损耗牙齿并直接导致肥胖的食品，可以说是企业不负责任的表现。我们可以尝试征收糖税，在包装上增加明显的成分和食用后果说明，但改变配方和文化，将在漫长的回归正常的过程中对我们非城市化的消化系统产生更大的影响。

我们现在也知道，吸烟是杀手，但要说服人们戒烟或根本不要接触这种不符合进化规律的上瘾物，需要与已经尝到的甜头进行长期而艰苦的斗争。至少在理论上，我们对是否吸烟负有一些个人责任，但对呼吸系统构成如此致命危险的不仅仅是烟草，我们呼吸的城市空气也会杀死我们，我们作为个人更难以加以控制。2016年6月，伦敦市长萨迪克·汗（Sadiq Khan）和巴黎市长安妮·伊达尔戈（Anne Hidalgo）致函欧盟环境理事会，要求制定严厉和具有法律约束力的目标，以解决欧洲大陆空气质量低的问题。可怕的统计数字不言自明，但只对那些愿意听的人管用。每年，全欧洲约有40万人因长期呼吸被污染的空气而死亡。目前针对汽车排放污染物的测试方案往往不够严格，不足以成功应对这一挑战，而臭名昭著的大众排放丑闻则说明汽车制造商会在多大程度上故意伪造测试结果。对平民使用化学武器现在被定为战争罪，但我们城市街道上仍未禁止许多污染最严重的车辆。事实上，可能需要到2030年，人们才能商定和执行对主要空气污染物严格和有效的排放限制。遗憾的是，我们的肺还没有进化到足以适应糟糕的城市空气质量。如果要让我们或我们的孩子在城镇中享受新鲜空气，还需要时间、新立法，以及车辆在设计、使用和数量上的巨大改变。对成千上万的人来说，这种改变来得太晚了。

将所有这些研究综合在一起，我们可以得出这样的结论：在现代高度城市化的社会中，前十大死因（见表15.1，第3列）中的大多数不是衰老的必然结果，而主要是过早死亡——不符合进化规律的城市化及生活方式的必然后果。

改变城市

总之，本书已经证明我们在文化上的进化远比基因快得多。我们的旧石器时代基因组基本上没有改变，没有城市化，也没有文明化。我们不能改变它，但可以改变文化和城市景观，以更好地适应不变的健康和社会行为的进化决定因素。重新改造生活、建筑、街道和城市社会，任务重大，但也会带来巨大的影响：显著改善城市福祉。通过前面提出的协议，这本书给出了个人可以在国家和地方政府以及雇主和有远见的城市规划者的支持下，做出什么样的努力；同时说明了为什么应该这样做——并不是说采用伊甸园协议对我们有利，而是不采用它会对我们不利，会引发肥胖、糖尿病、心血管疾病、过敏症、反社会行为、国家卫生服务成本不可阻挡的上升等接二连三的恶果。选择权掌握在我们自己手中，我们可以通过各种方法开始改变文化和行为方式，使我们变得更好。城镇不是我们的自然栖息地。尽管如此，智人已经证明，如果无法适应环境，那他就什么都不是。他们占领了地球上的几乎每一个角落，随后在其前所未有的人口爆炸中驯化了植物、动物和自己种群的一半。他们的下一个全球挑战、下一个战场，是住房问题和支持在未来30年内多出的20亿人的生存。这将把城市化推进到想象不到的水平。要想在如此广阔的人工环境中生存，获得繁荣，将需要所能得到的一切帮助和指导。我们必须注意我们强大而古老的基因。它们可能是未开化的，但已经证明了自身的价值——几千年来支撑人类生存下来。

未来的城市和社会，如果按照符合进化规律的原则进行配置或改造，将会更加有益健康。在这样一个与旧石器时代的基因组合作，而不是反对它的城市里，生活将会更容易。人类可以适应森林、山谷、沙漠、丛林、山脉和开阔平原的生活。但是，我们能否在进化过程中迈出下一步，更成功地适应自己创造的广阔的城市环境呢？城镇也许不是我们的自然栖息地，但我们可以使它们成为最佳栖息地。

结语

未开化的启蒙

写本书时，我注意到许多不相关的机构虽然通过不同的路径对健康、社会行为和城市设计的进化决定因素的影响力进行调查，但往往得出了类似的结论。尽管大多数人对背后的深层遗传理论几乎没有概念，但所有人都能看到积极的结果。其中包括研究园艺、饲养宠物或音乐可能对治疗产生何种影响的护理人员；计算并建议每日摄入水果和蔬菜的量的有机农场主和营养学家；建立有益的活动制度的保健从业者，以及长期实践这些活动的步行和骑自行车的人；研究体育运动在城市地区的积极好处的社会工作者；思考爱情和生活的深层含义的诗人；讨论其选民的幸福和福祉的政客；思考肥胖流行造成不断上涨的成本的 NHS；为人类设计住宅的建筑师；迫切要求改善街景的社区团体；与公共卫生官员合作的城镇规划者；重视绿地的城市设计师，以及致力于保护宝贵环境的保护主义者和活动家。对以上所有人，以及对更多试图使城市化继续的人来说，也许更好地理解我们共同的过去，将极大帮助我们构建一个更正常、更健康的未来。事实上，支撑所有这些不同倡议的统一范例，就是更广泛和更深层次的符合进化规律的概念。

重塑现代性

城镇是一种人为的创造，一种我们可以控制的环境。人类还在建造更多的城市，以容纳不断增长的全球城市人口，到 2050 年，全球城市人口将达到 60 亿。我们可以用一种能够更好地反映我们生理习性的方式来重塑现代性，也可以有意识地选择不这样做。人类进化考古学的经验教训，对重塑城市生活方式和规划下一代城市来说极为重要——如果我们要更成功地适应它们，那么明天的特大城市景观，就应该建立在符合进化规律的设计之上。

本书不仅评估了相关的营养和活动制度，而且还讨论了城市规划、建筑设计、城市绿地、学校和大学课程、食品生产和加工以及大众汽车排放丑闻之后的汽车制造和使用方面的变化。这一讨论本身当然不会取代诸如健康方案或健康城市运动的社会决定因素等既定倡议，但它可以支持、促进和积极补充这些倡议。总之，一场温和的文化革命已经提出，在这场革命中，符合进化规律的行为将成为城市福祉的新准则。但这只是一本书，显然不是一份政治宣言，不是一篇哲学文章，也不是宗教真言。这是一种观点的表达，还提出了支撑性的实证研究。有些人会认为这些只是常识，但遗憾的是，它们（到目前为止还）没有成为"惯例"。

附录1　生活在不同纬度的狩猎采集者

与自然共存：狩猎采集群落的理想化图景

"狩猎采集者"一词的真正含义是什么？在《狩猎采集者的生活方式》(The Lifeways of Hunter-Gatherers)一书中，罗伯特·凯利（Robert Kelly）教授以表格形式列出了126个一直延续到现代的狩猎采集群落的饮食范围，并列出了群落从狩猎、采集和捕捞中获得的食物的大致百分比（Kelly, 2013, 40, 表3）。以下新的汇总表重新整理了这些数据，只列出了其中制度非常不同的部分，并根据所食用的主要食品类别进行了细分和排序。

项目	狩猎	采集	捕捞
捕鱼狩猎者（ET8.7—10.5）			
塔古穆特人 ET 8.7	30%	0	70%
安马沙利克人 ET 9.0	20%	0	80%
Copper 因纽特人 ET 9.1	40%	0	60%
巴芬兰因纽特人 ET 9.3	5%	0	95%
楚加奇因纽特人 ET 10.5	20%	0	80%
捕鱼狩猎采集者（ET 8.5—12.7）			
北极因纽特人 ET 8.5	40%	10%	50%
斯沃卡赫梅人 ET 9.0	15%	5%	80%
努尼瓦克人 ET 10.9	30%	10%	60%
索尔托人 ET 11.7	35%	20%	45%
阿尔西亚人 ET 12.7	20%	10%	70%
捕鱼采集狩猎者（ET 12.4—18.3）			
舒斯瓦普人 ET 12.4	30%	30%	40%
努查诺人（努特卡人）ET 12.6	20%	20%	60%
乌马蒂拉人 ET 13.3	30%	30%	40%
特尼诺人 ET 13.3	20%	30%	50%
塞里人 ET 18.3	25%	25%	50%
狩猎捕鱼者（ET 9.5—10.3）			
伊格卢利克因纽特人 ET 9.5	50%	0	50%
奇佩维安人 ET 10.3	60%	0	40%

续表

项目	狩猎	采集	捕捞
狩猎捕鱼者采集者（ET 8.9—12.7）			
尤卡吉尔人 ET 8.9	50%	10%	40%
瑟尔科南人 ET 9.0	70%	10%	20%
奥吉布瓦人 ET 10.7	40%	30%	30%
塔纳诺人 ET 10.9	70%	10%	20%
平原克里人 ET 11.5	60%	20%	20%
密克马克人 ET 12.7	50%	10%	40%
狩猎采集捕鱼者（ET 10.7—21.2）			
奥吉布瓦人 ET 10.7	40%	30%	30%
阿西尼博因人 ET 11.7	70%	20%	10%
温德河肖肖尼人 ET 12.0	50%	30%	20%
卡列拉人 ET 18.0	50%	30%	20%
阿埃塔人 ET 21.2	60%	35%	5%
狩猎采集者（ET 11.3—16.5）			
萨尔西人 ET 11.3	80%	20%	0
夏延人 ET 13.3	80%	20%	0
基奥瓦-阿帕契人 ET 14.3	80%	20%	0
科曼奇人 ET 14.4	90%	10%	0
阿韦科玛人 ET 16.5	60%	40%	0
采集狩猎捕鱼者（ET 11.7—23.7）			
犹特人 ET 11.7	35%	40%	25%
图巴图拉巴尔人 ET 12.9	30%	50%	20%

续表

项目	狩猎	采集	捕捞
西莫诺人 ET 13.4	40%	50%	10%
山地米瓦人 ET 14.8	30%	60%	10%
锡里奥罗人 ET 20.6	25%	70%	5%
Chenchua 人 ET 20.8	10%	85%	5%
提维人 ET 22.6	30%	50%	20%
克曼加人 ET 23.7	35%	50%	15%
采集捕鱼狩猎者（ET 12.7—24.4）			
海滨尤奇人 ET 12.7	20%	40%	40%
库尤多卡人（湖区派尤特人）ET 13.3	20%	50%	30%
鲁瑟诺人 ET 15.1	20%	60%	20%
努卡克人 ET 21.7	11%	76%	13%
昂格人（安达曼人）ET 24.4	20%	40%	40%
采集狩猎者（ET 14.0—19.3）			
凯巴布人（南派尤特人）ET 14.0	30%	70%	0
凯德 G/wi 人 ET 14.8	20%	80%	0
莫阿帕人 ET 15.2	40%	60%	0
哈扎人 ET 17.7	35%	65%	0
Ju/'hoansi 人 ET 18.8	20%	80%	0
G/wi 人 ET 19.3	15%	85%	0

注：ET 为最冷和最热月份的温度平均值；ET 后的数字表示摄氏度

这些部落所在的地理范围从北极到热带，这些差别很大的环境用代表该地区的有效温度（ET）表示，从极地的 8℃到赤道的 26℃；低 ET 值代表生长季节短的寒冷环境，而较高的 ET 值包括生长季节长的热带地区。请注意饮食制度是如何随着纬度（即 ET 值的增加）而变化的，这反映了所在区域环境的变化。

狩猎采集者、捕鱼狩猎者，还是采集狩猎者？这里列出的饮食种类多种多样，不仅反映了变化的纬度、温度范围、环境和资源，也反映了这种多样化所要求的文化适应范围（所有这些制度都不可避免地经过自然选择的进一步完善）。笼统的术语"狩猎采集者"虽然方便好记，但对这些文化的描述是相当不足的，因为狩猎、捕捞和采集的比例差别很大。凯利教授列出的 126 个制度都包括一些肉或鱼，没有一个是完全素食的。

附录2 文明的疾病：英国墓地发掘的骨学证据

14世纪的葬礼队伍

以下表格是根据夏洛特·罗伯茨（Charlotte Roberts）教授和玛格丽特·考克斯（Margaret Cox）教授的著作（2003），以及她们对311个墓地的34797具遗骸进行的古病理学研究总结而来。她们确定了与牙科、关节、代谢疾病和传染病有关的骨学证据。这项研究成果使她们起草出了英国数千年来的健康和疾病史，比任何正式的公共健康记录早得多（Hassett, 2017）。她们的研究为一系列令人担忧的疾病和问题提供了明确的证据，这些疾病和状况是在农业和城市化到来之后才出现的，下表中的许多疾病在文明化之前的几千年中显然是不存在的。

年代	时间范围	文化与疾病	证据
旧石器时代/中石器时代	公元前 10500/8000 年—前 4000 年	狩猎采集制	龋齿、牙齿缺损、牙齿缺失的一些证据；关节疾病。没有感染病的证据
新石器时代	公元前 4000 年—前 2500 年	农业疾病	龋齿、牙齿缺损、牙齿缺失、代谢性疾病和关节疾病的增加；创伤。 首例肿瘤、贫血、弥漫性特发性骨骼增生症（DISH）、骨质疏松、剥脱性骨软骨炎。 首例感染病，如骨膜炎、骨炎、鼻窦骨膜炎、肋骨和颅骨（可能是脑膜炎）
史前时代晚期	公元前 2600 年—公元 100 年	青铜和铁器时代的部落文化	龋齿、牙齿缺损、牙齿缺失、贫血、代谢性疾病和关节疾病、创伤的增加。 首例脊柱病；特殊的肿瘤（如骨痂）、骨髓炎、隐性脊柱裂。 新的先天性和肿瘤问题（如良性骨软骨瘤、软组织引起的脑膜瘤）；循环系统疾病，如休门氏病和派尔特斯病

续表

年代	时间范围	文化与疾病	证据
罗马时期	公元 50—500 年	早期城市化疾病	增加的龋齿、牙齿缺损、牙齿脱落问题；感染；创伤；贫血；关节疾病；鼻窦炎；肋骨骨膜炎；DISH，骨质疏松。 首例与饮食有关的疾病，如坏血病、佝偻病、骨软化症。 首例感染病，如麻风病、肺结核（可能来自受感染的牛？）、骨炎、化脓性关节炎、小儿麻痹症。 首例新的关节疾病痛风；强直性脊柱炎；类风湿性关节炎；银屑病关节炎
撒克逊时代	公元 500—1000 年	最初非城市化的部落社会	在这项研究中，或许值得注意的是，牙科疾病、贫血、坏血病、佝偻病和骨质疏松症的发病率有所下降，同时男性和女性的平均身高也有所增加（分别为 1.72 米和 1.61 米）。 随着小城镇在这时的后期得到发展，传染病（但没有新的传染病种类）、肿瘤和先天性疾病患病率有所增加
中世纪	公元 1050—1550 年	农村盈余支持城镇发展	牙科、先天性、肿瘤性和代谢性疾病增加；盘状病变；佩吉特病、骨质疏松；胆结石。 出现与社会经济地位有关的不同疾病概况的明确证据。 首例淋巴腺鼠疫和性病梅毒

续表

年代	时间范围	文化与疾病	证据
现代早期	公元 1550—1750 年		在接下来的几个世纪里,城市疾病的变化可以通过对人类骨骼遗骸的研究以及越来越多的文献来源来研究:17—18 世纪的当代死亡证明中增加了以下条目:鼠疫、霍乱、天花、麻疹、百日咳、白喉、猩红热、斑疹伤寒、水肿、肝病、哮喘、肺结核和各种发热病

来源:Roberts and Cox(2003,第 2—6 章)

附言:我们现在的时代

下面的清单提醒我们现代的十大"杀手",在"未开化"的社会中似乎都是罕见或根本不存在的。这是不是因为我们现在活得更长了,在后半生中更容易出现这种情况?在发现雅典现代女性骨折和骨关节炎发病率上升时,有人即持此观点,而她们的寿命比许多男性要长。而对公元前 293 年的古希腊城镇德米特里阿斯大墓地的研究显示,那时的情况与现在大相径庭(Vanna,2007,124—130)。但是,我们可以接受把十大杀手(冠心病、脑血管疾病、气管/支气管/肺癌、下呼吸道感染、慢性阻塞性肺病、阿尔茨海默病、结肠癌/直肠癌、糖尿病、乳腺癌、胃癌)当作"老年疾病"而忽视吗?或者它们更直接地与我们的现代城市文化相关,而不仅仅与寿命的延长有关?

附录3　狩猎、运动和性别的讨论

极端的身体攻击、投掷炮弹、奔跑和团队合作等，主要是为了支持旧石器时代严酷的狩猎而发展的必要属性，随后被用于部族间的战斗，随着文明的发展，又被用于全面战争。因此，这些基本的动力和倾向深深地植根于我们的基因组中，但在更和平的时代，最好是通过体育运动，尤其是团队运动（狩猎的现代代名词）来表达。

最近美国的研究（Deaner et al., 2012）对此及相关的问题进行了讨论，比如女性是否比男性更不愿意（而不是能力更差）开展集体运动。这个问题在美国特别重要，因为1972年颁布了一项联邦法律（第九条），禁止教育（包括体育运动）方面的性别歧视。这为女运动员创造了更多的机会和奖励：例如，1972年，女运动员占高中运动员的7%，但到2010年，猛增到42%。有人认为，这一深刻的变化表明，女性对体育的倾向本质上与男性同等，第九条提供的机会只是允许女性更好地表达她们的兴趣。但事实是这样吗？毕竟，男女在肌肉、力量和速度方面存在着明显的性别差异，从古代和现代的资料来源来看，有大量的证据支持男性比女性对体育更感兴趣这一事实。自1972年以来，美国女性参与体育运动的人数激增，这无疑值得注意,但这些统计数字是否会讲述一个更微妙(但同样有趣)的故事呢?

布狄卡,公元1世纪发起反抗罗马侵略者的战斗的勇士女王

研究这一问题的有三项研究(Deaner et al., 2012)。值得注意的是,男性和女性参加体育运动的情况被细分为:团体运动、个人运动、一般锻炼。这个区别很大:每个类别中记录的参与率的巨大差异突出了差异,不是能力方面的差异,而是态度上的差异。

研究1:根据美国15岁及以上居民的时间利用调查(ATUS)。调查于2003—2010年进行,收到了112000人的答复。男性参加团体运动的比率明显高于女性,个人运动的参与率也大大高于女性,而15—19岁的女性的参与率为33%,其他年龄组的比率则为

29%。然而,就一般锻炼(如有氧运动、跑步、步行、瑜伽)而言,女性的参与程度实际上更高。

性别	团体运动	个人运动	锻炼
男性	80%	约70%	49%
女性	20%	29%—33%	51%

研究2:考察密歇根州大急流城、宾夕法尼亚州州立大学、佛罗里达州塔拉哈西和纽约新帕尔茨等地公园的无组织运动和锻炼制度。对2011年夏秋和2012年春季共2879名参与者进行了研究。同样,团队运动的性别差异显著大于个人项目,但一般锻炼的性别差异明显小于个人运动。

性别	团体运动	个人运动	锻炼
男性	90%	81%	63%
女性	10%	19%	37%

研究3:根据2010年和2011年34所院校的登记记录,对大学生参加高校体育活动的情况进行调查。这些18—24岁的年轻人所记录的体育运动是"为了娱乐",而不是为了更有声望和要求更高的校际比赛。因此,数据是参与运动的内在动机的指示器。在所有运动机构和体育活动的注册总数中,女性占26%:平均值为28%,但没有一家机构的女性注册比例超过43%。

性别	团体运动	个人运动
男性	74%	69%
女性	26%	31%

总结：通过三个研究可得，团队运动（我们狩猎的替代品）似乎证明是男性主导的，而个人运动则不是这样，一般锻炼则根本不存在这种情况。如此重要的现代社会差异，似乎既要归因于深厚的进化历史，也与现代文化的偏好有关。可以说，男性来自火星（仍然如此），而女性则表现出更强的适应21世纪生活的能力。

附录 4 你的城市绿化程度如何?

1772 年,柏林蒂尔加滕

我们的城镇有多少绿地?英国城市规划者在他们的规划政策指南(PPG)中描述了绿地的特征,用的是以下明显实用主义的标题:[1]

---

1. 还有另外一种设施,即非城市绿地(例如国家公园),因为在城市行政边界之外,所以常常超出城市当局的法律管辖范围。——原注

1. 公园和花园，包括城市公园和正式花园；
2. 自然和半自然城市绿地，包括林地、湿地和荒地；
3. 绿色走廊，包括河岸和运河岸；
4. 户外运动设施，包括网球场和学校运动场；
5. 舒适的绿地，包括住房内和周围的非正式娱乐空间；
6. 为儿童和青少年提供服务，包括游乐场和滑板公园；
7. 份地，社区花园和城市农场；
8. 城市空间，包括市场广场和其他硬地区域；
9. 墓地和教堂院落；
10. 城市边缘地区易进入的乡村。

城市绿地有利于提供体育活动、社会互动以及促进生物多样性的机会。在不同类型的城市绿地与自然的接触程度差别很大（集中论述见下文第7、8条）。下面的标题由上面列表中的标题修改而来，以反映土地的所有权（及维护和开发土地的主要责任所在），以及各种绿地目前的使用情况。

1. 公共娱乐城市绿地：广袤的土地、大型公园或河床，如汉普斯特荒野/海德公园；还包括保龄球绿地和由城市当局或国家组织（如皇家公园）管理的运动场。（PPG17：自然和半自然城市绿地，以及户外运动设施、公园和花园）

2. 非地方当局管理的休闲城市绿地：例如私人经营的运动场、高尔夫球场。（PPG17：户外运动设施）

3. 公共线性城市绿色/蓝色空间：包括河流（如泰晤士河）和运河（如摄政运河）或废弃铁路线（如霍恩西）沿线的路线。目前，伦敦地区约有40条指定的"绿道"，旨在让行人和骑自行车的人在基本上没有交通堵塞的环境中通行。这些路线穿过公园、水路或较安静的住宅区街道。到 2012 年,这一网络延长 375 公里,还制订了雄心勃勃的计划,将总长度延长到 1900 公里。(PPG17:绿色走廊)

4. 城市空间:为社会集会和互动而设计的市场广场或行人专用区。(PPG17:市民空间)

5. 周边城市绿地:景观广场、小公园、绿地、人行道、树木、花圃、种植园等城市当局维护的市貌。(PPG17:美化绿地)

6. 宗教城市绿地:如公众可进入的墓地和教堂院落。(PPG17:墓地和教堂院落)

7. 参与性城市绿地:例如份田、社区花园、社区果园、社区牧场、治疗性花园、城市农场。通常由社区及那些没有私人花园的人维持,但有时归城市当局所有。

8. 私人城市绿地:如住宅花园、天井、屋顶花园。

9. 封闭的线性城市绿地:可由铁路网——重要的野生动物走廊和生物多样性的避风港——的路堑/护坡形成。由运输公司维持,但与公众隔绝。

致谢

健康的进化决定因素这一研究项目可以追溯到20世纪90年代，我与戈登·希尔曼教授（Gordon Hillman）和他伦敦大学学院（以下简称UCL）考古研究所的学生进行的讨论。得益于UCL的本·加德纳（Ben Gardner）、马特·波普（Matt Pope）、格雷厄姆·鲁克教授（Graham Rook）、伊恩·斯科特（Ian Scott）、杰米玛·斯托克顿（Jemima Stockton）以及Living Streets网站的特伦斯·贝蒂森（Terrence Bettison）的工作、建议和支持，项目进展顺利。在奥雅纳基金会（Ove Arup Foundation）、UCL大挑战项目（UCL Grand Challenges）和UCL运输研究所（UCL Transport Institute）的资助下，建立了网站，组织了一系列研讨会以及2014年2月的重大会议——城市悖论：人类进化与21世纪之城。感谢汤姆·科恩（Tom Cohen）、斯蒂芬·马歇尔教授（Stephen Marshall）和理查德·廷纳曼（Richard Tinnerman）的工作，以及尼古拉·克里斯蒂（Nicola Christie）、阿比·福斯特（Abi Foster）和艾玛·卡鲁恩（Emma Karoune，以及UCL的其他许多人）、鲍勃·阿列斯（Bob Alliers，Allies and Morrison建筑公司）、尼尔·戴维森（Neil Davidson，J & L Gibbons建筑公司）、露西·桑德斯（Lucy Saunders，伦敦交通运输公司）、萨米尔·辛格（Samir Singh，阿森纳在社区）和波拉·斯皮瓦赫（Paola Spivach, Sustrans慈善机构）为会议和研讨会做出的贡献。项目还收到了许多令人感激的评论，有来自匿名评论者的，来自各个写作者的（见"参考书目与延伸阅读"），还有来自马特·莫利（Matt Morley，Biofit健身公司）、利兹·佩教授（Liz Pye）、斯蒂芬·深南教授（Stephen Shennan）、马克·托马斯教授（Mark Thomas）、索尼娅·斯卡拉亚斯（Sonia Skaraas）、凯瑟琳·沃克（Catherine Walker）和夏洛特·弗雷森（Charlotte Frearson）的，尤其是夏洛特·弗雷森还为本书提供了许多照片。最后，还有不可或缺的艾玛·塔克（Emma Tuck）和皇冠出版社团队的专业精神，他们值得最热烈的认可。

是上面这些人的共同努力打造了这部好作品，但书中有误之处仍然是作者的全部责任。

这本书献给那些与我共同进化的猫，我从它们身上学到了很多关于驯化和未开化之间流动界限的知识。

古斯塔夫·米尔恩

部分资料引用来源

衷心感谢以下作者和出版商允许我们从他们的作品中取材：

第 19 页："非城市化和城市化地区人口的死亡原因对比"以及"表 15.1：世界新秩序"取材自约翰威立公司出版的已故的斯塔凡·林德伯格博士（Staffan Lindeberg）的《食品和西方疾病》（*Food and Western Disease*, 2010）和 B. 里兹代尔（B. Ridsdale）的数据。

第 103—104 页使用的数据以及第 123—125 页"锻炼"一节，取材自戈登（L. Cordain）教授的"饥饿采集式饮食与低碳水化合物、低脂肪和'地中海式'饮食的比较"。

第 144—146 页取材自马特·莫利的《回到健身房？》（*Back to the Gym?*）。

第 163 页"教区城市"一节使用的地图出自 V. 哈丁（V. Harding）教授和 D. 基恩（D. Keene）教授。

附录 1"生活在不同纬度的狩猎采集者"，取材自剑桥大学出版社出版的凯利（R. Kelly）教授 2013 年的研究《狩猎采集者的生活方式：觅食谱》，表 3，第 40 页。

附录 2"文明的疾病：英国墓地发掘的骨学证据"，使用的数据出自 C. 罗伯茨（C. Roberts）教授。

附录 3"狩猎、运动和性别的讨论"，其中使用的材料出自 R. 迪纳尔（R. Deaner）教授。

参考书目与延伸阅读

Abdallah, A., Steuer, N., Marks, N. and Page, N. (2008) *Well-Being Evaluation Tools: A Research and Development Project for the Big Lottery Fund Final Report*. London: New Economics Foundation.

Abercrombie, P. (1944) *Greater London Plan*. London: University of London Press.

Aiello, L. and Wheeler, P. (1995) 'The expensive-tissue hypothesis: the brain and the digestive system in human and primate evolution', *Current Anthropology* 36, 199–221.

Aked, J., Marks, N., Cordon, C. and Thompson, S. (2009) *Five Ways to Wellbeing: A Report Presented to the Foresight Project on Communicating the Evidence Base for Improving People's Well-Being*. London: New Economics Foundation.

Alexander, C. (1965) 'A city is not a tree', *Architectural Forum* 122(1), 58–62.

Allan, C. B. and Lutz, W. (1967) *Life Without Bread: How a Low-Carbohydrate Diet Can Save Your Life* [Leben Ohne Brot]. New York: McGraw-Hill Education.

American Diabetes Association (2016) 'Obesity management for the treatment of type 2 diabetes', *Diabetes Care* 39 (Suppl. 1), S47–S51. Available at: http://dx.doi.org/10.2337/ dc16-S009.

Anderson, D. (2016) 'Story of cities #future: what will our growing megacities really look like?' *The Guardian* (26 May). Available at: https://www.theguardian.com/cities/2016/may/26/story-cities-future-growing-megacities-waste-floating-smart.

Andrews, P. (2015) *An Ape's View of Human Evolution*. Cambridge: Cambridge University Press.

Arab, L. and Ang, A. (2015) 'A cross sectional study of the association between walnut consumption and cognitive function among adult US populations represented in NHANES', *Journal of Nutrition, Health and Aging* 19(3), 284–290. Available at: http://link.springer.com/ article/10.1007/s12603-014-0569-2.

Armelagos, G. (1990) 'Disease in prehistoric populations in transition', in A. Swedlund and G. Armelagos (eds), *Disease in Populations in Transition: Anthropological and Epidemiological Perspective*. South Hadley, MA: Bergin and Garvey, pp. 124–142.

Ashmore, T., Fernandez, B., Branco - Price, C., West, J., Cowburn, A., Heather, L., Griffin, J., Johnson, R., Feelisch, M. and Murray, A. (2014a) 'Dietary nitrate increases arginine availability and protects mitochondrial complex I and energetics in the hypoxic rat heart', *Journal of Physiology* 592, 4715–4731.

Ashmore, T., Fernandez, B., Evans, C., Huang, Y., Branco-Price, C., Griffin, J., Johnson, R., Feelisch, M. and Murray, A. (2014b) 'Suppression of erythropoiesis by dietary nitrate', *Journal of the Federation of American Societies for Experimental Biology* 29(3), 1102–1112.

Aspinall, P., Marvos, P., Coyne, R. and Roe, J. (2013) 'The urban brain: analysing outdoor physical activity with mobile EEG', *British Journal of Sports Medicine* 49(4), 272–276. DOI: 10.1136/bjsports-2012-091877

Atkins, R. (1972) *Dr Atkins' Diet Revolution: The High Calorie Way to Stay Thin Forever*. New York: Bantam Doubleday Dell Publishing Group.

Atkins, R. (2002) *Dr Atkins' New Diet Revolution*. London: Vermilion.

Audette, R. (1995) *NeanderThin: Eat Like a Caveman to Achieve a Lean, Strong, Healthy Body*. New York: St Martin's Press.

Baker, J. and Brookes, S. (2013) *Beyond the Burghal Hidage: Anglo-Saxon Civil Defence in the Viking Age*. Leiden and Boston, MA: Brill.

Ball, L. J. and Birge, S. J. (2002) 'Prevention of brain aging and dementia', *Clinics in Geriatric Medicine* 18(3), 485–503.

Bannan, N. (ed.) (2012a) *Music, Language, and Human Evolution*. Oxford: Oxford University Press.

Bannan, N. (2012b) 'Music, language, and human evolution', in N. Bannan (ed.), *Music, Language, and Human Evolution*. Oxford: Oxford University Press, pp. 3–27.

Banting, W. (1863) *Letters on Corpulence*. London: Harrison & Sons.

Barkow, J., Cosmides, L. and Tooby, J. (1992) *The Adapted Mind: Evolutionary Psychology and the Generation of Culture*. Oxford: Oxford University Press.

Barnard, A. (2011) *Social Anthropology and Human Origins*. Cambridge: Cambridge University Press.

Barnard, A. (2016) *Language in Prehistory*. Cambridge: Cambridge University Press.

Barrett, L., Dunbar, R. and Lycett, J. (2002) *Human Evolutionary Psychology*. London: Palgrave.

Barrett, P., Zhang, Y., Moffat, J. and Kobbacy, K. (2013) 'A holistic, multi-level analysis identifying the impact of classroom design on pupil's learning', *Building and Environment* 59, 678–689.

Barton, J. and Pretty, J. (2010) 'What is the best dose of nature and green exercise for improving mental health? A multi-study analysis', *Environmental Science and Technology* 44(10), 3947–3955.

BBC (2013) 'Call of Duty dominates 2012 entertainment sales beating music and film' (13 March). Available at: http://www.bbc.co.uk/news/technology-21769023.

Bellamy, E. (1888) *Looking Backward, 2000–1887*. Boston, MA: Ticknor and Co.

Berger, A. (2007) *Drosscape: Wasting Land in Urban America*. Princeton, NJ: Princeton Architectural Press.

Berger, L., Hawks, J., de Ruiter, D. J., Churchill, S. E., Schmid, P., Delezeneet, L. K. et al. (2015) 'Homo naledi, a new species of the genus Homo from the Dinaledi Chamber, South Africa', *eLife* 4: e09560. Available at: https://elifesciences.org/content/4/e09560.

Berman, M. (2000) *Wandering God: A Study in Nomadic Spirituality*. Albany, NY: State University of New York Press.

Biddle, J. H. and Ekkekakis, P. (2005) 'Physically active lifestyles and wellbeing', in F. Huppert, N. Baylis and B. Keveme (eds), *The Science of Well-Being*. Oxford: Oxford University Press, pp. 140–168.

Biddle, M. (1970) 'Excavations at Winchester, 1969', *Antiquaries Journal* 50: 277–326.

Blacking, J. (1973) *How Musical is Man?* Seattle, WA: University of Washington Press.

Blackley, C. (1873) *Experimental Researches in the Cause and Nature of Catarrhus Aestivus*. London: Baillière, Tindall & Cox.

Blane, D. (2006) 'The life course, the social gradient and health', in M. G. Marmot and R. G. Wilkinson (eds), *Social Determinants of Health*. Oxford: Oxford University Press, pp. 54–77.

Bloom, H. (2000) *Global Brain: The Evolution of Mass Mind from the Big Bang to the 21st Century*. Toronto: John Wiley & Sons.

Blumenthal, J. A., Babyak, M. A., Moore, K. A., Craighead, W. E., Herman, S., Khatri, P., Waugh, R., Napolitano, M. A., Forman, L. M., Appelbaum, M., Doraiswamy, P. M. and Krishnan, K. R. (1999) 'Effects of exercise training on older patients with major depression', *Archives of Internal Medicine* 159, 2349–2356.

Borland, S. (2014) 'Slap a sugar tax on fizzy drinks and junk food: shock call by chief medical officer', *Daily Mail* (4 March). Available at: http://www.dailymail.co.uk/health/ article-2573368/Slap-sugar-tax-fizzy-drinks-junk-food-Shock-call-chief-medical-officer.html.

Borst, H., Miedema, H., de Vries, A., Graham, J. and van Dongen, J. (2008) 'Relationships between street characteristics and perceived attractiveness for walking reported by elderly people', *Journal of Environmental Psychology* 28(4), 353–361. DOI: 10.1016/j.jenvp.2008.02.010

Bowman, K. (2015) *Don' t Just Sit There*. Sequim, WA: Propriometric Press.

Bramble, D. and Lieberman, D. (2004) 'Endurance running and the evolution of Homo', *Nature* 432, 345–352. DOI: 10.1038/nature03052

Brooke, C. and Keir, G. (1975) *London 800–1216: The Shaping of a City*. London: Martin Secker & Warburg.

Brothwell, D. and Brothwell, P. (1998) *Food in Antiquity: A Survey of* the Diet of Early Peoples.Baltimore, MD: Johns Hopkins University Press.

Brown, S. (2000) 'The "musilanguage" model of music evolution', in N. Wallin, B.Merker and S. Brown (eds), *The Origins of Music*. Cambridge: MIT Press, pp. 271-301.

Brunner, E. and Marmot, M. (2006) 'Social organisation, stress and health', in M.Marmot and R. J. Wilkinson (eds), *Social Determinants of Health*. Oxford: Oxford University Press, pp. 6-30.

Bryant, V. (1979) 'I put myself on a caveman diet permanently', *Prevention* (Sept), 128-137.

Bryant, V. (1995) 'The Palaeolithic health club', *1995 Yearbook of Science and the Future*. Chicago, IL: Encyclopedia Britannica, pp. 114-133.

Burkitt, D., Walker, A. and Palmer, N. (1974) 'Dietary fiber and disease', *JAMA* 229, 1068-1074.

Calleau, J. (2005) 'The benefits of volunteers attending Cherry Tree Nursery', *Growth Point -Journal of Social and Therapeutic Horticulture* 101, 20 22.

Campbell, C. and Campbell, T. (2005) *The China Study*. Dallas, TX: BenBella Books.

Campbell, S. (2013) Keynote address at the North of England Education conference:Mind, Brain, Community: Inspiring Learners, Strengthening Resilience, 16 January,Sheffield Hallam University.

Cavill, N. and Rutter, H. (2013) *Healthy People, Healthy Places Briefing: Obesity and the Environment: Regulating the Growth of Fast Food Outlets*. London: Public Health England.

Cecil, C., Viding, E., Barker, E., Guiney, J. and McCrory, J. (2014) 'Double disadvantage: the influence of childhood maltreatment and community violence exposure on adolescent mental health', *Journal of Child Psychology and Psychiatry* 55(7), 839-848. DOI: 10.1111/ jcpp.12213

Chagnon, N. (1997) *The Yanomamo (Case Studies in Cultural Anthropology)*. Orlando,FL: Harcourt Brace.

Chaitow, L. (1987) *Stone Age Diet: The Natural Way to Eat*. London: Optima.

Childe, V. G. (1950) 'The urban revolution', *Town Planning Review* 21(1), 3–17.

Choi, J., Beltran, L. and Kim, H. (2012) 'Impacts of indoor daylight environments on patient average length of stay in a healthcare facility', *Building and Environment* 50, 65–75.

Cleave, T. (1974) *The Saccharine Disease*. Oxford: Butterworth-Heinemann.

Clegg, M. (2012) 'The Evolution of the vocal tract', in R. Bannan (ed.), *Music, Language, and Human Evolution*. Oxford: Oxford University Press, pp. 58–80.

Cohen, D. (2016) 'The boat club is a sanctuary, where young people can be fed, be safe … be children', *Evening Standard* (4 March), p. 8.

Cohen, M. N. (2012) 'History, diet, and hunter-gatherers', in K. F. Kiple and C. O.Kriemhild (eds), *The Cambridge World History of Food*. Cambridge: Cambridge University Press, pp. 63–71.

CoL (Corporation of London) (1944) *Reconstruction in the City of London: Preliminary Draft Proposals for Post-War Reconstruction in the City of London*. London: B.T. Batsford.

Conard, N. J. (2003) 'Palaeolithic ivory sculptures from southwestern Germany and the origins of figurative art', *Nature* 426, 830–832.

Congress for New Urbanism (n.d.) The Charter of the New Urbanism. Available at: https://www.cnu.org/who-we-are/charter-new-urbanism.

Cordain, L. (2012 [2002]) *The Paleo Diet: Lose Weight and Get Healthy by Eating the Food You Were Designed to Eat*. New York: Wiley.

Cordain, L., Eaton, S. B., Sebastian, A., Mann, N., Lindeberg, S., Watkins, B., O' Keefe, J. and Brand Miller, J. (2005) 'Origins and evolution of the Western diet: health implications for the 21st century', *American Journal of Clinical Nutrition* 81, 341–354.

Cordain, L., Gotshall, R., Eaton, S. B. and Eaton, S. B. III (1998)

'Physical activity, energy expenditure and fitness: an evolutionary perspective', *International Journal of Sports Medicine* 19, 328–335.

Cordain, L., Miller, J. B. and Eaton, S. B. (2000) 'Plant-animal subsistence ratios and macronutrient energy estimations in worldwide hunter-gatherer diets', *American Journal of Clinical Nutrition* 71, 682–692.

Coward, F., Horsfield, R., Pope, M. and Wenban-Smith, F. (eds) (2015) *Settlement, Society and Cognition in Human Evolution*. Cambridge: Cambridge University Press.

Cranz, G. (1982) *The Politics of Park Design: A History of Urban Parks in America*. Cambridge, MA: MIT Press.

Cronon, W. (1995) 'The trouble with wilderness', in W. Cronon (ed.), *Uncommon Ground: Rethinking the Human Place in Nature*. New York: W.W. Norton, pp. 69–90.

Cummings, V., Jordan, P. and Zvelebil, M. (2014) *The Oxford Handbook of the Archaeology and Anthropology of Hunter-Gatherers*. Oxford: Oxford University Press.

Cupchik, W. and Atcheson, D. J. (1983) 'Shoplifting: an occasional crime of the moral majority', *Journal of the American Academy of Psychiatry and the Law* 11(4): 343–354.

d'Errico, F. (2003) 'Neanderthal extinction and the millennial scale climatic variability of OIS 3', *Quaternary Science Reviews* 22, 769–788.

Dannenberg, A., Frumkin, H. and Jackson, R. J. (2011) *Making Healthy Places: A Built Environment for Health, Well-Being, and Sustainability*. Washington, DC: Island Press.

Darwin, C. (1859) *On the Origin of Species by Means of Natural Selection, Or the Preservation of Favoured Races in the Struggle for Life*. London: John Murray.

Darwin, C. (1871) *The Descent of Man and Selection in Relation to Sex*. London: John Murray.

Darwin, E. (1794) *Zoonomia; or, The Laws of Organic Life*. London: J. Johnson.

Dawkins, R. (1976) *The Selfish Gene*. Oxford: Oxford University Press.

de Busk, R. (2010) 'The role of nutritional genomics in developing an optimal diet for humans', *Nutrition in Clinical Practice* 25, 627–633.

de Vany, A. (2011) *The New Evolution Diet: What Our Palaeolithic Ancestors Can Teach Us About Weight Loss, Fitness and Ageing*. New York: Rodale Books.

Deaner, R. O., Geary, D. C., Puts, D. A., Ham, S. A., Kruger, J., Fles, E. et al. (2012) 'A sex difference in the predisposition for physical competition: males play sports much more than females even in the contemporary US', *PLoS ONE* 7(11): e49168. DOI: 10.1371/journal.pone.0049168

DEFRA (2012) *Family Food 2012*. London: Department for Environment, Food and Rural Affairs.

DEFRA (2015) *Improving Air Quality in the UK: Tackling Nitrogen Dioxide in Our Towns and Cities*. UK Overview Document (December). London: Department for Environment, Food and Rural Affairs.

Denbow, J. (1984) 'Prehistoric herders and foragers of the Kalahari: the evidence of 1,500 years of interaction', in C. Schrire (ed.), *Past and Present in Hunter-Gatherer Studies*. New York: Academic Press, pp. 175–193.

Department for Communities and Local Government (2006) *Planning Policy Guidance* 17: Planning for Open Space, Sport and Recreation (PPG17).

Derr, M. (2011) *How the Dog Became the Dog: From Wolves to Our Best Friends*. New York: Penguin.

Digard, L., von Sponek, A. G. and Liebling, A. (2007) 'All Together Now: the therapeutic potential of a prison-based music programme', *Prison Service Journal* 170, 3–14.

DiNicolantonio, J. and Lucan, S. C. (2014) 'Cardiac risk factors and prevention. The wrong white crystals: not salt but sugar as aetiological in hypertension and cardiometabolic disease', *Open Heart* 2014(1): e000167. DOI: 10.1136/openhrt-2014-000167

DoH (2012) National Diet and Nutrition Survey: Headline Results from Years 1, 2 and 3 (Combined) of the Rolling Programme (2008/09–2010/11). London: Department of Health. Available at: https://www.gov.uk/government/statistics/national-diet-and-nutrition-survey-headline-resultsfrom-years-1-2-and-3-combined-of-the-rolling-programme-200809-201011.

DoH (2014) Results of the National Diet and Nutrition Survey (NDNS) Rolling Programme for 2008 and 2009 to 2011 and 2012. London: Department of Health. Available at: https://www.gov.uk/government/statistics/national-diet-and-nutrition-survey-results-from-years-1-to-4-combined-of-the-rolling-programme-for-2008-and-2009-to-2011-and-2012.

Doyle, A. C. (2001 [1887]) *A Study in Scarlet*. London: Penguin.

Dunbar, R. (1998) 'Theory of mind and the evolution of language', in R. Hurford, M.Studdert-Kennedy and C. Knight (eds), *Approaches to the Evolution of Language*. Cambridge: Cambridge University Press, pp. 92–110.

Dunbar, R. (2004a) *The Human Story*. London: Faber & Faber.

Dunbar, R. (2004b) 'Language, music and laughter in evolutionary perspective', in D.Oller and U. Griebel (eds), *Evolution of Communication Systems*. Cambridge, MA: MIT Press,pp. 257–274.

Dunbar, R. (2012) 'On the evolutionary function of song and dance', in R. Bannan (ed.),*Music, Language, and Human Evolution*. Oxford: Oxford University Press, pp. 201–214.

Dunbar, R. (2014) *Human Evolution*. Pelican: London.

Dunbar, R. and Barrett, L. (eds) (2007) *Oxford Handbook of Evolutionary Psychology*. Oxford:Oxford University Press.

Dunbar, R., Gamble, C. and Gowlett, J. (eds) (2010) *Social Brain, Distributed Mind (Proceedings of the British Academy)*. Oxford: Oxford University Press.

Dunbar, R., Gamble, C. and Gowlett, J. (eds) (2014) *Lucy to Language: The Benchmark Papers*. Oxford: Oxford University Press.

Duncan, D. F. (1985) 'The Peckham Experiment: a pioneering exploration of wellness', *Health Values* 9(5), 40–43.

Easterlin, R. A. (1974) 'Does economic growth improve the human lot?' in P. David and M. Reder (eds), *Nations and Households in Economic Growth: Essays in Honor of Moses Abramovitz*. New York: Academic Press, pp. 89–125.

Eaton, S. B. and Konner, M. (1985) 'Palaeolithic nutrition: a consideration of its nature and current implications', *New England Journal of Medicine* 312(5), 283–289.

Eaton, S. B., Shostak, M. and Konner, M. (1985) *The Palaeolithic Prescription: A Program of Diet and Exercise and a Design for Living*. New York: Harper and Row.

Eaton, S. B., Shostak, M. and Konner, M. (1989) *Stone Age Health Programme: Diet and Exercise as Nature Intended*. London: Angus and Robertson.

Edgeworth, M., Richter, D., Waters, C., Haff, P., Neal, C. and Price, S. (2015) 'Diachronous beginnings of the Anthropocene: the lower bounding surface of anthropogenic deposits', *Anthropocene Review* 2, 33–58.

Elzeyadi, I. (2011) 'Daylighting-bias and biophilia: quantifying the impacts of daylight on occupants health', in *Thought and Leadership in Green Buildings Research: Greenbuild 2011 Proceedings*. Washington, DC: USGBC Press.

Enard, W., Przeworski, M., Fisher, S., Lai, C., Wiebe, V., Kitano, T., Monaco, A. and Pääbo, S. (2002) 'Molecular evolution of FOXP2, a gene involved in speech and language', *Nature* 418, 869–872. DOI: 10.1038/nature01025

Esliger, D., Trembaly, M., Copeland, J., Barnes, J., Huntingdon, G. and Bassett, D.(2010) 'Physical activity profile of Old Order Amish, Mennonite and contemporary children', *Medicine and Science in Sports and Exercise* 42, 296–303. DOI: 10.1249/MSS.0b013e3181b3afd2

Ewing, C., MacDonald, P., Taylor, M. and Bowers, M. (2007) 'Equine-facilitated learning for youths with severe emotional disorders: a quantitative and qualitative study', *Child Youth Care Forum* 36, 59–72.

Fediuk, K. (2000) *Vitamin C in the Inuit diet: past and present*. MA thesis, School of Dietetics and Human Nutrition, McGill University, Montreal.

Felson, M. (2006) *Crime and Nature*. Thousand Oaks, CA: Sage.

Foley, R. (2012) 'Music and mosaics: the evolution of human abilities', in N. Bannan (ed.), *Music, Language, and Human Evolution*. Oxford: Oxford University Press, pp. 31–57.

Frumkin, H. (2001) 'Beyond toxicity: human health and the natural environment', *American Journal of Preventive Medicine* 20(3), 234–240.

Fuller, D., Kingwell-Banham, E., Lucas, L., Murphy, C. and Stevens, C. (2015) 'Comparing pathways to agriculture', *Archaeology International* 18, 61–66.

Gardner, B. and Wardle, J. (2012) 'The role of health behaviour', in D. French, K. Vedhara, A. Kaptein and J. Weinman (eds), *Health Psychology* (2nd edn). Oxford: Blackwell, pp. 13–32.

Garmonsway, G. (ed.) (1972) *The Anglo Saxon Chronicle*. London: J. M. Dent & Sons.

Garreau, J. (1992) *Edge City: Life on the New Frontier*. Garden City, NY: Anchor Books.

Gerbault, P., Roffet-Salque, M., Evershed, R. and Thomas, M. (2013) 'How long have adult humans been consuming milk?' *International Union of Biochemistry and Molecular Biology* 65, 983–990.

Germonpré, M., Sablin, M., Stevens, R., Hedges, R., Hofreiter, M., Stiller, M. and Despres, V. (2009) 'Fossil dogs and wolves from Palaeolithic sites in Belgium, the Ukraine and Russia: osteometry, ancient DNA and stable isotopes', *Journal of Archaeological Science* 36, 473–490.

Gilliland, J., Rivet, D. and Fitzpatrick, S. (2012) *Healthy City/Active London: Evidence - Based Recommendations for Policies to Promote Walking and Biking*. London, ON: Middlesex–London Health Unit.

Gladwell, L. (2007) 'Gardening at the Berkshire adolescent unit at Wokingham hospital', *Growth Point - Journal of Social and*

Therapeutic Horticulture 110, 4–8.

Gordon, R. (1984) 'The !Kung in the Kalahari Exchange: an ethnohistorical perspective', in C. Schrire (ed.), *Past and Present in Hunter-Gatherer Studies*. New York: Academic Press, pp. 195–224.

Gremillion, K. (2011) *Ancestral Appetites*. Cambridge: Cambridge University Press.

Grootveld, M., Ruiz-Rodado, V. and Silwood, C. (2014) 'Detection, monitoring and deleterious health effects of lipid oxidation products generated in culinary oils during thermal stressing episodes', *Inform, American Oil Chemists' Society* 25(10), 614–624.

Hamblin, J. (1997) 'Has the garden of Eden been located at last?' Available at: www.ldolphin.org./eden.

Hancock, T. (1993) 'The evolution, impact and significance of the health cities/health communities movement', *Journal of Public Health* Policy 14, 5–18.

Harari, Y. N. (2014) *Sapiens: A Brief History of Humankind*. London: Harvill Secker.

Hardy, K., Brand-Miller, J., Brown, K. D., Thomas, M. G. and Copeland, L. (2015) 'The importance of dietary carbohydrate in human evolution', *Quarterly Review of Biology* 90, 251–268.

Harris, E. E. (2014) *Ancestors in Our Genome: The New Science of Human Evolution*. Oxford: Oxford University Press.

Hart, C., Pilling, A. and Goodale, J. (1988) *The Tiwi of North Australia (Case Studies in Cultural Anthropology)*. New York: Holt, Rinehart and Winston.

Hartmann, D. and Depro, B. (2006) 'Rethinking sports-based community crime prevention: a preliminary analysis of the relationship between midnight basketball and urban crime rates', *Journal of Sport and Social Issues* 30, 180–196.

Harwood, E. (2001) 'Lansbury', in E. Harwood and A. Powers (eds), *Festival of Britain (Twentieth Century Architecture 5)*. London: Twentieth Century Society, pp. 139–154.

Harwood, E. and Powers, A. (eds) (2001) *Festival of Britain (Twentieth Century Architecture 5)*. London: Twentieth Century Society.

Hassett, B. (2017) *Built on Bones: 15,000 Years of Urban Life and Death*. London: Bloomsbury Sigma.

Hassink, J. and van Dijk, M. (eds) (2006) *Farming for Health: Green-Care Farming Across Europe and the United States of America*. Dordrecht: Springer.

Healey, T. and Cote, S. (2001) *The Wellbeing of Nations: The Role of Human and Social Capital*. Paris: OECD.

Herbert, M. (1999) 'A city in good shape: town planning and public health', *Town Planning Review* 70(4), 433–453.

Herbert, M. (2005) 'Engineering, urbanism and the struggle for street design', *Journal for Urban Design* 10(1), 39–59.

Heschong Mahone Group (1999) *Daylighting in Schools: An Investigation into the Relationship Between Daylighting and Human Performance*. Available at: http://h-m-g.com/downloads/Daylighting/schoolc.pdf.

Heylighen, F. (2010) 'Evolutionary well-being: the Paleolithic model', *ECCO* (22 June). Available at: http://ecco.vub.ac.be/?q=node/127.

Heylighen, F. (2014) 'Evolutionary psychology', in A. C. Michalos (ed.), *Encyclopedia of Quality of Life and WellBeing Research*. Dordrecht: Springer, pp. 2058–2062.

Hill, D. (1969) 'The Burghal Hidage: the establishment of a text', *Medieval Archaeology* 13, 84–92.

Hine, R., Peacock, J. and Pretty, J. (2007) *Evaluating the Impact of Environmental Volunteering on Behaviours and Attitudes to the Environment*. Report for BTCV Cymru/ University of Essex.

Hine, R., Peacock, J. and Pretty, J. (2008) *Care Farming in the UK: Education and Opportunities*. Report for the National Care Farming Initiative (UK)/University of Essex.

Available at: http://www.carefarminguk.org/sites/carefarminguk.org/files/UK%20Care%20Farming%20Research%20Study.pdf.

Hollick, M. F. (2006) 'Resurrection of vitamin D deficiency and rickets', *Journal of Clinical Investigation* 116, 2062–2072.

Hooker, J. (1859) *The Botany of the Antarctic Voyage of H.M. Discovery Ships Erebus and Terror in the Years 1839–1843, Under the Command of Captain Sir James Clark Ross [Flora Antarctica]: Flora of Tasmania*, 2 vols. London: Reeve Brothers.

Howard, E. (1902 [1898]) *Garden Cities of Tomorrow* (2nd edn). London: S. Sonnenschein and Co.

HSCIC (2015) Dental Disease and Damage in Children: England, Wales and Northern Ireland:Children's Dental Health Survey 2013: Report 2. London: Health and Social Care Information Centre. Available at: http://content.digital.nhs.uk/catalogue/PUB17137/CDHS2013-Report2-Dental-Disease.pdf.

Hu, F. B. and Willett, W. C. (2002) 'Optimal diets for prevention of coronary heart disease', *JAMA* 288(20), 2569–2578.

Hunt, J. D. (2000) *Greater Perfections: The Practice of Garden Theory*. Philadelphia, PA: University of Pennsylvania Press.

Hurford, R., Studdert-Kennedy, M. and Knight, C. (eds) (1998) *Approaches to the Evolution of Language*. Cambridge: Cambridge University Press.

Hutton, J. (1785) Abstract of a dissertation read in the Royal Society of Edinburgh, upon the seventh of March, and fourth of April, 1785, Concerning the System of the Earth, Its Duration, and Stability. Edinburgh.

Huxley, T. (1863) *Evidence as to Man's Place in Nature*. London: Williams & Norwood.

Hyppönen, E. and Boucher, B. (2010) 'Avoidance of vitamin D deficiency in pregnancy in the UK: the case for a unified approach in national policy', *British Journal of Nutrition* 104, 309–314.

Hyppönen, E. and Power, C. (2007) 'Hypovitaminosis D in British adults at age 45 y: a nationwide cohort study on dietary and lifestyle predictors', *American Journal of Clinical Nutrition* 85, 860–868.

Itan, Y., Bryson, B. and Thomas, M. G. (2010) 'Detecting gene duplications in the human lineage', *Annals of Human Genetics*

74, 555–565. DOI: 10.1111/j.1469-1809.2010.00609.xItan, Y., Powell, A., Beaumont, M., Burger, J. and Thomas, M. G. (2009) 'The origins of lactase persistence in Europe', *PLOS Computational Biology* 5: e1000491.

Johanson, D. and Edgar, B. (1996) *From Lucy to Language*. New York: Simon & Schuster.

Jones, E., Gonzalez-Fortes, G., Connell, S., Siska, V., Eriksson, A., Martiniano, R. et al.(2015) 'Upper Palaeolithic genomes reveal deep roots of modern Eurasians', *Nature Communications 6*: e8912. DOI: 10.1038/ncomms9912

Kahn, P., Friedman, B., Gill, B., Hagman, J., Severson, R., Freier, N., Feldman, N., Carrere, S. and Stolyar, A. (2008) 'A plasma display window? The shifting baseline problem in a technologically mediated natural world', *Journal of Environmental* Psychology 28(2),192–199.

Katz, D. L. and Meller, S. (2014) 'Can we say what diet is best health?' *Annual Review of Public Health* 35, 86–103.

Katz, P. (1994) *The New Urbanism*. New York: McGraw-Hill.

Keene, D. and Harding, V. (eds) (1985) *A Survey of Documentary Sources for Property Holding in London Before the Great Fire*, Vol. 22. London: London Record Society.

Kelly, R. L. (2013) *The Lifeways of Hunter-Gatherers: The Foraging Spectrum*. Cambridge: Cambridge University Press.

Keys, A. (1971) 'Sucrose in the diet and coronary heart disease', *Atherosclerosis* 14, 193–202.

Keys, A. (1975) 'Coronary heart disease – the global picture', *Atherosclerosis* 22, 149–192.

Keys, A. (1980) *Seven Countries: A Multivariate Analysis of Death and Coronary Heart Disease*. Cambridge, MA: Harvard University Press.

Kinsella, B. (2011) Tackling Knife Crime Together: A Review of Local Anti-Knife Crime Projects.London: Home Office. Available at: https://www.gov.uk/government/publications/tackling-knife-crime-together-a-review-of-local-anti-knife-crime-projects.

Kiple, K. F. and Kriemhild, C. O. (eds) (2012) *The Cambridge World History of Food*. Cambridge: Cambridge University Press.

Klein, M. (1995) *The American Street Gang: Its Nature, Prevalence and Control*. New York:Oxford University Press.

Klein, M., Kerner, H.-J., Maxson, C. and Weitekamp, E. (2001) *The Eurogang Paradox:Street Gangs and Youth Groups in the US and Europe*. Dordrecht: Springer.

Klein, R. (2009) *The Human Career: Human Biological and Cultural Origins* (3rd edn). Chicago,IL: University of Chicago Press.

Knudsen, V. K., Matthiessen, J., Biltoft-Jensen, A., Sørensen, M. R., Groth, M. V.,Trolle, E., Christensen, T. and Fag, S. (2014) 'Identifying dietary patterns and associated health-related lifestyle factors in the adult Danish population' , *European Journal of Clinical Nutrition* 68, 736–740.

Kolbert, E. (2014) *The Sixth Extinction: An Unnatural History*. New York: Henry Holt.

Kompier, M., Mulders, H., Meijman, T., Boersma, M., Groen, G. and Bullinga, R. (1990) 'Absence behaviour, turnover and disability: a study among city bus drivers in the Netherlands' , *Work and Stress* 4, 83–89.

Konner, M. and Eaton, S. B. (2010) 'Palaeolithic nutrition: 25 years later' , *Nutrition in Clinical Practice* 25, 594–602.

Korpela, K., Salonen, A., Virta, L., Kekkonen, R. and de Vos, W. (2016) 'Association of early-life antibiotic use and protective effects of breastfeeding: role of the intestinal microbiota' , *JAMA Pediatrics* 170(8), 750–757. DOI: 10.1001/jamapediatrics.2016.238

Kuo, F. E., Bacaicoa, M. and Sullivan, W. C. (1998) 'Transforming inner-city landscapes: trees, sense of safety, and preference' , *Environment and Behaviour* 30, 28–59.

Kweon, B., Sullivan, W. C. and Wiley, A. R. (1998) 'Green common spaces and the social integration of inner-city older adults' , *Environment and Behaviour* 30, 832–858.

Laden, G. and Wrangham, R. (2005) 'The rise of the hominids as an adaptive shift in fallback foods', *Journal of Human Evolution* 49, 482–492.

Lamarck, J. (1830) *Philosophie zoologique* (2nd edn), 2 vols. Paris: Germer Baillière. Available at: https://archive.org/details/philosophiezool02unkngoog.

Larsen, C. S. (1981) 'Skeletal and dental adaptions to the shift to agriculture on the Georgia coast', *Current Anthropology* 22, 137–148.

Larsen, C. S. (2012) 'Dietary reconstruction and nutritional assessment of past peoples: the bioanthropological record', in K. F. Kiple and C. O. Kriemhild (eds), *The Cambridge World History of Food*. Cambridge: Cambridge University Press, pp. 13–34.

Laureus (2010) *Teenage Kicks: The Value of Sport in Tackling Youth Crime*. London: Laureus Sport for Good Foundation.

Layard, R. (2005) *Happiness: Lessons from a New Science*. London: Penguin.

Leake, J. (2014) 'Polluted city air stunts babies' lungs in womb', *Sunday Times* (29 June), p. 2.

Lee, I-M., Shiroma, E., Lobelo, F., Puska, P., Blair, S. and Katzmarzyk, P. (2012) 'Effect of physical inactivity on major non-communicable diseases worldwide: an analysis of burden of disease and life expectancy', *The Lancet* 380(9838), 219–229. DOI: 10.1016/S0140-6736(12)61031-9

Lee, R. and Daly, R. (eds) (1999) *Cambridge History of Hunter Gatherers*. Cambridge: Cambridge University Press.

Lefebvre, H. (1991) *The Production of Space*, tr. D. Nicholson-Smith. Oxford: Blackwell.

Levin, N., Haile-Selassie, Y., Frost, S. and Saylor, B. (2015) 'Dietary change among hominins and cercopithecids in Ethiopia during the early Pliocene', *Proceedings of the National Academy of Sciences of the United States of America* 112(40), 12304–12309. DOI: 10.1073/pnas.1424982112

Lewis, M. C., Inman, C. F., Patel, D. V., Schmidt, B., Mulder, I., Miller, B. G. et al. (2012) 'Direct experimental evidence that early-life farm environment influences regulation of immune responses', *Pediatric Allergy and Immunology* 23(3), 265–269.

Lewis, R. A. (1952) *Edwin Chadwick and the Public Health Movement 1832–1854*. London: Longmans, Green.

Liebenberg, L. (2008) 'The relevance of persistence hunting to human evolution', *Journal of Human Evolution* 55(6), 1156–1159.

Lieberman, D., Werbel, W. and Daoud, A. (2009) 'Biomechanics of foot strike in habitually barefoot versus shod runners', *American Journal of Physical Anthropology* 208, 175–176.

Lim, S., Vos, T., Flaxman, A., Danaei, G., Shibuya, K., Adair-Rohani, H. et al. (2012) 'A comparative risk assessment of burden of disease and injury attributable to 67 risk factors and risk factor clusters in 21 regions, 1990–2010: a systematic analysis for the Global Burden of Disease Study 2010', *The Lancet* 380(9859), 2224–2260.

Lindeberg, S. (2010) *Food and Western Disease: Health and Nutrition from an Evolutionary Perspective*. Ames, IA: Wiley-Blackwell.

Lindeberg, S. and Lundh, B. (1993) 'Apparent absence of stroke and ischaemic heart disease in a traditional Melanesian population: a clinical study in Kitava', *Journal of International Medicine* 233, 269–275.

Linden, S. and Grut, J. (2002) *The Healing Fields: Working with Psychotherapy and Nature to Rebuild Shattered Lives*. London: Frances Lincoln.

Ling, L., Schneider, T., Peoples, A., Spoering, A., Engels, I., Conlon, B. et al. (2015) 'A new antibiotic kills pathogens without detectable resistance', *Nature* 517(7535), 455–459. DOI: 10.1038/nature14098

London Assembly Environment Committee (2006) *A Lot to Lose: London's Disappearing Allotments*. London: London Assembly Environment Committee.

Lustig, R. (2013) *Fat Chance: Beating the Odds Against Sugar, Processed Food, Obesity and Disease*. New York: Hudson.

Lyell, C. (1830–1833) *Principles of Geology, Being An Attempt to Explain the Former Changes of the Earth's Surface, By Reference to Causes Now in Operation*, 3 vols. London: John Murray.

Maas, J., Verheij, R., de Vries, S., Spreeuwenberg, P., Schellevis, F. and Groenewegen, P. (2009) 'Morbidity is related to a green living environment', *Journal of Epidemiology and Community Health* 63(12), 967–973. DOI: 10.1136/jech.2008.079038

Macfadyen, N. (2013) *Health and Garden Cities. Town and Country Planning Tomorrow Series Paper* 14. London: Town and Country Planning Association. (Re-publication of the Garden Cities and Town Planning Association pamphlet on the health benefits of garden cities, orig. pub. 1938.)

Magilton, J. (1980) *The Church of St Helen-on-the-Walls, Aldwark. Archaeology of York* 10/1. York: Council for British Archaeology.

Mahmood, S., Levy, D., Vasan, R. and Wang, T. (2014) 'The Framingham Heart Study and the epidemiology of cardiovascular disease: a historical perspective', *The Lancet* 383(9921), 999–1008. Available at: http://dx.doi.org/10.1016/S0140-6736(13)61752-3.

Malhotra, A., Apps, A. and Capewell, S. (2015) 'Maximising the benefits and minimising the harms of statins', *Prescriber* 26(1–2), 6–7. DOI: 10.1002/psb.1293

Marmot, M. G. (2010) *Fair Society, Healthy Lives: A Strategic Review of Health Inequalities in England Post-2010* (The Marmot Review). Available at: http://www.instituteofhealthequity.org/resources-reports/fair-society-healthy-lives-the-marmot-review.

Marmot, M. G. and Wilkinson, R. G. (eds) (2006) *Social Determinants of Health*. Oxford: Oxford University Press.

Marshall, S., Milne, G., Rook, G. and Tinnerman, R. (2015) 'Walking: a step-change towards healthy cities', *Town and Country Planning Journal* (March), 125–129.

Martin, A., Goryakin, Y. and Suhrcke, M. (2014) 'Does active commuting improve psychological wellbeing? Longitudinal evidence from eighteen waves of the British Household Panel Survey', *Preventive Medicine* 69, 296–303.

Michie, S., West, R., Campbell, R., Brown, J. and Gainforth, H. (2014) *ABC of Behaviour Change Theory: An Essential Reference for Researchers, Policy Makers and Practitioners*. Sutton: Silverback Publishing.

Milne, G. (1986) *The Great Fire of London*. London: Historical Publications.

Milne, G. (1990) 'King Alfred' s plan for London?' *London Archaeologist* 6(8), 206–207.

Milne, G. (1996) 'Why is there nothing like a real fire?' *British Archaeology* 13 (April).

Milne, G. (1997) *St Bride' s Church London: Archaeological Research 1952–60 and 1992–5*. English Heritage Archaeological Report 11. London: English Heritage.

Milne, G. (2002) *Excavations at Medieval Cripplegate, London: Archaeology After the Blitz*. London: English Heritage.

Milne, G. (2015) 'The Evolutionary Determinants of Health Programme: urban living in the 21st century from a human evolutionary perspective', *Archaeology International* 18, 84–96.

Milton, K. (1999a) 'A hypothesis to explain the role of meat-eating in human evolution', *Evolutionary Anthropology* 8, 11–21.

Milton, K. (1999b) 'Nutritional characteristics of wild primate foods: do the natural diets of our closest living relatives have lessons for us?' *Nutrition* 15(6), 488–498.

Milton, K. (1999c) 'Commentary on cooking and the ecology of human origins', *Current Anthropology* 40, 583–584.

Milton, K. (2000a) 'Back to basics: why foods of wild primates have relevance for modern human health', *Nutrition* 16, 481–483.

Milton, K. (2000b) 'Hunter-gatherer diets: a different perspective', *American Journal of Clinical Nutrition* 71, 665–667.

Minger, D. (2013) *Death by Food Pyramid*. Malibu, CA: Primal Blueprint Publishing.

Mirazón Lahr, M., Rivera, F., Power, R., Mounier, A., Copsey, B., Crivellaro, F. et al. (2016) 'Inter-group violence among early Holocene hunter-gatherers of West Turkana, Kenya', *Nature* 529, 394–398. DOI: 10.1038/nature16477

Mitchell, R. and Popham, F. (2008) 'Effect of exposure to natural environment on health inequalities: an observational population study', *The Lancet* 372(9650), 1655–1660.

Mithen, S. J. (1996) *The Prehistory of the Mind: A Search for the Origins of Art, Religion, and Science*. London: Thames & Hudson.

Mithen, S. J. (2005) *The Singing Neanderthals: The Origins of Music, Language, Mind and Body*.London: Weidenfeld and Nicolson.

Monbiot, G. (2013) *Feral: Searching for Enchantment on the Frontiers of Rewilding*. London:Penguin.

Monboddo, J. B., Lord (1774) *Of the Origin and Progress of Language*. Edinburgh: Printed for J. Balfour.

Morgan, L. (1877) *Ancient Society, Or, Researches in the Lines of Human Progress from Savagery through Barbarism to Civilisation*. New York: H. Holt and Co.

Morgan, M. H. (1960 [1914]) *Vitruvius: The Ten Books on Architecture*. New York: Dover.

Morris, D. (1967) *The Naked Ape: A Zoologist's Study of the Human Animal*. London: Jonathan Cape.

Morris, D. (1969) *The Human Zoo*. London: Jonathan Cape.

Morris, J., Heady, J., Raffle, P., Roberts, C. and Parks, J. (1953a) 'Coronary heart-disease and physical activity of work', *The Lancet* 2, 1053–1057.

Morris, J., Heady, J., Raffle, P., Roberts, C. and Parks, J. (1953b) 'Coronary heart-disease and physical activity of work', *The Lancet* 2, 1111–1120.

Morris, R. (1989) *Churches in the Landscape*. London: J.M. Dent & Sons.

Morris, T. (2007) 'Social and therapeutic horticulture at a boys' special residential school', *Growth Point – The Journal of Social and Therapeutic Horticulture* 110, 9–11.

Mostafavi, M. and Doherty, G. (2010) *Ecological Urbanism*. Baden: Lars Muller.

Mostafavi, M. and Najle, C. (eds) (2004) *Landscape Urbanism: A Manual for the Machinic Landscape*. London: Architectural Association.

Mujcic, R. (2014) 'Are fruit and vegetables good for our mental and physical health? Panel data evidence from Australia'. Munich Personal RePEc Archive paper no. 59149. Available at: http://mpra.ub.uni-muenchen.de/59149/1/MPRA_paper_59149.pdf.

Nature (2005) 'The chimpanzee genome', *Nature* 437, 48–49. Available at: http://www.nature.com/nature/journal/v437/n7055/full/437048a.html.

Neel, J. (1962) 'Diabetes mellitus: a "thrifty" genotype rendered detrimental by "progress"?' *American Journal of Human Genetics* 14(4), 353.

NHS (n.d.) 'Eight tips for healthy eating', NHS. Available at: http://www.nhs.uk/Livewell/Goodfood/Pages/eight-tips-healthy-eating.aspx.

NICE (2006) *Public Health Guidance: Obesity Prevention NICE Guidelines* CG43 [now under review]. London: National Institute for Health and Care Excellence.

NICE (2007) *Public Health Guideline 6: Behaviour Change: General Approaches.* London: National Institute for Health and Care Excellence.

NICE (2008a) *Public Health Guidance 8: Physical Activity and the Environment.* London: National Institute for Health and Care Excellence.

NICE (2008b) *Public Health Guidance 13: Promoting Physical Activity in the Work Place.* London: National Institute for Health and Care Excellence.

NICE (2009) *Public Health Guidance 17: Promoting Physical Activity for Children and Young People.* London: National Institute for Health and Care Excellence.

NICE (2010) *Public Health Guidance 25: Prevention of Cardiovascular Disease.* London: National Institute for Health and Care Excellence.

NICE (2012) *Public Health Guidance 41: Walking and Cycling: Local Measures to Promote Walking and Cycling as Forms of Travel or Recreation.* London: National Institute for Health and Care Excellence.

NICE (2015) *National Guidelines 7: Preventing Excess Weight Gain.*

London: National Institute for Health and Care Excellence.

NICE (2016) *NICE Guidelines 34: Sunlight Exposure: Risks and Benefits*. London: National Institute for Health and Care Excellence.

NIDDK (2014) 'Lactose intolerance', National Institute of Diabetes and Digestive and Kidney Diseases. Available at: https://www.niddk.nih.gov/health-information/health-topics/digestive-diseases/lactose-intolerance/Pages/facts.aspx.

O' Keefe, J. and Cordain, L. (2004) 'Cardiovascular disease resulting from a diet and lifestyle at odds with our Palaeolithic genome: how to become a 21st-century hunter-gatherer', *Mayo Clinic Proceedings* 79, 101–108.

O' Keefe, J., Vogel, R., Lavie, C. and Cordain, L. (2011) 'Exercise like a hunter-gatherer: a prescription for organic physical fitness', *Progress in Cardiovascular Diseases* 53, 471–479.

Oakes, B. (1995) *Sculpting with the Environment*. New York: Van Nostrand Reinhold.

OECD (2013) *How's Life? 2013. Measuring Well-Being. Country Snapshot: France*. Paris: Organisation for Economic Co-operation and Development. Available at: http://www.oecd.org/fr/statistiques/HsL-Country-Note-France-Fr.pdf.

ONS (2012) *Measuring National Well-Being: First Annual Report on Measuring National Well-Being, 2012*. Newport: Office for National Statistics.

ONS (2013a) *Healthy Life Expectancy at Birth for Upper Tier Local Authorities, England: 2010 to 2012*. Newport: Office for National Statistics. Available at: https://www.ons.gov.uk/peoplepopulationandcommunity/healthandsocialcare/healthandlifeexpectancies/bulletins/healthylifeexpectancyatbirthforuppertierlocalauthoritiesengland/2014-07-18#summary.

ONS (2013b) *Local Authority Variations in Self-Assessed General Health for Males and Females, England and Wales, 2011*. Newport: Office for National Statistics.

Ornish, D. (1993) *Eat More, Weigh Less*. New York: HarperCollins.

Oyebode, O., Gordon-Dseagu, V., Walker, A. and Mindell, J. (2014)

'Fruit and vegetable consumption and all-cause, cancer and CVD mortality: analysis of Health Survey for England data', *Journal of Epidemiology and Community Health* 68(9), 856–862. DOI: 10.1136/jech-2013-203500

Ozer, E. J. (2007) 'The effects of school gardens on students and schools:conceptualisation and considerations for maximizing healthy development', *Health Education and Behaviour* 34(6), 846–863.

Pääbo, S. (2014) *Neanderthal Man: In Search of Lost Genomes*. New York: Basic Books.

Parr, H. (2005) *Sustainable Communities? Nature Work and Mental Health*. University of Dundee, Economic and Social Research Council.

Patten, M. (1985) *We'll Eat Again: A Collection of Recipes from the War Years*. London:Hamlyn.

Patterson, N., Richter, D., Gnerre, S., Lander, E. and Reich, D. (2006) 'Genetic evidence for complex speciation of humans and chimpanzees', *Nature* 441, 1103–1108. DOI:10.1038/nature04789

Pearse, I. and Crocker, L. (1943) *The Peckham Experiment: A Study of the Living Structure of Society*. London: George Allen and Unwin.

Peter, H. and Kahn, J. R. (1997) 'Developmental psychology and the biophilia hypothesis: children's affiliation with nature', *Developmental Review* 17, 1–61.

Pevsner, N. (1973) *The Buildings of England. Vol. 1: The City of London*. New Haven, CT and London: Yale University Press.

PHE and LGA (2013) *Obesity and the Environment: Increasing Physical Activity and Active Travel*. London: Public Health England and the Local Government Association.

Pinker, S. (1997) *How the Mind Works*. New York: Norton.

Pinto Pereira, S., Geoffroy, M. and Power, C. (2014) 'Depressive symptoms and physical activity during 3 decades in adult life: bidirectional associations in a prospective cohort study', *JAMA* Psychiatry 71(12), 1373–1380. DOI: 10.1001/jamapsychiatry.2014.1240

Pitts, M. and Roberts, M. (1998) *Fairweather Eden: Life in Britain Half a Million Years Ago as Revealed by the Excavations at Boxgrove*. London: Arrow.

Pluciennik, M. (2005) *Social Evolution*. London: Duckworth.

Poole, C. G. (2012) *Making Walking and Cycling Normal: Key Findings from the Understanding Walking and Cycling Research Project*. Unpublished report for NICE, Lancaster Environment Centre, Lancaster University.

Popkin, B., Adair, L. and Ng, S. (2012) 'Global nutrition transition and the pandemic of obesity in developing countries', *Nutrition Reviews* 70, 3–21.

Pretty, J., Griffin, M., Peacock, J., Hine, R., Sellens, M. and South, N. (2005) *A Countryside for Health and Wellbeing: The Physical and Mental Health Benefits of Green Exercise*. Sheffield: Countryside Recreation Network.

Price, W. (1939) *Nutrition and Physical Degeneration: A Comparison of the Primitive and Modern Diet and Their Effects*. Redlands, CA: Published by author.

Punter, J. (2011) 'Urban design and the English urban renaissance 1999–2009: a review and preliminary evaluation', *Journal of Urban Design* 16(1), 1–41.

Quayle, H. (2008) *The True Value of Community Farms and Gardens: Social, Environmental, Health and Economic*. Bristol: Federation of City Farms and Community Gardens.

Rahm, J. (2002) 'Emergent learning opportunities in an inner-city youth gardening program', *Journal of Research Science in Teaching* 39(2), 164–184.

Ratey, J. and Manning, R. (2014) *Go Wild: Free Your Body and Mind from the Afflictions of Civilisation*. New York: Little, Brown and Co.

Reddaway, T. F. (1940) *The Rebuilding of London after the Great Fire*. London: Jonathan Cape.

Reich, D., Green, R. and Pääbo, S. (2010) 'Genetic history of an archaic hominin group from Denisova Cave in Siberia', *Nature* 468, 1053–

1060.

Reinhard, K. J. (2000) 'Coprolite analysis: the analysis of ancient human feces for dietary data', in L. Ellis (ed.), *Archaeological Method and Theory: An Encyclopedia*. New York and London: Garland Publishing, pp. 124–132.

Reinhard, K. J. and Bryant, V. M. (2008) 'Pathoecology and the future of coprolite studies', in A. W. M. Stodder (ed.), *Reanalysis and Reinterpretation in Southwestern Bioarchaeology*. Tempe, AZ: Arizona State University Press, pp. 199–216.

Reinhard, K. J., Ferreira, L., Bouchet, F., Sianto, L., Dutra, L., Iniguez, A., Leles, D., Le Bailly, M., Fugassa, M., Pucu, E. and Araújo, A. (2013) 'Food, parasites, and epidemiological transitions: a broad perspective', *International Journal of Paleopathology* 3(3), 150–157. Available at: http://digitalcommons.unl.edu/natresreinhard/15.

Reul, G., Shi, Z., Zhen, S., Zuo, H., Kröger, E., Sirois, C., Lévesque, J. F. and Taylor, A. W. (2013) 'The association between nutrition and the evolution of multimorbidity: the importance of fruits and vegetables and whole grain products', *Clinical Nutrition* 33(5), 513–520.

Richards, S. (2005) 'Maintaining independence in old age: the importance of domestic gardens and gardening', *Growth Point – Journal of Social and Therapeutic Horticulture* 101, 10–11.

Ridsdale, B. and Gallop, A. (2010) 'Mortality by cause of death and by socio-economic and demographic stratification 2010'. Paper for International Actuarial Association. Ref: 183_paper_Ridsdale, Gallop.

Rightmire, P. (2009) 'Out of Africa: modern human origins special feature: middle and later Pleistocene hominins in Africa and Southwest Asia', *Proceedings of the National Academy of Sciences of the USA* 106, 16046–16050.

Roberts, C. and Cox, M. (2003) *Health and Disease in Britain, from Prehistory to the Present Day*. Stroud: Sutton Publishing.

Roberts, L., Ashmore, T., Kotwica, A., Murfitt, S., Fernandez, B., Feelisch, M., Murray, A. and Griffin, J. (2015) 'Inorganic nitrate promotes the browning of white adipose tissue through the nitratenitrite-nitric oxide pathway', *Diabetes* 64(2), 471–484. DOI: 10.2337/db14-0496

Roberts, M. B. and Parfitt, S. A. (1999) *Boxgrove: A Middle Pleistocene Hominid Site at Eartham Quarry, Boxgrove, West Sussex*. London: English Heritage.

Robertson, A., Brunner, E. and Sheiham, A. (2005) 'Food is a political issue', in M. G. Marmot and R. G. Wilkinson (eds), *Social Determinants of Health*. Oxford: Oxford University Press, pp. 179–201.

Robertson, G. (2007) 'Gardening at the Thomas Tallis School learning support unit', *Growth Point – Journal of Social and Therapeutic Horticulture* 110, 13–16.

Rodwell, W. and Rodwell, K. (1982) 'St Peter's Church, Barton on Humber', *Antiquaries Journal* 62, 283–315.

Rong, Y., Chen, L., Zhu, T., Song, Y., Yu, M., Shan, Z., Sands, A., Hu, F. B. and Liu, L.(2013) 'Egg consumption and risk of coronary heart disease and stroke: dose-response meta-analysis of prospective cohort studies', *BMJ* 346: e8539. DOI: 10.1136/bmj.e8539

Rook, G. (2012) 'Hygiene hypothesis and autoimmune diseases', *Clinical Reviews in Allergy & Immunology* 42(4), 1–15.

Rook, G. (2013) 'Regulation of the immune system by biodiversity from the natural environment: an ecosystem service essential to health', *Proceedings of the National Academy of Sciences of the United States of America* 110(46), 18360–18367. DOI: 10.1073/pnas.1313731110

Rook, G., Raison, C. and Lowry, C. (2013) 'Childhood microbial experience, immunoregulation, inflammation and adult susceptibility to psychosocial stressors and depression in rich and poor countries', *Evolution, Medicine, and Public Health* 1, 14–17. DOI: 10.1093/emph/eos005

Rook, G., Raison, C. and Lowry, C. (2014) 'Microbial "old friends", immunoregulation and socio-economic status', *Clinical and Experimental Immunology* 177, 13–23. DOI: 101111/cei.12269

Rosengren, A., Anderson, K. and Wilhelmsen, L. (1991) 'Risk of coronary heart disease in middle-aged male bus and tram drivers', *International Journal of Epidemiology* 20, 82–87.

RSI Therapy (2005) 'RSI statistics'. Available at: http://www.rsi-therapy.com/statistics.htm.

Ruano, M. (1998) *Eco-Urbanism: Sustainable Human Settlements, 60 Case Studies*. Barcelona: Gustavo Gili.

Rubino, F., Nathan, D. M., Eckel, R. H., Schauer, P. R., Alberti, K. G., Zimmet, P. Z. et al. (2016) 'Metabolic surgery in the treatment algorithm for type 2 diabetes: a joint statement by international diabetes organizations', *Diabetes Care* 39, 861–877.

Ruel, G., Zumin, S., Zhem, S., Zuo, H., Kröger, E., Sirois, C., Lévesque, J. and Taylor, A. (2013) 'Association between nutrition and the evolution of multimorbidity: the importance of fruits and vegetables and whole grain products', *Journal of Clinical Nutrition* 33(3), 513–520.

Ruff, C., Holt, B., Niskanenc, M., Sladekd, V., Bernere, M., Garofalof, E., Garving, H., Horad, M., Junnoc, J., Schuplerovad, E., Vilkamac, R. and Whittey, E. (2015) 'Gradual decline in mobility with the adoption of food production in Europe', *Proceedings of the National Academy of Sciences of the United States of America* 112(23), 7147–7152. DOI: 10.1073/pnas.1502932112

Ryan, T. and Shaw, C. (2014) 'Gracility of the modern Homo sapiens skeleton is the result of decreased biomechanical loading', *Proceedings of the National Academy of Sciences of the United States of America* 112(2), 372–377. DOI: 10.1073/pnas1418646112

Rydin, Y., Bleahu, A., Davies, M., Groce, N., Scott, I. and Wilkinson, P. (2012) 'Shaping cities for health: complexity and the planning of urban environments in the 21st century', *The Lancet* 379(9831), 2079–2108.

SACN (2015) *Carbohydrates and Health. Scientific Advisory Committee on Nutrition 2015*. London: TSO.

Samuels, J., Bienvenu, O., Grados, M., Cullen, B., Riddle, M., Liang, K., Eaton, W. and Nestadt, G. (2008) 'Prevalence and correlates of hoarding behavior in a community-based sample', *Behaviour Research and Therapy* 46: 836–844.

Schrire, C. (ed.) (1984) Past and *Present in Hunter-Gatherer Studies*. New York: Academic Press.

Schumacher, E. F. (1973) *Small is Beautiful: A Study of Economics As If People Mattered*. London: Blond & Briggs.

Sempik, J. and Aldridge, J. (2006) 'Care farms and care gardens: horticulture as therapy in the UK', in J. Hassink and M. van Dijk (eds), *Farming for Health: Green-Care Farming Across Europe and the United States of America*. Dordrecht: Springer, pp. 147–161.

Sempik, J., Aldridge, J. and Becker, S. (2003a) *Social and Therapeutic Horticulture: Evidence and Messages from Research*. Evidence Issue 6. Loughborough: Thrive and the Centre for Child and Family Research, Loughborough University.

Sempik, J., Aldridge, J. and Becker, S. (2003b) 'Treating the maniacs? Horticulture as a therapy: from Benjamin Rush to the present day'. Draft paper presented at Horticultural Geographies Conference, Nottingham University.

Sempik, J., Aldridge, J. and Finnis, L. (2004) *Social and Therapeutic Horticulture: The State of Practice in the UK*. Evidence Issue 8. Loughborough: Centre for Child and Family Research, Loughborough University.

Seymour, J. (1976) *The Complete Book of Self-Sufficiency*. London: Faber & Faber.

Shane, D. (2003) 'The emergence of "landscape urbanism"', *Harvard Design Magazine* 19 (Fall/Winter).

Shennan, S. (2003) *Genes, Memes and Human History: Darwinian Archaeology and Cultural Evolution*. London: Thames & Hudson.

Shennan, S. (2011) 'An evolutionary perspective on the goals of archaeology', in E. Cochrane and A. Gardner (eds), *Evolutionary and Interpretive Archaeologies: A Dialogue*. Walnut Creek, CA: Left Coast Press, pp. 325–344.

Shennan, S., Downey, S., Timpson, A., Edinborough, K., Colledge, S., Kerig, T., Manning, K. and Thomas, M. G. (2013) 'Regional population collapse followed initial agriculture booms in mid-Holocene Europe', *Nature Communications*. Available at: http://

www.nature.com/articles/ncomms3486.

Shorta, M. B., Brantingham, P. J., Bertozzic, A. L. and Titad, G. E. (2010) 'Dissipation and displacement of hotspots in reaction-diffusion models of crime', *Proceedings of the National Academy of Sciences of the United States of America* 107(9), 3961–3965. Available at: http://www.pnas.org/content/107/9/3961.full.

Sibley, C. and Ahlquist, J. (1984) 'The phylogeny of the hominoid primates, as indicated by DNA-DNA hybridization', *Journal of Molecular Evolution* 20(1), 2–15.

Simopoulos, A. (ed.) (1999) *Evolutionary Aspects of Nutrition and Health: Diet, Exercise, Genetics and Chronic Disease*, Vol. 84. Basel: Karger.

Simopoulos, A. (2000) 'Human requirement for n-3 polyunsaturated fatty acids', *Poultry Science* 79(7), 961–970.

Simopoulos, A. (2006) 'Evolutionary aspects of diet, the omega-6/omega-3 ration and genetic variation: nutritional implications for chronic diseases', *Biomedicine and Pharmacotherapy* 60, 502–507.

Simopoulos, A. and Robinson, J. (1998) *The Omega Diet*. New York: HarperCollins.

Sissons, M. (2009) *The Primal Blueprint: Reprogramme Your Genes for Effortless Weight Loss, Vibrant Health and Boundless Energy*. Malibu, CA: Primal Nutrition.

Sobolik, K. D. (2012) 'Dietary reconstruction as seen in coprolites', in K. F. Kiple and C. O. Kriemhild (eds), *The Cambridge World History of Food*. Cambridge: Cambridge University Press, pp. 44–51.

Song, M. and Giovannucci, E. (2016) 'Preventable incidence and mortality of carcinoma associated with lifestyle factors among white adults in the United States', *JAMA Oncology* 2(9),1154–1161. DOI: 10.1001/jamaoncol.2016.0843

Stamatakis, E., Chau, J., Pedisic, Z., Bauman, A., Macniven, R., Coombs, N. and Mamer, M. (2013) 'Are sitting occupations associated with increased all-cause mortality, cancer and cardiovascular disease mortality risk?' *PLOS ONE* 8(9): e73753.

Stanford, C. (1999) *The Hunting Apes: Meat Eating and the Origins of Human Behavior*. Princeton, NJ: Princeton University Press.

Stanford, C. and Bunn, H. (eds) (2001) *Meat-Eating and Human Evolution* (Human Evolution Series). Oxford: Oxford University Press.

Stefansson, V. (1946) *Not by Bread Alone*. New York: Macmillan.

Stiglitz, J., Sen, A. and Fitoussi, J. (2010) *Mismeasuring Our Lives: Why GDP Doesn't Add Up: The Report*. New York: New Press.

Stiner, M., Gopher, A. and Barkai, R. (2010) 'Hearth-side socioeconomics, hunting and paleoecology during the late Lower Paleolithic at Qesem Cave, Israel', *Journal of Human Evolution* 30, 1–21.

Stringer, C. (2006) *Homo Britannicus: The Incredible Story of Human Life in Britain*. London. Penguin.

Stringer, C. and Andrews, P. (2011) *The Complete Word of Human Evolution*. London: Thames & Hudson.

Sundquist, K., Frank, G. and Sundquist, J. (2004) 'Urbanisation and incidence of psychosis and depression: follow-up study of 4.4 million women and men in Sweden', *British Journal of Psychiatry* 184, 293–298.

Sustrans (2009) 'Why walk? Step your way to a happy, healthy lifestyle'. Available at: http://www.north-ayrshire.gov.uk/Documents/CorporateServices/LegalProtective/LocalDevelopmentPlan/WhyWalk.pdf.

Tamosiunas, A., Grazuleviciene, R., Luksiene, D., Dedele, A., Reklaitiene, R., Baceviciene, M., Vencloviene, J., Bernotiene, G., Radisauskas, R., Malinauskiene, V., Milinaviciene, E., Bobak, M., Peasey, A. and Nieuwenhuijsen, J. (2014) 'Accessibility and use of urban green spaces and cardiovascular health: findings from a Kaunas cohort study', *Environmental Health* 13(1), 20. DOI: 10.1186/1476-069X-13-20

Taylor, A. F., Kuo, F. and Sullivan, W. C. (2001) 'Coping with ADD: the surprising connection to green play settings', *Environment and Behaviour* 33, 54–77.

Tedstone, A. (2016) 'Sugar reduction and obesity: 10 things you need to know', *Public Health England* (1 November). Available at: https://publichealthmatters.blog.gov.uk/2016/11/01/sugar-reduction-and-obesity-10-things-you-need-to-know/.

TfL (2014) *Improving the Health of Londoners: Transport Action Plan*. London: Transport for London.

Thayer, R. (1994) *Gray World, Green Heart: Technology, Nature and the Sustainable Landscape*. New York: John Wiley and Sons.

Thomas, H. (2012) 'Ten tenets and six questions for landscape urbanism', *Landscape Research* 37(1), 7–26.

Thomsen, C. J. (1848) *Guide to Northern Antiquities*. London: James Bain.

Tooby, J. and Cosmides, L. (2005) 'Conceptual foundations of evolutionary psychology', in D. M. Buss (ed.), *The Handbook of Evolutionary Psychology*. Hoboken, NJ: Wiley, pp. 5–67.

Treib, M. (1993) *Modern Landscape Architecture: A Critical Review*. Cambridge, MA: MIT Press.

Trowell, H. and Burkitt, D. (1981) *Western Diseases: The Emergence and Prevention*. Cambridge, MA: Harvard University Press.

Tse, J. L., Flin, R. and Mearns, K. (2006) 'Bus driver well-being review: 50 years of research', *Transportation Research* Part F 9, 89–114.

Tsouros, A. (1990) *Healthy Cities Project: A Project Becomes a Movement*. Copenhagen: FADL Publishers for the WHO Healthy Cities Project Office.

Turner, T. (2010) 'What is landscape urbanism?' GardenVisit (February). Available at: http://www.gardenvisit.com/blog/2010/02/.

Tykot, R. (2004) 'Stable isotopes and diet: you are what you eat', in M. Martini, M. Milazzo and M. Piacentini (eds), *Physics Methods in Archaeometry*. Vol. 154 of the Proceedings of the International School of Physics 'Enrico Fermi' Course CLIV. Amsterdam: IOS Press, pp. 433–444.

UCL (2015) 'International UCL-led study prompts rethink on the rise of diabetes in cities', University College London (16 November).

Available at: http://www.ucl.ac.uk/consultants/uclc-news/diabetes.

Ulrich, R. (1984) 'View through a window may influence recovery from surgery', *American Association for the Advancement of Science*, New Series 224(4647), 420–421.

UN-DESA (2012) *World Urbanization Prospects: The 2011 Revision*. New York: United Nations Department of Economics and Social Affairs. Available at: http://www.un.org/en/development/desa/population/publications/pdf/urbanization/WUP2011_Report.pdf.

UN-DESA (2015) *The World Population Prospects: 2015 Revision*. New York: United Nations Department of Economics and Social Affairs. Available at: https://esa.un.org/unpd/wpp/Publications/Files/Key_Findings_WPP_2015.pdf.

UN-HABITAT (2008) *State of the World's Cities 2008/2009: Harmonious Cities*. London and Washington, DC: Earthscan.

UNDP (1990) *Human Development Report 1990*. New York and Oxford: Oxford University Press (for the United Nations Development Programme).

Ungar, P. S. (ed.) (2006) *Evolution of the Human Diet*. Oxford: Oxford University Press.

University of Exeter (2013) 'Office plants boost well-being at work' (press release, 9 July). Available at: http://www.exeter.ac.uk/news/research/title_306119_en.html.

Unwin, G. (1908) *The Gilds and Companies of London*. London: Methuen & Co.

USDA (2015) *Scientific Report of the 2015 Dietary Guidelines Advisory Committee: Advisory Report to the Secretary of Health and Human Services and the Secretary of Agriculture*. Washington, DC: United States Department of Agriculture.

Vanna, V. (2007) 'Sex and gender related health status differences in ancient and contemporary skeletal populations', *Papers from the UCL Institute of Archaeology* 18, 114–147.

Velde, B. P., Cipriani, J. and Fisher, G. (2005) 'Resident and therapist views of animal assisted therapy: implications for occupational therapy practice', *Australian Occupational Therapy Journal* 52, 43–50.

Voegtlin, W. (1975) *The Stone Age Diet*. New York: Vantage Press.

von Mutius, E. and Vercelli, D. (2010) 'Farm living: effects on childhood asthma and allergy', *Nature Reviews Immunology* 10(12), 861–868. DOI: 10.1038/nri2871

Waldheim, C. (ed.) (2006) *The Landscape Urbanism Reader*. New York: Princeton Architectural Press.

Waldheim, C. (2010) 'On landscape, ecology and other modifiers to urbanism', *Topos* 71, 20–24.

Wale, M. (2004) 'The history of London allotments: the need for growing food in London and the role of the allotment in London's future'. Speech to the Greater London Allotments Forum (GLAF), City Hall, London, 23 July.

Wallin, N., Merker, B. and Brown, S. (2000) The Origins of Music. Cambridge, MA: MIT Press.Wang, P. and Lin, R. (2001) 'Coronary heart disease risk factors in urban bus drivers', *Public Health* 115, 261–264.

Wanless, D. (2002) 'Securing our future health: taking a long-term view' – Final report, London: HM Treasury. Available at: http://www.yearofcare.co.uk/sites/default/files/images/Wanless.pdf.

Watts, M. (2016) 'Emeli Sande: I'll go into jails to sing with young offenders', *Evening Standard* (4 March), p. 13.

Webb, O. and Eves, J. (2006) 'Promoting stair climbing: effects of message', *Health Education Research* 22, 49–57. DOI: 10.1093/her/cyl045

Webb, O. and Eves, F. (2007) 'Promoting stair-climbing: intervention effects generalize to a subsequent stair ascent', *American Journal of Health Promotion* 22, 114–119. Available at: http://dx.doi.org/10.4278/0890-1171-22.2.114.

Weiner, A. (1988) *The Trobrianders of Papua New Guinea* (Case Studies in Cultural Anthropology). Sunrise, FL: Holt, Rinehart and Winston.

Wells, J. (2016) *The Metabolic Ghetto: An Evolutionary Perspective on Nutrition, Power Relations and Chronic Disease*. Cambridge: Cambridge University Press.

Welsh Government (2016) *An Active Travel Action Plan for Wales*. Available at: http://gov.wales/docs/det/publications/160229-active-travel-action-plan-wales-en.pdf.

WGBC (2013) *Business Case for Green Building*. World Green Building Council.

Wheatley, H. B. (ed.) (1956) *Stow's Survey of London*. London: J.M. Dent & Sons.

White, M. P., Alcock, I., Wheeler, B. W. and Depledge, M. H. (2013a) 'Coastal proximity, health and well-being: results from a longitudinal panel survey', *Health and Place* 23, 97–103.

White, M. P., Alcock, I., Wheeler, D. W. and Depledge, M. H. (2013b) 'Would you be happier living in a greener urban area? A fixed-effects analysis of panel data', *Psychological Science* 24(6), 920–928.

White, T. D., Asfaw, B., Beyene, Y., Haile-Selassie, Y., Lovejoy, C., Suwa, G. and Wolde, G. (2009) 'Ardipithecus ramidus and the paleobiology of early hominids', *Science* 326(5949),75–86.

Whitelock, D. (ed.) (1979) *English Historical Documents*. Vol. 1: c.500–1040. London: Eyre & Spottiswoode.

WHO (1990) *Diet, Nutrition, and the Prevention of Chronic Diseases* (Technical Report Series 797). Geneva: World Health Organization.

WHO (2004) *The Global Burden of Disease: 2004 Update*. Geneva: World Health Organization.

WHO (2015) *Guideline: Sugars Intake for Adults and Children*. Geneva: World Health Organization.

WHO (2016) *Global Report on Diabetes*. Geneva: World Health Organization. Available at: http://apps.who.int/iris/bitstream/10665/204871/1/9789241565257_eng.pdf.

WHO and UNICEF (2010) *Progress on Sanitation and Drinking-Water: An Update*. Geneva and New York: World Health Organization and

UNICEF.

Wilby, R. L. and Perry, G. (2006) 'Climate change, biodiversity and the urban environment: a critical review based on London, UK', *Progress in Physical Geography* 30, 73–98.

Wilson, E. O. (1981) *Genes, Mind and Culture*. Cambridge, MA: Harvard University Press.

Wilson, E. O. (1984) *Biophilia*. Cambridge, MA: Harvard University Press.

Wilson, E. O. (1998) *Consilience: The Unity of Knowledge*. New York: Alfred A. Knopf.

Winegard, B. and Deaner, R. O. (2010) 'The evolutionary significance of Red Sox nation: sport fandom as a by-product of coalitional psychology', *Evolutionary Psychology* 8(3), 432–446.

Wing, E. (2012) 'Animals used for food in the past as seen by their remains excavated from archaeological sites', in K. F. Kiple and C. O. Kriemhild (eds), *The Cambridge World History of Food*. Cambridge: Cambridge University Press, pp. 51–58.

Wing, E. and Brown, A. (1979) *Palaeo-Nutrition: Method and Theory in Prehistoric Foodways*. New York: Academic Press.

Wise, C., Palwyn, M. and Braungart, M. (2013) 'Eco-engineering in a materials world', *Nature* 494, 172–175.

Witchel, H. (2011) *You Are What You Hear: How Music and Territory Make Us Who We Are*. New York: Algora Publishing.

Wolpert, S. (2010) 'Can math and science help solve crimes? UCLA scientists work with L.A. police to identify and analyze crime "hotspots" ', *UCLA Newsroom* (20 February). Available at: http://newsroom.ucla.edu/releases/can-math-and-science-help-solve-153986.

Wrangham, R. (2009) *Catching Fire: How Cooking Made Us Human*. London: Profile Books.

Wray, A. (2000a) *Formulaic Language and the Lexicon*. Cambridge: Cambridge University Press.

Wray, A. (2000b) 'Holistic utterances and proto language: the link from primates to humans', in C. Knight, M. Studdert-Kennedy and J. Hurford (eds), *The Evolutionary Emergence of Language: Social Function and the Origins of Linguistic Form*. Cambridge: Cambridge University Press, pp. 285–302.

Wray, A. (ed.) (2002) *The Transition to Language*. Cambridge: Cambridge University Press.

Wright, R. D. (1994) *The Moral Animal: The New Science of Evolutionary Psychology*. New York: Vintage.

Ye, K. and Gu, Z. (2011) 'Recent advances in understanding the role of nutrition in human genome evolution', *Advances in Nutrition: An International Review Journal* 2, 486–496.

Yerushalmy, J. and Hilleboe, H. (1957) 'Fat in the diet and mortality from heart disease: a methodological note', New York State Journal of Medicine 57(14), 2343–2354.

Yokoyama, Y., Barnard, N., Levin, S. and Watanabe, M. (2014) 'Vegetarian diets and glycemic control in diabetes: a systematic review and meta-analysis', *Cardiovascular Diagnosis and Therapy* 4(5), 373–382.

Yuan, C., Gaskins, A., Blaine, A., Zhang, C., Gillman, M., Missmer, S., Field, A. and Chavarro, J. (2016) 'Association between cesarean birth and risk of obesity in offspring in childhood, adolescence, and early adulthood', *JAMA Pediatrics*. Published online 6 September. DOI: 10.1001/jamapediatrics.2016.2385

Yudkin, J. (1963) 'Nutrition and palatability with special reference to obesity, myocardial infarction, and other diseases of civilisation', *The Lancet* 1(7295), 1335–1338. DOI: 10.1016/s0140-6736(63)91920-2

Yudkin, J. (2012 [1972]) *Pure, White and Deadly*. London: Penguin.

Zalasiewicz, J., Williams, M., Steffen, W. and Crutzen, P. (2010) 'The new world of the Anthropocene', *Environmental Science & Technology* 44(7), 2228–2231. DOI: 10.1021/es903118j

Zweiniger-Bargielowska, I. (2000) *Austerity in Britain: Rationing, Controls and Consumption 1939–1955*. Oxford: Oxford University Press.

插图版权归属

16 页，© Erica Guil ane-Nachez，Fotolia

20 页，© Morphart，Fotolia

图 2.1：30 页，© ruskpp，Fotolia

33 页，© nickolae，Fotolia

39 页：托马斯·亨利·赫胥黎，《人类在自然界的位置的证据》(1863)

图 2.2：39 页，© Charlotte Frearson

41 页，© UCL Creative Media Services

图 2.3：45 页，© nicholasprimola，Fotolia

图 2.4：45 页，© Charlotte Frearson

图 2.5：48 页，© Erica Guilane-Nachez，Fotolia

图 3.1：57 页，© Morphart，Fotolia

64 页，© ruskpp，Fotolia

图 4.1：77 页，© Charlotte Frearson

图 4.2：79 页，(1)，© Erica Guilane-Nachez，Fotolia，(2)，© unorobus，Fotolia

图 4.3：83 页，(1)，© acrogame，Fotolia，(2) © Morphart，Fotolia

图 4.4：84 页，© Erica Guilane-Nachez，Fotolia

图 5.1：94 页，© Erica Guilane-Nachez，Fotolia

104 页，© Erica Guil ane-Nachez，Fotolia

125 页，© Morphart，Fotolia

图 6.1：126 页，© Charlotte Frearson

图 6.2：127 页，© acrogame，Fotolia

图 7.1：138 页，© Charlotte Frearson

图 8.1：153 页，© Erica Guilane-Nachez，Fotolia

图 8.2：157 页，© Erica Guilane-Nachez，Fotolia

161 页：(1)，© Morphart，Fotolia，(2)，© Erica Guilane-Nachez，Fotolia，(3)，© acrogame，Fotolia

163 页，© Keene and Harding

图 9.1：175 页，(1)，© Vasiliy Voropaev，Fotolia，(2)，© Alexey Pavuts，Fotolia

图 10.1：184 页，(1)，© Erica Guilane-Nachez，Fotolia，(2)，© Erica Guilane-Nachez，Fotolia，(3)，© Charlotte Frearson

图 11.1：199 页，© Helen Hotson，Fotolia

202 页，© Iriana Papoyan，Fotolia

204 页，© ArenaCreative，Fotolia

207 页，© Alexey Fedorenko，Fotolia

图 12.1：211 页，© Morphart，Fotolia

图 12.2：216 页，© Erica Guilane-Nachez，Fotolia

图 12.3：223 页，© acrogame，Fotolia

图 13.1：229 页，© Charlotte Frearson

图 13.2：231 页，© Erica Guilane-Nachez，Fotolia

图 14.1：246 页，© Tanya，Fotolia

251 页，© Charlotte Frearson

图 15.1：268 页，© Erica Guilane-Nachez，Fotolia

275 页：(1)，© Erica Guilane-Nachez，Fotolia，(2)，© Erica Guilane-Nachez，Fotolia

276 页，© Erica Guilane-Nachez，Fotolia

277 页，© RetroClipArt，Fotolia

278 页，© ag visuell，Fotolia

附录 1：291 页，© Erica Guilane-Nachez，Fotolia

附录 2：296 页，© Erica Guilane-Nachez，Fotolia

附录 3：301 页，© Tony Baggett，Fotolia

附录 4：304 页，© acrogame，Fotolia